O GUIA CONTRA MENTIRAS

Daniel J. Levitin

O guia contra mentiras

Como pensar criticamente na era da pós-verdade

TRADUÇÃO
Leonardo Alves

Grafia atualizada segundo o Acordo Ortográfico da Língua Portuguesa de 1990, que entrou em vigor no Brasil em 2009.

Título original
A Field Guide to Lies: Critical Thinking in the Information Age

Capa e ilustração de capa
Eduardo Foresti/ Foresti Design
Design de capa inspirado por Natalia Bayduzha

Preparação
Milena Vargas

Índice remissivo
Probo Poletti

Revisão
Isabel Cury
Valquíria Della Pozza

Dados Internacionais de Catalogação na Publicação (CIP)
(Câmara Brasileira do Livro, SP, Brasil)

Levitin, Daniel J.
O guia contra mentiras : como pensar criticamente na era da pós-verdade / Daniel J. Levitin ; tradução Leonardo Alves. — 1ª ed. – Rio de Janeiro : Objetiva, 2019.

Título original: A Field Guide to Lies : Critical Thinking in the Information Age.
ISBN 978-85-470-0082-0

1. Falácias (Lógica) 2. Pensamento crítico 3. Raciocínio I. Título.

19-26459 CDD-153.4

Índice para catálogo sistemático:
1. Pensamento crítico : Psicologia 153.4

Cibele Maria Dias – Bibliotecária – CRB-8/9427

[2019]

EDITORA SCHWARCZ S.A.
Praça Floriano, 19, sala 3001 — Cinelândia
20031-050 — Rio de Janeiro — RJ
Telefone: (21) 3993-7510
www.companhiadasletras.com.br
www.blogdacompanhia.com.br
facebook.com/editoraobjetiva
instagram.com/editora_objetiva
twitter.com/edobjetiva

Para minha irmã Shari,
cuja mente inquisitiva me ensinou a pensar melhor

Sumário

Introdução
Pensando, criticamente

Vou começar dizendo duas coisas que certamente deixarão algumas pessoas muito irritadas. Primeiro, o idioma usado por nós começou a obscurecer a relação entre fatos e fantasia. Segundo, isso é um perigoso subproduto do problema educacional nos Estados Unidos, que agora afeta uma geração inteira de cidadãos. Essas duas realidades fizeram com que mentiras se proliferassem na cultura americana em um grau sem precedentes. Tornaram possível que se desse munição às mentiras de modo que pudessem de forma cada vez mais furtiva minar nossa habilidade de tomar boas decisões para nós mesmos e nossos cidadãos.

O que aconteceu com nosso idioma? Em 2016, a palavra do ano do dicionário *Oxford* foi pós-verdade (*post-truth*), que foi definida como um adjetivo "relacionado a ou denotando circunstâncias nas quais fatos objetivos influenciam menos a opinião pública do que o apelo à emoção e crença pessoal". Foi escolhida porque seu uso disparou nesse ano. Acredito que precisamos voltar a usar a velha e simples "verdade" — e rápido. E precisamos acabar com a ideia de que verdade não existe mais.

Estamos sendo cuidadosos demais em relação a como lidamos

com falsidades. Talvez em um esforço para evitar confrontos pessoais, um esforço de "vamos todos viver em harmonia", passamos a utilizar eufemismos para nos referir a coisas absolutamente absurdas. A mentira de que a pizzaria Comet Ping Pong, de Washington, DC, era sede de uma rede de prostituição comandada por Hillary Clinton levou Edgar M. Welch, 28 anos, de Salisbury, Carolina do Norte, a dirigir 560 quilômetros, de sua casa a Washington, DC, e disparar sua arma semiautomática dentro da loja no domingo de 4 de dezembro de 2016 (apenas dias depois que "pós-verdade" se tornou a palavra do ano). O jornal nova-iorquino *Daily News* chamou a mentira de "teoria marginal". Uma teoria, a propósito, não é apenas uma ideia — é uma ideia baseada numa cuidadosa avaliação de evidência. E não uma evidência qualquer — estamos falando de evidência relevante ao assunto em questão, coletada de forma rigorosa e imparcial.

Outros eufemismos para mentiras são contraconhecimento, meias verdades, visões extremas, verdade alternativa, teorias da conspiração e a mais recente denominação "fake news".

A expressão "fake news" soa brincalhona demais, como uma criança fingindo estar doente para escapar de uma prova na escola. Esses eufemismos obscurecem o fato de que a história da rede de prostituição é uma mentira deslavada. As pessoas que a escreveram sabiam que não era verdade. Não há dois lados de uma história quando um lado é uma mentira. Jornalistas — e o restante de nós — precisam parar de dedicar a mesma quantidade de tempo a coisas que não têm um lado oposto baseado em fatos. Dois lados de uma história existem quando há evidências que embasem os dois lados. É evidente que pessoas sensatas podem discordar sobre como analisar uma evidência e qual conclusão formar sobre ela. Todo mundo, claro, tem direito a ter a própria opinião. Mas não tem direito a ter os próprios fatos. Mentiras são ausência de fatos e, em muitos casos, uma direta contradição a eles.

A verdade importa. Uma era da pós-verdade é uma era de irracionalidade obstinada, que revoga todos os grandes avanços da humanidade. Talvez os jornalistas não queiram chamar as "fake news" pelo que são, mentiras, porque não querem ofender os mentirosos. Mas eu digo a vocês: ofenda-os! Repreenda-os.

Talvez uma pergunta mais adequada seria: como estavam nosso sistema educacional e nossas instituições às vésperas dessa era da pós-verdade? A média de livros que os alunos leem cai todo ano, continuamente, depois da *segunda série*.[1] Quinze anos atrás, o departamento de educação dos Estados Unidos descobriu que mais de um entre cinco americanos em idade adulta não eram capazes de sequer localizar informação em um texto ou "fazer inferências simples usando material impresso".[2] Parece que fracassamos em ensinar aos nossos filhos o que constitui evidência e como avaliá-la. Isso merece a nossa indignação. Edgar Welch, o atirador da pizzaria Comet Ping Pong, disse às autoridades que estava "investigando" a teoria da conspiração depois de ler sobre ela na internet. A infraestrutura da informação é poderosa. Pode fazer o bem ou ser nociva. E precisamos saber como distinguir os dois.

Welch pode até ter achado que estava investigando, mas não há evidência de que uma investigação verdadeira tenha sido conduzida. Parece que esse cidadão ignorante não sabe o que é compilar e avaliar evidências. Nesse caso, alguém poderia ter buscado uma ligação entre Hillary Clinton e o restaurante, comportamentos de Clinton que sugeririam um interesse em comandar uma rede de prostituição ou mesmo um motivo pelo qual ela poderia se beneficiar de tal ato (certamente o motivo não poderia ter sido financeiro, dada a recente polêmica em torno do valor de suas palestras). Ele poderia ter observado se havia prostitutas menores de idade e seus clientes entrando e saindo do local. Ou, sem a capacidade e instrução para conduzir a própria investigação, poderia confiar em profissionais lendo o que jornalistas investigativos experientes têm a dizer sobre o que estava acontecendo. O fato de nenhum jornalista profissional ter dado crédito à história deveria dizer muita coisa. Entendo que haja pessoas que pensam que jornalistas são corruptos e cooptados pelo governo. O U.S. Bureau of Labor Statistics relata que há 45 790 repórteres e correspondentes.[3] A Sociedade Americana de Novos Editores, uma associação comercial independente, estima que existam 32 900 repórteres trabalhando para quase 1400 jornais diários nos Estados Unidos.[4] Alguns jornalistas podem muito bem ser corruptos, mas, com esse número expressivo, é muito pouco provável que todos sejam.

O Facebook está se esforçando para fazer jus a sua responsabilidade social como fonte de informação ao "tornar mais fácil para seus 1,8 milhão de usuários relatarem fake news". Em outras palavras, chamar mentira de mentira. Pode ser que no futuro outras redes sociais assumam um papel cada vez mais tutelar. No mínimo, podemos torcer para que seu papel em dar munição às mentiras vá diminuir.

Muitas organizações jornalísticas investigaram a origem da história sobre rede de prostituição na pizzaria. A NBC fez uma reportagem sobre uma próspera comunidade de criadores de fake news na cidade de Veles, Macedônia, que poderia ser a fonte.[5] A região fez parte da Iugoslávia comunista até 1991. O *BuzzFeed* e o *Guardian* encontraram mais de cem domínios de fake news com origem ali. Jovens de Veles, sem nenhuma filiação com partidos políticos americanos, divulgam histórias com base em mentiras para que possam angariar pagamentos consideráveis de um centavo por clique publicando em plataformas como o Facebook. Adolescentes podem ganhar dezenas de milhares de dólares em cidades que oferecem poucas oportunidades econômicas. Devemos culpá-los pelo tiroteio na pizzaria? Plataformas de redes sociais? Ou um sistema educacional que criou cidadãos complacentes em relação a pensar mais além das afirmações com as quais nos deparamos todos os dias?

Você talvez se oponha e diga: "Mas não é meu trabalho avaliar as estatísticas de forma crítica. Jornais, blogs, o governo, a Wikipédia etc. deveriam fazer esse papel por nós". Sim, deveriam, mas nem sempre o fazem, e está cada vez mais difícil para eles acompanhar, pois o número de mentiras prolifera mais rápido do que conseguem exterminar. É como secar gelo. O escândalo da pizzaria recebeu mais de 1 milhão de visualizações, enquanto a notícia o desmascarando, publicada pelo Snopes, recebeu menos de 35 mil. Temos sorte de ter uma imprensa livre; historicamente, a maioria das nações não teve esse luxo. Nunca devemos tomar liberdade de imprensa e integridade como algo certo. Os jornalistas e as empresas que pagam seus salários continuarão a nos ajudar a identificar mentiras e a neutralizá-las, mas não podem realizar isso sozinhos — as mentiras vencerão se tivermos um público destreinado e ingênuo consumindo-as.

É claro que a maioria de nós não acreditaria no fato de Hillary Clinton estar envolvida num esquema de prostituição de uma pizzaria de Washington, DC. Mas este livro não é só sobre esses absurdos. Você realmente precisa desse novo remédio ou a campanha de marketing de bilhões de dólares por trás dele está persuadindo você com pseudodados tendenciosos e escolhidos a dedo? Como sabemos se uma celebridade que sofre acusação é realmente culpada? Como avaliamos este ou aquele investimento ou um conjunto de pesquisas eleitorais contraditórias? O que está além de nossa habilidade de saber simplesmente porque não recebemos informação suficiente?

A melhor defesa contra prevaricadores ardilosos, a mais confiável, é que cada um de nós aprenda a pensar criticamente. Falhamos em ensinar nossos filhos a lutar contra a evolucionária tendência em direção à ingenuidade. Somos uma espécie social e tendemos a acreditar no que as pessoas nos dizem. E nosso cérebro é ótimo contador de histórias e uma ótima máquina de fabulações: com uma premissa bizarra, podemos gerar explicações fantásticas sobre como podem ser verdade, mas essa é a diferença entre pensamento criativo e pensamento crítico, entre mentiras e a verdade: a verdade tem evidência factual e objetiva para suportá-la. Algumas informações *podem* ser verdadeiras, mas afirmações reais *são* verdadeiras.

Um estudo da Universidade Stanford sobre raciocínio cívico on-line testou mais de 7800 alunos, do ensino médio à faculdade, durante dezoito meses, terminando em junho de 2016. Os pesquisadores citam uma "consistência chocante e desanimadora. No geral, a capacidade que os jovens têm de raciocinar sobre as informações disponíveis na internet pode ser resumida em uma palavra: desoladora". Eles se saíram muito mal em distinguir entre notícias de alta qualidade e mentiras. Precisamos começar a ensiná-los a fazer essa distinção imediatamente. E, enquanto isso, o restante de nós precisa fazer um curso de aperfeiçoamento. Felizmente, pensamento com base em evidências não está fora da maioria de nós; só é preciso que o caminho nos seja apresentado.

Muitos disseram que o pizzagate foi resultado direto das fake news — mas vamos chamar como de fato o são: mentiras. Não existe "notícia" em fake news. Acreditar em mentiras pode ser inofensivo, como acreditar em Papai Noel ou que esses jeans novos fazem com que eu pareça mais magro. O que mune as mentiras não é a mídia nem o Facebook. O perigo está na intensidade dessa crença — o inquestionável excesso de confiança de que é verdade.

Pensamento crítico nos treina a refletir, a avaliar os fatos e a formar conclusões com base em evidências. O que levou Welch a disparar uma arma de fogo em uma pizzaria de Washington foi uma completa inabilidade de entender que a visão que ele tinha podia estar errada. O componente mais importante do melhor pensamento crítico que falta hoje em nossa sociedade é a humildade. É uma noção simples, porém profunda: se entendermos que não sabemos tudo, é possível. De alguma forma, nosso sistema educacional e nossa dependência da internet criaram uma geração de crianças que não sabem que não sabem. Se conseguirmos aceitar essa verdade, podemos educar a mente, restabelecer civilidade e desarmar o excesso de mentiras que ameaçam nosso mundo. É a única maneira de a democracia prosperar.

TRÊS TIPOS DE DEFESA ESTRATÉGICA

Comecei a escrever este livro em 2001, quando lecionava na faculdade uma matéria sobre pensamento crítico. Trabalhei bastante nele durante 2014-6, e o publiquei com uma introdução diferente. Desde então, a periculosidade e o alcance das mentiras tornaram-se extraordinários. Não é mais algo com o qual as pessoas se irritam ou dão risadinhas — elas se tornaram armas. Esse perigo pode ficar ainda pior, pode levar a problemas que não testemunhamos há gerações. Ou pode passar sem consequências tão drásticas. Em todo caso, as ferramentas são ferramentas necessárias, independentemente de posições políticas, econômicas e sociais.

Parte do problema tem a ver com a fonte da informação. Nos velhos tempos, livros e artigos de jornais e revistas passavam a impressão de autenticidade, comparados com um texto impresso por algum louco num porão, em sua gráfica caseira. A internet mudou isso, claro. Na internet, desinformação se mistura perigosamente com informação real, fazendo com que seja difícil diferenciar as duas. E desinformação é algo promíscuo – pode acontecer com pessoas de todas as classes sociais e níveis de educação e aparecer em lugares inesperados. Ela se propaga quando uma pessoa a passa para outra e para outra, quando o Twitter, o Facebook, o Snapchat, o Instagram, o Tumblr e outras mídias sociais a espalham pelo mundo. A desinformação pode se estabelecer e se tornar bastante conhecida, e de repente inúmeras pessoas estão acreditando no que não é verdadeiro.

Este livro é sobre como detectar problemas nos fatos com os quais você se depara, problemas que podem levar você a tirar conclusões erradas. Às vezes, as pessoas que fornecem os fatos esperam que você faça justamente isso; às vezes, elas mesmas não sabem a diferença. Hoje, a informação fica disponível quase instantaneamente, líderes nacionais aparecem nas mídias sociais, relatos de "furos de reportagem" chamam sua atenção diariamente, até mesmo de hora em hora, mas quando há tempo para determinar se essa nova informação está cheia de pseudofatos, distorções e mentiras descaradas? Todos precisamos de estratégias eficientes para avaliar se o que estão nos dizendo é confiável.

Há mais informações feitas pelo homem nos últimos sete anos do que em toda a história humana. Junto com coisas verdadeiras está uma enorme quantidade de coisas que não são verdadeiras, em sites, vídeos, livros e nas mídias sociais. Isso não é um problema novo. Desinformação é uma realidade na sociedade há milhares de anos e foi documentada em tempos bíblicos e na Grécia clássica.[6] O problema único que enfrentamos hoje é que a desinformação proliferou e as mentiras podem ser alimentadas para produzir fins sociais e políticos contra os quais de outra forma estaríamos protegidos.

Nos capítulos a seguir, agrupei essas estratégias em categorias. A primeira parte deste livro é sobre desinformação numérica. Mostra como estatísticas mal manipuladas e gráficos podem nos dar uma perspectiva grosseiramente distorcida e fazer com que tiremos conclusões errôneas (e tomemos decisões descabidas). A segunda parte do livro investiga argumentos falsos, mostrando como é fácil ser persuasivo, contar histórias que se distanciam dos fatos de um jeito atraente, porém mal orientado. Incluídos ao longo do caminho estão os passos que podemos dar para melhor avaliarmos notícias, propagandas e relatórios. A última parte do livro revela o que está por baixo de nossa habilidade de determinar se algo é verdadeiro ou falso: o método científico. É a ferramenta mais útil já inventada para descobrir os mistérios mais desafiadores e traçar suas raízes até alguns dos maiores pensadores na história humana, figuras como Aristóteles, Bacon, Galileu, Descartes, Semelweis e Popper. Essa última parte do livro briga com os limites do que podemos e não podemos saber, incluindo o que sabemos neste momento e o que ainda não sabemos. Apresento alguns estudos de caso para demonstrar as aplicações do pensamento lógico em cenários um tanto variados, abrangendo testemunhas em tribunais, decisões médicas, mágica, física moderna e teorias da conspiração.

Pensamento crítico não significa desacreditar em tudo, significa que devemos tentar distinguir entre afirmações com e sem evidências.

É fácil para sectários mentir com estatísticas e gráficos porque eles sabem que a maioria das pessoas vai achar muito trabalhoso examinar atentamente como funcionam. Talvez achem que não são inteligentes o suficiente. Mas qualquer um pode fazer isso, e assim que você tem alguns princípios básicos, as tabelas logo revelam sua elegância — ou deformação.

Pegue a estatística que citei mais cedo, sobre como o número de livros que os alunos leem cai constantemente todo ano depois da segunda série. A implicação é que nosso sistema educacional é falho — as crianças não estão desenvolvendo bons hábitos de aprendizagem, não estão interessadas em se aprimorar e não são intelectualmente comprometidas. Agora pare e pergunte a si mesmo: *número de livros* é o parâmetro certo para tirar conclusões sobre isso? Estudantes da segunda série em geral leem livros muito curtos, e o tamanho dos livros vai aumentando com a idade. No ensino médio, as crianças têm que ler *O senhor das moscas* (duzentas páginas) e na faculdade *Guerra e paz* (1225 páginas). Talvez devêssemos estar olhando para número de páginas lidas ou quantidade de tempo de leitura. Numa pós-graduação, e em muitas profissões como direito, governo, indústria, finanças e ciência, as pessoas talvez estejam lendo menos livros, mas uma grande quantidade de artigos acadêmicos exigentes. Se um oficial do governo não leu *nenhum* livro, mas leu a Constituição, a legislação, briefings de inteligência, jornais e revistas, você diria que essa pessoa não é intelectualmente comprometida? Só porque uma estatística é citada não significa que é relevante para o ponto em questão. Além disso, o estudo parece ter sido conduzido por uma empresa que projeta e vende software para melhorar habilidades de leitura, então um relatório de baixo índice de leitura serve aos seus interesses. Pensamento crítico em ação.

Reconhecer argumentos falsos dentro de histórias ajudará você a avaliar se uma cadeia de raciocínio leva a uma conclusão válida ou não. "Infoliteracy" significa ser capaz de reconhecer que há hierarquias na qualidade das fontes, que pseudofatos podem facilmente mascarar-se como fatos, e vieses podem distorcer a informação que estão nos pedindo que avaliemos, nos levando a decisões infelizes e maus resultados.

Às vezes a evidência consiste em números, e precisamos questionar "De onde esses números vieram? Como foram coletados?". Às vezes os números são ridículos, mas é necessário um pouco de reflexão para enxergar. Às vezes, afirmações parecem razoáveis mas vêm de uma fonte sem credibilidade, como uma pessoa que relata ter testemunhado um crime, mas não estava realmente lá. Este livro pode ajudá-lo a evitar aprender um monte de coisas que não são verdadeiras.[7] E dar um basta nos mentirosos.

Parte I

Avalie números

A verdade é que você não se complica pelo que não sabe. Você se complica pelo que sabe com certeza e que não é verdade.
Mark Twain

Plausibilidade

Por serem números, temos a impressão de que estatísticas são fatos frios e concretos. Parece que elas representam fatos fornecidos pela natureza e que só precisamos encontrá-los. Mas é importante lembrar que estatísticas são coletadas por *pessoas*. Pessoas escolhem o que contar, como fazer a contagem, que números apresentar e quais palavras usar para descrevê-los e interpretá-los.[1] Estatísticas não são fatos. São interpretações. E a interpretação que você tem pode ser tão boa quanto, ou melhor, a da pessoa que as apresentou.

Às vezes, os números simplesmente estão errados, e muitas vezes é mais fácil começar conduzindo alguns testes rápidos de plausibilidade. Depois disso, mesmo se os números passarem nos testes, três tipos de erros podem nos levar a acreditar em coisas que não são verídicas: como os números foram coletados, como foram interpretados e como foram apresentados visualmente.

É possível determinar com rapidez, de cabeça ou com uma estimativa, se uma afirmação é plausível (na maioria das vezes). Só não aceite uma afirmação por si só; explore-a um pouco.

Quando fazemos testes de plausibilidade, não nos importamos com números exatos. Pode parecer contraditório, mas a precisão não tem importância aqui. Podemos usar o bom senso para resolver muitos destes: se Beto afirma que uma taça de cristal caiu de uma mesa em cima de um tapete grosso e não se quebrou, parece plausível. Se Ênio fala que ela despencou do alto de um prédio de quarenta andares e caiu na calçada sem se quebrar, não é plausível. Você sabe disso graças a seu conhecimento intrínseco, às observações que adquiriu ao longo da vida. Da mesma forma, se alguém diz que tem duzentos anos de idade, ou que consegue ganhar sempre nas roletas de Las Vegas, ou que aguenta correr sessenta quilômetros em uma hora, nada disso é plausível.

O que você faria com a seguinte afirmação?

> Nos 35 anos desde que as leis que regulamentam a maconha pararam de ser aplicadas na Califórnia, a quantidade de fumantes de maconha duplicou anualmente.

Plausível? Por onde começamos? Digamos que houvesse apenas um fumante de maconha na Califórnia há 35 anos, uma hipótese muito conservadora (meio milhão de pessoas foram presas em acusações relacionadas à maconha em 1982). Se dobrarmos esse número a cada ano durante 35 anos, chegaremos a mais de 17 bilhões de fumantes – mais do que a população do planeta inteiro. (Tente você mesmo e verá que o número já passa de 1 milhão ao ser duplicado todo ano ao longo de 21 anos: 1; 2; 4; 8; 16; 32; 64; 128; 256; 512; 1024; 2048; 4096; 8192; 16 384; 32 768; 65 536; 131 072; 262 144; 524 288; 1 048 576.) Essa afirmação, portanto, não é só implausível; é impossível. Infelizmente, muitas pessoas têm dificuldade de pensar em números com clareza porque se sentem intimidadas por eles. Mas, como você pode ver, aqui não é necessário nada além do que a aritmética que aprendemos na escola e algumas suposições razoáveis.

Eis outro caso. Você acabou de aceitar um emprego de telemarketing, em que os atendentes ligam para potenciais clientes sem que eles estejam esperando (e certamente os irritando). Seu chefe, tentando motivá-lo, afirma:

Nosso melhor vendedor consegue fazer mil vendas por dia.

Isso é plausível? Tente discar um número no telefone — provavelmente o mais rápido que você consegue fazer isso é cinco segundos. Considere mais uns cinco segundos para o telefone tocar. Agora digamos que toda ligação acabe em venda — algo muito improvável, mas vamos oferecer todas as vantagens possíveis a essa afirmação para ver se dá certo. Conte um mínimo de dez segundos para você fazer uma oferta e para ela ser aceita, e depois quarenta segundos para solicitar o número do cartão de crédito e o endereço do comprador. Isso resulta em uma ligação por minuto (5 + 5 + 10 + 40 = 60 segundos), ou sessenta vendas em uma hora, ou 480 vendas em um expediente muito frenético de oito horas sem intervalos. As mil vendas simplesmente não são plausíveis, mesmo considerando as circunstâncias mais otimistas possíveis.

Algumas afirmações são mais difíceis de avaliar. Eis uma manchete da revista *Time* de 2013:

Mais pessoas possuem celulares do que banheiros.[2]

Como interpretar isso? Podemos considerar a quantidade de pessoas no mundo em desenvolvimento que não possuem saneamento básico e imaginar que muitas pessoas em países prósperos têm mais de um celular. A afirmação parece *plausível* — o que não quer dizer que devamos aceitá-la, mas que não podemos rejeitá-

-la de cara por ser ridícula; teremos que usar outras técnicas de avaliação, mas ela passa no teste de plausibilidade.

Às vezes, não é fácil avaliar uma afirmação sem também fazer um pouco de pesquisa. Sim, jornais e sites deviam fazer isso por você, mas nem sempre fazem, e é assim que estatísticas desgovernadas fincam raízes. Anos atrás, esta estatística foi amplamente divulgada:

> Nos Estados Unidos, 150 mil meninas e jovens mulheres morrem de anorexia por ano.[3]

Certo, vamos conferir a plausibilidade. Temos que investigar um pouco. Segundo o U. S. Centers for Disease Control [Centro de Controle de Doenças dos Estados Unidos], o número anual de mortes *por qualquer causa* entre meninas e mulheres de quinze a 24 anos é de cerca de 8500. Se acrescentarmos mulheres de 25 a 44 anos, ainda assim só chegamos a 55 mil.[4] O número de mortes por anorexia em um ano não pode ser o triplo da quantidade de mortes por *todas* as causas.[5]

Em uma matéria na *Science*, Louis Pollack e Hans Weiss afirmaram que, desde a formação da Communication Satellite Corp.,

> O custo de uma ligação telefônica caiu 12 000%.[6]

Se um custo cai 100%, ele vai a zero (qualquer que tenha sido o valor inicial). Se um custo cai 200%, alguém está pagando a *você* o mesmo valor que antes *você* pagava para adquirir o produto. Uma queda de 100% é muito rara; uma de 12 000% parece extremamente improvável.[7] Um artigo no periódico acadêmico *Journal of Management Development* garantiu uma redução de 200% em queixas após uma nova estratégia de atendimento ao cliente.[8] O escritor Dan Keppel chegou até a escrever um livro intitulado *Get What You Pay For: Save 200% on Stocks, Mutual Funds, Every Financial Need* [Receba aquilo pelo que você pagou: poupe 200% em ações, fundos mútuos, qualquer questão financeira]. Ele tem um MBA. Devia ter mais consciência do que fala.

É claro que precisamos aplicar percentuais às mesmas bases para que elas sejam equivalentes. Uma redução salarial de 50% não pode ser restabelecida por um aumento de 50% do novo salário, mais baixo, porque as bases mudaram.[9] Se você recebe mil dólares por semana e sofre um corte de 50%, para 500 dólares, um aumento de 50% nesse valor só chegará a 750 dólares.

Percentuais parecem bastante simples e incorruptíveis, mas muitas vezes são confusos. Se as taxas de juros sobem de 3% para 4%, trata-se de um aumento de 1 ponto percentual, ou de 33% (porque o aumento de 1% tem como base os 3%, então 1/3 = 0,33). Se as taxas de juros caem de 4% para 3%, é uma redução de 1 ponto percentual, mas não é uma redução de 33% — é de 25% (porque a queda de 1 ponto percentual acontece com base em 4). Pesquisadores e jornalistas nem sempre são rigorosos ao distinguir entre porcentagens e pontos percentuais, mas você devia ser.[10]

O *New York Times* cobriu o fechamento de uma fábrica têxtil em Connecticut e sua transferência para a Virgínia devido aos elevados custos de mão de obra.[11] O jornal anunciou que os custos de "salários, indenizações e seguro-desemprego são vinte vezes maiores em Connecticut do que na Virgínia". Isso é plausível? Se fosse verdade, seria de esperar uma migração em massa de empresas de Connecticut para a Virgínia — e não só daquela fábrica —, e você já teria ouvido falar sobre isso. Mas não era verdade, e o jornal teve que publicar uma errata. Como foi que isso aconteceu? A repórter simplesmente entendeu errado um relatório da empresa. Um dos custos, o seguro-desemprego, era de fato vinte vezes maior em Connecticut do que na Virginia, mas, ao se incluírem outros fatores na conta, na verdade o custo total da mão de obra era apenas 1,3 vez maior em Connecticut, não vinte. A repórter não era formada em administração de empresas, e não se deveria esperar que fosse. Para pegar esse tipo de erro, temos de parar por um momento e pensar por conta própria — o que todo mundo pode fazer (e o que ela e os editores do jornal deviam ter feito).

Nova Jersey sancionou uma lei negando benefícios adicionais a mães já inscritas em programas de assistência social que tivessem mais filhos enquanto usufruíam de algum benefício.[12] Alguns legisladores acreditavam que as mulheres estavam dando à luz em Nova Jersey apenas para aumentar o valor de seus cheques mensais de assistência social. Dois meses depois, legisladores declararam que a lei do "limite familiar" era um grande sucesso, pois os nascimentos já haviam caído 16%. Segundo o *New York Times*:

> Depois de apenas dois meses, o estado divulgou números que sugerem já haver uma redução de 16% nos nascimentos entre mães inscritas em programas de assistência social, e as autoridades comemoraram o sucesso repentino.[13]

Repare que não estão falando de gravidez, mas de nascimento. Qual é a questão aqui? Como uma gravidez leva nove meses para vir a termo, qualquer efeito nos primeiros dois meses não pode ser atribuído à lei, e provavelmente se deve a flutuações normais na taxa de natalidade (taxas de natalidade costumam ser sazonais).

Mesmo assim, a reportagem tinha outros problemas que não podem ser identificados em testes de plausibilidade:

> ... ao longo do tempo, essa queda de 16% minguou para 10% à medida que o estado se dava conta de que alguns nascimentos não haviam sido declarados antes. Aparentemente, muitas mães não viram motivo para declarar os novos nascimentos, visto que os benefícios não aumentariam.[14]

Esse é um exemplo de problema com a forma como dados estatísticos são coletados — na verdade, não estamos alcançando todas as pessoas que acreditamos estar alcançando. Às vezes é mais difícil identificar alguns erros de raciocínio do que outros, mas podemos melhorar com a prática. Para começar, vamos falar de uma ferramenta básica e muitas vezes usada de forma equivocada.

O gráfico em pizza é uma ferramenta fácil para visualização de percentuais — a divisão de partes diferentes de um todo. Talvez você queira saber que percentual do orçamento de uma secretaria de educação é gasto em coisas como salários, materiais educativos e manutenção. Ou talvez queira saber que percentual do dinheiro gasto em materiais pedagógicos é usado em matemática, ciência, literatura e gramática, educação física, música etc. A regra básica do gráfico em pizza é que os percentuais precisam totalizar 100%. Pense em uma pizza — se nove pessoas querem um pedaço do mesmo tamanho, não dá para cortar oito fatias.

Quando se chega ao fim da pizza, acabou. Ainda assim, isso não impediu a Fox News de publicar o seguinte gráfico:

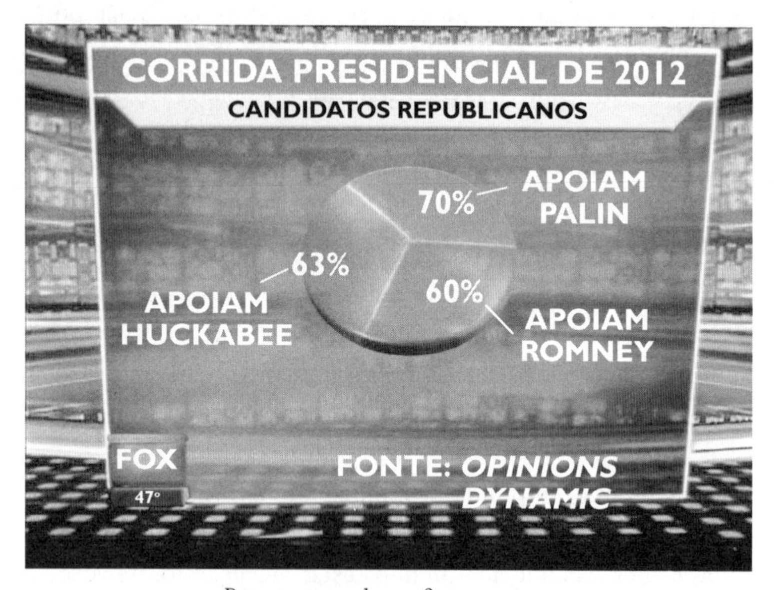

Primeira regra dos gráficos em pizza:
os percentuais precisam somar 100% (*Fox News*, 2010).

Dá para imaginar como esse tipo de coisa acontece. Os eleitores têm a opção de declarar apoio a mais de um candidato. Mas, nesse caso, o resultado não devia ser apresentado em um gráfico em pizza.

Diversão com médias

Uma média pode ser um resumo estatístico útil, ainda mais fácil de compreender do que um gráfico em pizza, permitindo que caracterizemos uma quantidade muito grande de informações com um único número. Talvez queiramos saber a fortuna média das pessoas em determinado local para analisar se nossos vendedores ou captadores de recursos vão se beneficiar ao falar com elas. Ou pode ser que queiramos saber o preço médio da gasolina para estimar quanto vai custar uma viagem de carro. Porém, as médias podem esconder complexidades inesperadas.

Existem três formas de calcular uma média, e é comum elas renderem números diferentes, então pessoas com conhecimento de estatística costumam evitar o uso generalizado da palavra *média* e recorrem também aos termos mais precisos *mediana* e *moda*. Não falamos "média mediana", e sim *média*, *mediana* ou *moda*. Em alguns casos, elas podem ser a mesma coisa, mas em muitos, não são. Se a palavra *média* aparecer sozinha, normalmente ela se refere à média aritmética, mas não é possível ter certeza.

A média é o mais usado dos três termos, e é calculada com a soma de todas as observações ou ocorrências disponíveis e dividindo-se o resultado pelo número de observações ou ocorrências. Por exemplo, a fortuna média das pessoas dentro de um aposento é simplesmente a fortuna total dividida pela quantidade de gente. Se dentro de uma sala há dez pessoas e cada uma tem um patrimônio de 100 mil dólares, a sala contém um patrimônio total de 1 milhão de dólares, e você pode encontrar a média sem recorrer à calculadora: 100 mil dólares. Se outra sala tem dez pessoas cujo patrimônio varia de 50 mil a 150 mil dólares cada, mas também totaliza 1 milhão, a média continua sendo 100 mil (pois simplesmente pegamos o total de 1 milhão de dólares e dividimos por dez pessoas, quaisquer que sejam as rendas individuais).

A mediana é o número do meio em um conjunto de números (estatísticos chamam esse conjunto de "distribuição"): metade das observações está acima desse valor e metade está abaixo. Lembre-se de que a ideia da média é representar uma grande quantidade de dados com um único número. A mediana se sai melhor nisso em casos em que algumas das observações são muito, muito diferentes da maioria, o que estatísticos chamam de *anomalias*.

Em uma sala com nove pessoas, digamos que oito delas tenham um patrimônio de cerca de 100 mil dólares e uma esteja à beira da falência, com um patrimônio de negativos 500 mil dólares, em função de suas dívidas. Eis a situação da sala:

Pessoa 1: -$500 000
Pessoa 2: $96 000
Pessoa 3: $97 000
Pessoa 4: $99 000
Pessoa 5: $100 000
Pessoa 6: $101 000

Pessoa 7: $101 000
Pessoa 8: $101 000
Pessoa 9: $104 000

Ao somarmos, vamos obter um total de 299 mil dólares. Divida pela quantidade total de observações, nove, e a média encontrada é de 33 222 dólares por pessoa. Mas essa média não reflete bem o que é a sala. Ela sugere que talvez não seja interessante seu captador visitar essas pessoas, mas na realidade apenas uma é diferente, uma anomalia, que está reduzindo a média. O problema da média é este: ela é afetada por anomalias.

A mediana aqui seria de 100 mil dólares: quatro pessoas possuem menos do que essa quantia, e quatro pessoas possuem mais. A moda é 101 mil, o número mais frequente. Tanto a mediana quanto a moda são mais úteis nesse exemplo específico.

Há muitas formas de usar médias para manipular o que você quer que outras pessoas vejam em seus dados.

Digamos que você e dois amigos tenham fundado uma pequena start-up com cinco funcionários. Chegou o final do ano e você quer compartilhar os resultados financeiros com seus funcionários, para que eles possam se sentir satisfeitos depois de tantos serões e noites trabalhando além do horário, e para atrair investidores. Digamos que quatro funcionários — programadores — tenham recebido, cada um, 70 mil dólares por ano, e que um — recepcionista/auxiliar de escritório — tenha recebido 50 mil por ano. Isso resulta em um salário médio de 66 mil dólares por ano: (4 × $70 000) + (1 × $50 000), dividido por 5. Você e seus dois amigos receberam, cada um, 100 mil dólares ao ano de salário. Portanto, seus custos com folha de pagamento são: (4 × $70 000) + (1 × $50 000) + (3 × $100 000) = $630 000. Agora, digamos que sua empresa tenha apresentado um lucro de

210 mil dólares e que vocês o tenham dividido igualmente entre os três cofundadores a título de bônus, dando para cada um $100 000 + $70 000. Como você vai anunciar isso?

Poderia dizer:

Salário médio dos funcionários: $66 000
Salário médio + lucros dos proprietários: $170 000

Seria verdadeiro, mas provavelmente só vai agradar a você e a sua mãe. Se seus funcionários descobrirem, podem achar que estão sendo mal pagos. Investidores em potencial podem achar que os donos estão recebendo demais. Então, em vez disso, você pode anunciar o seguinte:

Salário médio dos funcionários: $66 000
Salário médio dos donos: $100 000
Lucro: $210 000

Isso soa melhor para investidores em potencial. E você não precisa incluir o fato de que dividiu os lucros entre os donos e simplesmente cortar essa última linha – a parte sobre os lucros – no anúncio aos funcionários. Cada um dos quatro programadores vai se achar bastante valorizado, pois está ganhando mais do que a média. A coitada da recepcionista não vai ficar tão feliz, mas sem dúvida já sabe que os programadores ganham mais do que ela.

Agora, digamos que você ache que está trabalhando demais e quer convencer seus dois sócios, que não entendem muito de raciocínio crítico, de que vocês precisam contratar mais funcionários. Você poderia fazer o que muitas empresas fazem e anunciar os "lucros por funcionário", dividindo os 210 mil dólares de lucro pelos cinco funcionários:

Salário médio dos funcionários: $66 000

Salário médio dos donos: $100 000

Lucro anual por funcionário: $42 000

Agora, você pode afirmar que 64% dos salários que vocês pagam aos funcionários (42 000/66 000) são revertidos em lucros, de modo que vocês acabam tendo que pagar apenas 36% dos salários depois de contabilizar todos os lucros. É claro que não há nada nesses dados que sugira que o acréscimo de um funcionário aumentará os lucros – seus lucros podem não ter absolutamente nada a ver com a quantidade de funcionários –, mas, para alguém que não esteja raciocinando de forma crítica, isso pode parecer um motivo convincente para contratar mais gente.

Por fim, e se você quisesse afirmar que é uma pessoa excepcionalmente justa como chefe e que a diferença entre o que você recebe de lucro e o que os funcionários ganham é até bastante razoável? Pegue o lucro de 210 mil dólares e distribua 150 mil como bônus entre você e seus sócios, deixando os 60 mil restantes para anunciar como "lucro". Agora, calcule o salário médio, mas inclua você e seus sócios nas contas junto com os bônus.

Salário médio: $97 500

Lucro médio dos donos: $20 000

E agora vamos nos divertir de verdade:

Custos totais com salários mais bônus: $840 000

Salários: $780 000

Lucros: $60 000

Isso parece bem razoável, não? Dos 840 mil dólares disponíveis para salários e lucros, só 60 mil, ou 7%, foram para o lucro dos donos. Seus funcionários vão achar que você é exemplar – quem condenaria um empresário por lucrar 7%? E nem é tão alto assim: os 7% são divididos entre os três donos da empresa, dando 2,3% para cada. Não dá para reclamar!

E você pode fazer melhor ainda. Digamos que, no primeiro ano da empresa, vocês só tivessem funcionários de meio período, que recebiam 40 mil dólares ao ano. No segundo ano, já eram funcionários em tempo integral, com os 66 mil já mencionados. Você pode afirmar, com toda a honestidade, que o salário médio dos funcionários subiu 65%. Que chefe excelente você é! Mas aqui você está passando por cima do fato de que a comparação é entre meio período e tempo integral. E não seria a primeira pessoa a fazer isso: a siderúrgica U. S. Steel fez a mesma coisa nos anos 1940.

Em audiências criminais, a maneira como as informações são apresentadas – o enquadramento – afeta profundamente as conclusões do júri a respeito da culpa. Embora as duas sejam matematicamente equivalentes, depor que "a probabilidade de o suspeito ser compatível com as gotas de sangue mesmo se elas não tiverem saído dele é de apenas 0,1%" (uma em mil) acaba sendo muito mais convincente do que dizer que "uma em mil pessoas em Houston também seria compatível com as gotas de sangue".[1]

É comum usar médias para expressar resultados, como "um a cada X casamentos acaba em divórcio". Mas isso não significa que essa estatística se aplica à sua rua, ao seu grupo de amigos ou às pessoas que você conhece. Pode ser que se aplique, ou pode ser que não – é uma média nacional, e talvez certos *fatores de vulnerabilidade* possam ajudar a prever quem vai ou não se divorciar.

Da mesma forma, pode ser que você leia em algum lugar que, a cada cinco crianças nascidas, uma é chinesa. Você percebe que a família sueca que mora na sua rua já tem quatro filhos e que a mãe está grávida de novo. Isso não significa que ela está prestes a dar à luz um bebê chinês — 1 a cada 5 é uma média que leva em conta todos os nascimentos do mundo, não os nascimentos restritos a um domicílio, bairro ou até país específico.

Tome cuidado com as médias e a maneira como elas são aplicadas. Elas podem se mostrar enganosas, por exemplo, se a média combinar amostras de populações díspares. O resultado pode levar a observações absurdas como esta:

> Em média, os seres humanos têm um testículo.[2]

Esse exemplo ilustra a diferença entre média, mediana e moda. Como há uma quantidade ligeiramente maior de mulheres que homens no mundo, tanto a mediana quanto a moda são zero, enquanto a média é quase um (talvez 0,98).

Lembre-se também de que a média não tem relação com a amplitude. A temperatura média anual em Death Valley, na Califórnia, é de confortáveis 25 graus Celsius. Mas a amplitude pode ser letal, com uma variação registrada de -9 a 56 graus Celsius.[3]

Ou... eu poderia dizer que a fortuna *média* de cem pessoas em um salão é de espetaculares 350 milhões de dólares. Você talvez ache que é o lugar certo para mandar seus cem melhores vendedores. Mas pode ser que o salão tenha Mark Zuckerberg (com patrimônio de 35 bilhões de dólares) e 99 indigentes. A média pode ignorar diferenças que são fundamentais.

Outro detalhe com que tomar cuidado nas médias é a *distribuição bimodal*. Lembre-se de que a *moda* é o valor mais frequente. Em muitos conjuntos de dados biológicos, físicos e sociais, a distribuição tem dois ou mais picos — isto é, dois ou mais valores que aparecem mais do que os outros.

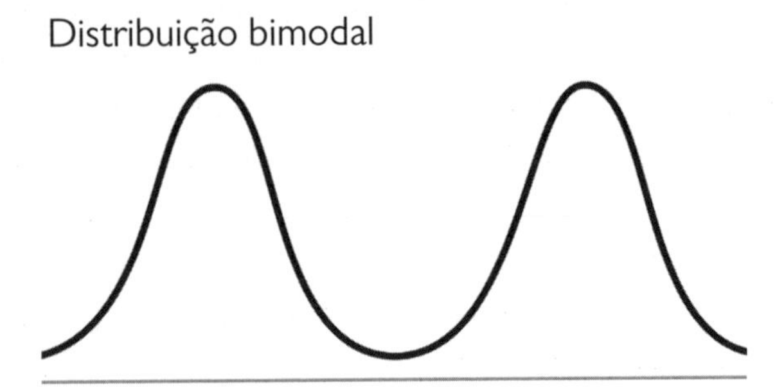

Por exemplo, um gráfico como esse pode mostrar a quantia gasta em almoços durante uma semana (eixo x) e quantas pessoas gastam esse dinheiro (eixo y).[4] Imagine que sua pesquisa contemple dois grupos diferentes de pessoas: crianças (curva da esquerda — estão comendo na cantina da escola) e executivos (curva da direita — estão indo a restaurantes caros). A média e a mediana aqui poderiam ser um número em algum ponto ali no meio e não nos explicariam muito da situação de fato — na verdade, em muitos casos, a média e a mediana são quantias que ninguém gasta. Um gráfico como esse geralmente é uma pista de que a amostra é heterogênea, ou de que você está misturando alhos com bugalhos. Neste caso, o melhor é anunciar uma distribuição bimodal e apresentar as duas modas. Melhor ainda: divida o grupo em dois subgrupos e ofereça as estatísticas de ambos.

Mas tome cuidado antes de tirar conclusões sobre indivíduos e grupos com base em médias. As armadilhas são tão comuns que têm até nome: falácia ecológica e falácia da exceção. A falácia ecológica acontece quando fazemos inferências acerca de um indivíduo com base em dados agregados (como uma média de grupo), e a falácia da exceção acontece quando fazemos inferências acerca de um grupo com base no conhecimento de alguns indivíduos excepcionais.

Por exemplo, imagine duas cidades pequenas, cada uma com apenas cem habitantes. Na Cidade A, 99 pessoas recebem 80 mil dólares por ano, e uma pessoa extremamente rica que encontrou petróleo em sua propriedade recebe 5 milhões por ano. Na Cidade B, cinquenta pessoas recebem 100 mil dólares ao ano e cinquenta recebem 140 mil. A renda média da Cidade A é de 129 200 dólares, e a renda média na Cidade B é de 120 mil dólares. Embora a Cidade A tenha uma renda média maior, em 99% dos casos qualquer indivíduo aleatório da Cidade B terá uma renda maior do que qualquer indivíduo aleatório da Cidade A. A falácia ecológica é achar que, se você selecionar alguma pessoa aleatória do grupo com média maior, as chances são de que essa pessoa tenha uma renda maior. O interessante é que, nos exemplos acima, apesar de a *média* ser maior na Cidade A, a *moda* é maior na cidade B. (Nem sempre isso acontece.)

Outro exemplo é a sugestão de que a probabilidade de indivíduos ricos votarem no Partido Republicano é maior, mas os dados demonstram que os estados mais ricos tendem a votar nos democratas. A fortuna desses estados pode estar sendo distorcida por um percentual baixo de indivíduos super-ricos. Durante a eleição presidencial americana de 2004, o candidato republicano, George W. Bush, venceu nos quinze estados mais pobres, e o democrata, John Kerry, venceu em nove dos onze estados mais ricos.[5] No entanto, 62% dos eleitores com renda anual acima de 200 mil dólares votaram em Bush, enquanto apenas 36% dos eleitores com renda anual de até 15 mil dólares votaram no candidato republicano.

Como exemplo de falácia da exceção, digamos que você tenha ouvido falar que carros da Volvo estão entre os automóveis mais confiáveis e, por isso, decida comprar um. A caminho da concessionária, você passa por uma oficina autorizada da Volvo cheia de carros avariados. Se você mudar de ideia quanto a comprar um Volvo com base nessa cena, estará usando uma quantidade relativamente pequena de casos excepcionais para inferir a respeito do grupo todo. Ninguém disse que Volvos jamais quebram, apenas que, no conjunto, é menos provável que aconteça. Perceba também que isso está influenciando indevidamente a sua decisão de outra forma: o único lugar onde você vai encontrar Volvos com algum defeito é em uma autorizada da Volvo. Sua "taxa-base" mudou, e você não pode considerar isso uma amostra aleatória.

Agora que você se tornou especialista em médias, não vai mais cair no famoso equívoco de que as pessoas tendiam a não viver tanto há cem anos quanto hoje em dia. Você provavelmente já ouviu falar que a expectativa de vida tem aumentado de forma constante na modernidade. Para as pessoas nascidas em 1850, a expectativa de vida média para homens e mulheres era respectivamente de 38 e quarenta anos, e para as nascidas em 1990 é de 72 e 79.[6] Portanto, existe a tendência de se acreditar que no século XIX não existiam muitas pessoas de cinquenta ou sessenta e poucos anos circulando pela rua, porque as pessoas não viviam tudo isso. Mas, na verdade, as pessoas viviam tudo isso — só que a taxa de mortalidade infantil era tão alta que distorcia a média. Na época, se você passasse dos vinte anos, era possível ter uma vida longa. Em 1850, a expectativa de vida de uma mulher branca de cinquenta anos podia ser de 73,5, e a de uma de sessenta podia chegar aos 77. A expectativa de vida realmente aumentou para as pessoas de hoje que têm cinquenta e sessenta anos, mas foi uma variação de cerca de dez anos em comparação com 1850, principalmente devido ao desenvolvimento da medicina. Mas, assim como nos exemplos anteriores de salas cheias de gente com grandes diferenças de renda, a divergência entre as expectativas de vida médias no nascimento ao longo dos últimos 175 anos reflete diferenças significativas entre as duas amostras: havia muito mais mortes infantis naqueles tempos, e assim a média despenca.

Aqui vai uma afirmação de dar nó na cabeça: crianças médias não nascem em famílias médias.[7] Por quê? Por causa de mudanças de base.

Agora, digamos que você leia que a quantidade média de filhos por família em uma comunidade de classe média alta seja três. Você talvez conclua que, em média, cada criança tem dois irmãos. Mas essa conclusão estaria equivocada. O mesmo problema de lógica acontece se perguntarmos se o aluno universitário médio frequenta a universidade de tamanho médio, se o funcionário médio recebe o salário médio ou se a árvore média vem da floresta média. Hein?

Todos esses casos envolvem uma mudança de base, ou da amostra estudada. Quando calculamos a quantidade média de filhos por família, nossa amostra é composta de famílias. Uma família muito grande e uma pequena contam, cada uma, como uma família, claro. Quando calculamos a quantidade (média) de irmãos, nossa amostra é composta de crianças. Cada criança da família grande conta como uma, de modo que a quantidade de irmãos que cada uma tem confere grande peso ao valor da média de irmãos. Em outras palavras, uma família com dez filhos conta só como uma na estatística de *família média*, mas conta como dez na estatística da *quantidade média de irmãos*.

Digamos que, em um bairro dessa comunidade hipotética, existam trinta famílias. Quatro famílias não têm filhos, seis famílias têm um, nove famílias têm dois e onze famílias têm seis. A quantidade média de filhos por família é três, pois noventa (a quantidade total de filhos) é dividido por trinta (a quantidade total de famílias).

Mas vamos dar uma olhada na quantidade média de irmãos.[8] O erro que as pessoas cometem é pensar que, se a família média tem três filhos, então em média cada criança deve ter dois irmãos. Mas, nas famílias com um filho, cada uma das seis crianças tem zero irmão. Nas famílias com dois filhos, cada uma das dezoito crianças tem um irmão. Nas famílias com seis filhos, cada uma das 66 crianças tem cinco irmãos. Entre as noventa crianças há 348 irmãos. Então, embora a *criança* média venha de uma família com três filhos, são 348 irmãos divididos por noventa crianças, ou uma média de quase quatro irmãos por criança.

	FAMÍLIAS	FILHOS/ FAMÍLIA	TOTAL DE FILHOS	IRMÃOS
	4	0	0	0
	6	1	6	0
	9	2	18	18
	11	6	66	330
TOTAIS	30		90	348

Média de filhos por família: 3,0
Média de irmãos por criança: 3,9

Agora, considere o tamanho de uma faculdade. Existem várias enormes faculdades nos Estados Unidos (como as universidades do estado de Ohio e Arizona), com mais de 50 mil alunos matriculados. Existem também muitas faculdades pequenas, com menos de 3 mil alunos matriculados (como a Kenyon College e a Williams College). Se contarmos as *faculdades*, vamos descobrir que a faculdade média tem 10 mil alunos. Mas, se contarmos os alunos, veremos que o universitário médio vai a uma faculdade com mais de 30 mil alunos. Isso acontece porque, quando contamos alunos, obtemos muito mais dados das instituições grandes. Da mesma forma, a pessoa média não mora na cidade média, e o golfista médio não faz a quantidade média de lances (o total de tacadas em dezoito buracos).

4 famílias com 0 filho

6 famílias com 1 filho — 6 crianças com 0 irmão

9 famílias com 2 filhos — 18 crianças com 1 irmão

11 famílias com 6 filhos — 66 crianças com 5 irmãos

Esses exemplos envolvem uma mudança de base ou de denominador. Considere outro que tem a ver com o tipo de distribuição desigual que vimos antes na mortalidade infantil: o investidor médio não recebe o retorno médio.[9] Em um estudo, o retorno médio de um investimento de cem dólares ao longo de trinta anos era de 760 dólares, ou 7% ao ano. Mas 9% dos investidores perderam dinheiro, e incríveis 69% não obtiveram o retorno médio. Isso se deve ao fato de que a média foi distorcida por algumas pessoas que receberam muito mais do que a média — no gráfico abaixo, a *média* é puxada para a direita por esses investidores sortudos que ganharam uma fortuna.

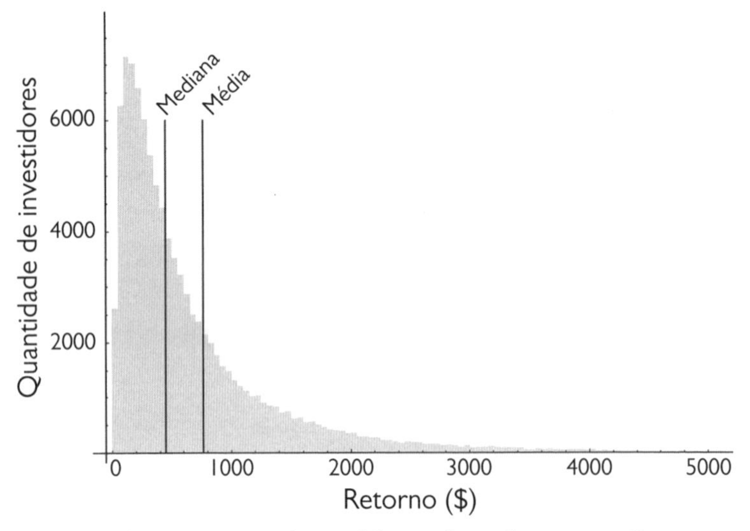

Retornos sobre investimentos de cem dólares ao longo de trinta anos. Repare que a maioria das pessoas recebe menos do que a média, e uns poucos sortudos ganham mais de cinco vezes o retorno médio.

Malandragem com eixos

O cérebro humano não evoluiu para processar grandes quantidades de dados numéricos apresentados em forma de texto; nossos olhos procuram padrões em dados apresentados visualmente. O tipo de apresentação mais preciso de dados, porém menos interpretável, é uma tabela com todos os valores. No entanto, para a maioria das pessoas, é difícil ou impossível detectar padrões e tendências nesse formato, então dependemos de gráficos e diagramas. Os gráficos se dividem em duas categorias gerais: ou apresentam visualmente cada dado (como em um diagrama de dispersão) ou aplicam uma forma de redução que sintetiza os dados e exibe, por exemplo, apenas médias ou medianas.

Há muitas maneiras de usar gráficos para apresentar dados de forma manipulada, distorcida ou enganosa. O consumidor de informações cuidadoso evita cair nessas armadilhas.

EIXOS SEM IDENTIFICAÇÃO

A forma mais fundamental de fazer medições com gráficos estatísticos é usando eixos sem identificação. Se seus eixos não têm identificação, você pode traçar ou representar qualquer coisa! Eis um exemplo de pôster apresentado em um congresso por um pesquisador bolsista, que se assemelhava a algo assim (recriei o desenho aqui):[1]

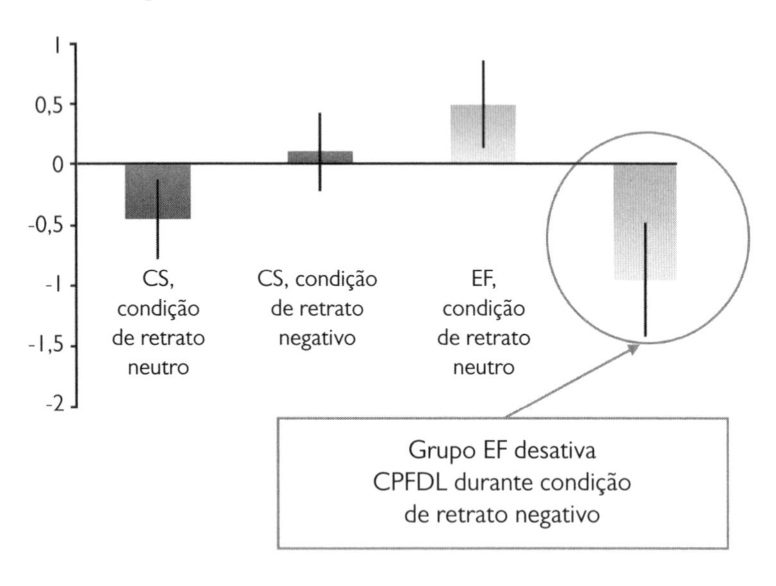

O que tudo isso significa? Com base no texto do pôster propriamente dito (mas não nesse gráfico), sabemos que os pesquisadores estão estudando ativações cerebrais em pacientes com esquizofrenia (EF). O que é CS? Isso não é informado, mas o contexto — a comparação com a EF — sugere que talvez seja "controle saudável". Agora, parece que há diferenças entre CS e EF, mas, hum... o eixo y tem números, contudo... as unidades podem se referir a qualquer coisa! O que é que estamos vendo?

Pontuações em um teste, níveis de ativações cerebrais, quantidade de regiões cerebrais ativadas? Quantidade de tigelas de gelatina que as pessoas comeram ou de filmes do Johnny Depp que elas viram nas últimas seis semanas? (Verdade seja dita, mais tarde os pesquisadores publicaram suas conclusões em um periódico acadêmico e corrigiram esse erro quando um site chamou a atenção para o descuido.)

O exemplo a seguir mostra o número total de vendas de uma editora, sem incluir dados de campanhas no Kickstarter.[2]

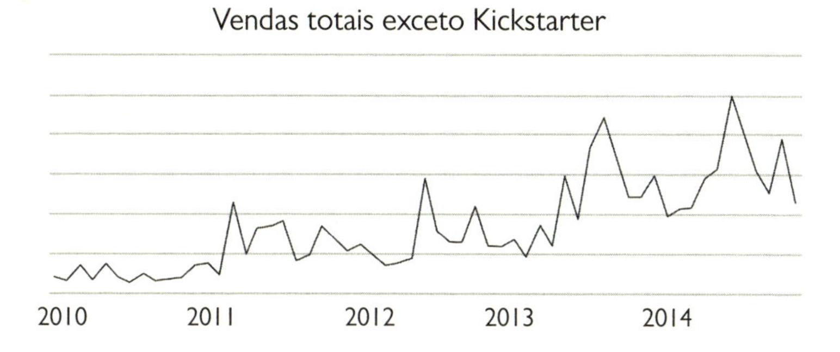

Como no exemplo anterior, mas agora no eixo x, nós temos os números, mas ainda não sabemos o que eles representam. Neste caso, é quase óbvio: supomos que 2010, 2011 etc. se refiram a anos calendários ou fiscais de operação, e o fato de que as linhas são fragmentadas entre os anos sugere que os dados são monitorados mensalmente (mas, sem identificação adequada, só podemos especular). O eixo y nem existe, então não sabemos o que está sendo medido (são exemplares vendidos ou dólares?), e não sabemos o que cada linha horizontal representa. O gráfico pode estar mostrando um aumento de vendas de cinquenta centavos para cinco dólares ao ano, ou de 50 milhões para 500 milhões de exemplares. Não se preocupe, o gráfico veio acompanhado de uma narrativa muito útil: "Mais um ano excelente". Só nos resta acreditar.

EIXO VERTICAL TRUNCADO

Um gráfico bem traçado mostra claramente os pontos finais de uma continuidade. Isso é especialmente importante se você está documentando alguma mudança real ou projeção em determinada quantidade e quer que seus leitores cheguem à conclusão correta. Se você está demonstrando índice de criminalidade, mortes, nascimentos ou qualquer quantidade que poderia ser zero, então o ponto mínimo do gráfico precisa ser zero. Mas, se seu objetivo é criar pânico ou revolta, comece o eixo y perto do valor mais baixo que você vai apresentar — isso vai dar ênfase à diferença que quer destacar, porque o olhar será atraído para o tamanho da diferença exibida no gráfico, e o tamanho real dessa diferença acaba sendo disfarçado.

Em 2012, a Fox News exibiu o gráfico a seguir para mostrar o que aconteceria se as reduções de impostos do governo Bush não fossem renovadas:[3]

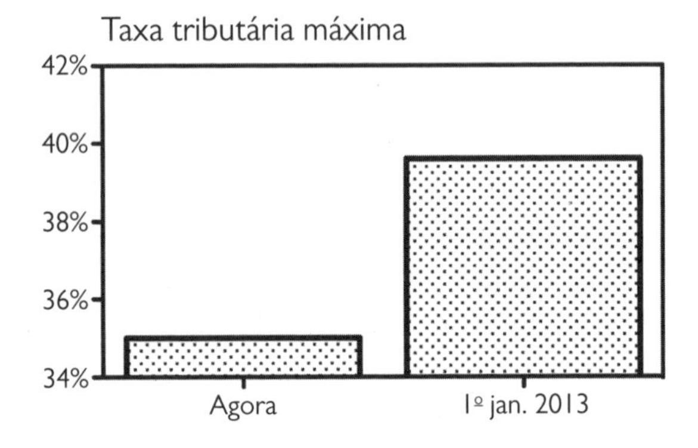

A impressão visual do gráfico dá a entender que os impostos sofreriam um grande aumento: a barra da direita é seis vezes maior do que a da esquerda. Que pessoa gostaria que os impostos aumentassem seis vezes? Os espectadores numerofóbicos, ou os apressados, talvez não parem para observar o eixo e ver que a diferença de fato é entre uma taxa tributária de 35% e outra de 39,6%. Isto é, se as reduções não forem renovadas, os impostos aumentarão apenas 13%, não os 600% exibidos na imagem (o aumento de 4,6 pontos percentuais é 13% de 35%).

Se o eixo y começasse no zero, os 13% ficariam visualmente aparentes:

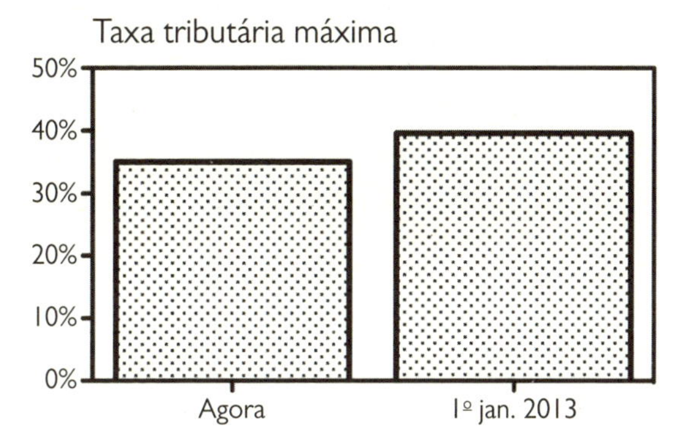

DESCONTINUIDADE NO EIXO VERTICAL OU HORIZONTAL[4]

Imagine uma cidade onde o crime tenha crescido a um ritmo de 5% ao ano durante a última década. Você poderia fazer um gráfico como este:

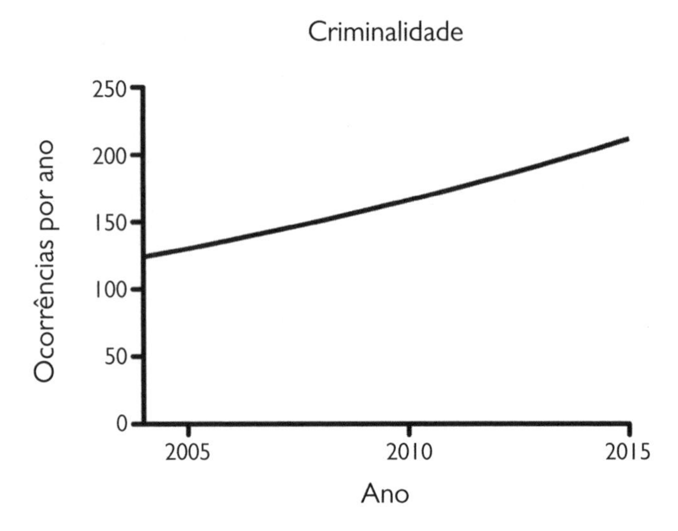

Não há nada de errado com isso. Mas digamos que você esteja vendendo sistemas de alarmes para residências e deseje botar medo nas pessoas para que elas comprem seu produto. Com os mesmos dados, é só criar uma descontinuidade no seu eixo x. Isso vai distorcer a verdade e enganar de maneira formidável o olho:

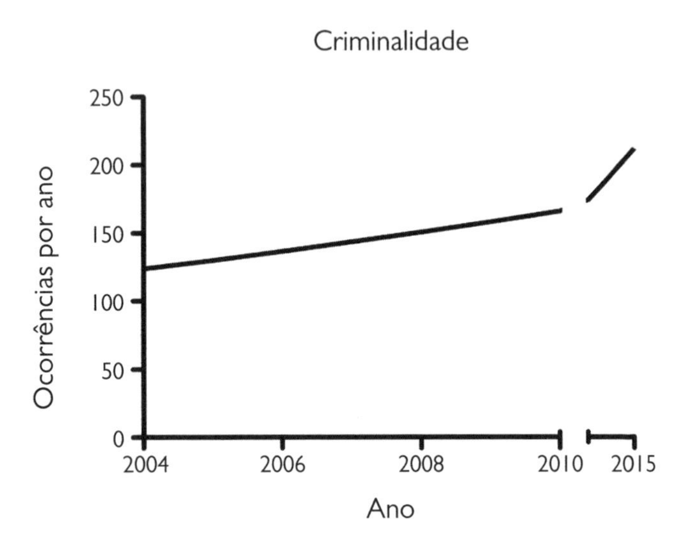

Neste gráfico, a imagem passa a impressão de que o crime aumentou drasticamente. Mas você sabe que não é bem assim. A descontinuidade no eixo x acumula os dados de cinco anos no mesmo espaço gráfico que estava sendo usado para dois anos. É claro que parece haver um aumento. Esse é um defeito elementar na produção de gráficos, mas, como a maioria dos leitores não se dá ao trabalho de prestar muita atenção nos eixos, é fácil se aproveitar disso.

E sua criatividade não precisa ficar restrita a quebrar o eixo x; você pode alcançar esse efeito ao criar uma descontinuidade no eixo y e depois não quebrar o eixo, para disfarçar. E vamos aproveitar para truncar o eixo y:

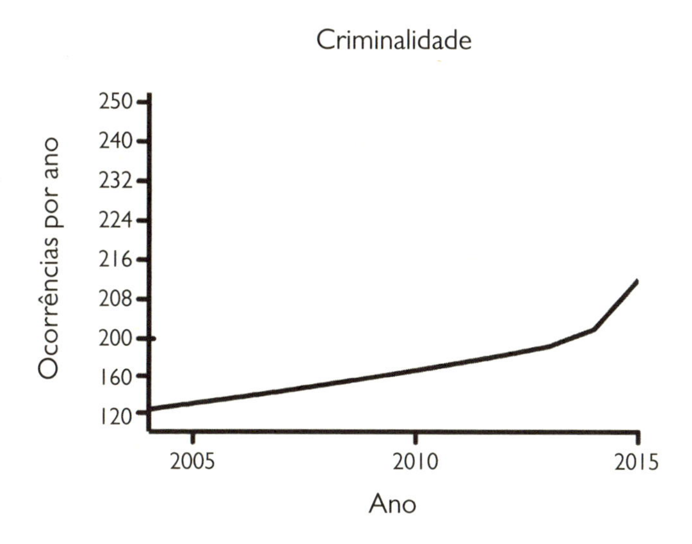

Isso é um pouco malicioso. A maioria dos leitores só olha para a curva do gráfico e não se dá conta de que as marcas no eixo vertical começam subindo de quarenta em quarenta e, a partir de duzentos, de repente começa a indicar uma diferença de apenas oito ocorrências de cada vez. Já está achando graça?

O mais correto seria usar o primeiro gráfico de criminalidade apresentado com o eixo devidamente contínuo. Agora, para avaliar criticamente as estatísticas, você poderia perguntar se a forma como os dados foram coletados ou apresentados possui fatores capazes de esconder alguma verdade subjacente.

Uma possibilidade é que os aumentos acontecem apenas em um bairro particularmente inseguro e que, na realidade, o crime tem *diminuído* no resto da cidade. Talvez a polícia e a comunidade simplesmente tenham decidido que determinado bairro se tornou impraticável e pararam de tentar manter a lei ali. É seguro na cidade em geral – talvez até mais do que antes –, e um único bairro é responsável pelo aumento.

Outra possibilidade é que, ao agruparmos todas as variedades de queixas debaixo do grande guarda-chuva *criminalidade*, ignoremos uma consideração séria. Talvez *crimes violentos* tenham caído para quase zero e, em vez disso, com muito tempo livre, a polícia esteja passando centenas de multas de estacionamento em local proibido.

Talvez a pergunta mais óbvia a fazer agora, em nosso esforço para entender o que essa estatística quer dizer de fato, seja: "O que aconteceu com a população total da cidade nesse período?". Se a população aumentou mais de 5% ao ano, o índice de criminalidade na verdade caiu em termos per capita. Podemos demonstrar isso com um gráfico de ocorrências criminais por 10 mil pessoas na cidade:

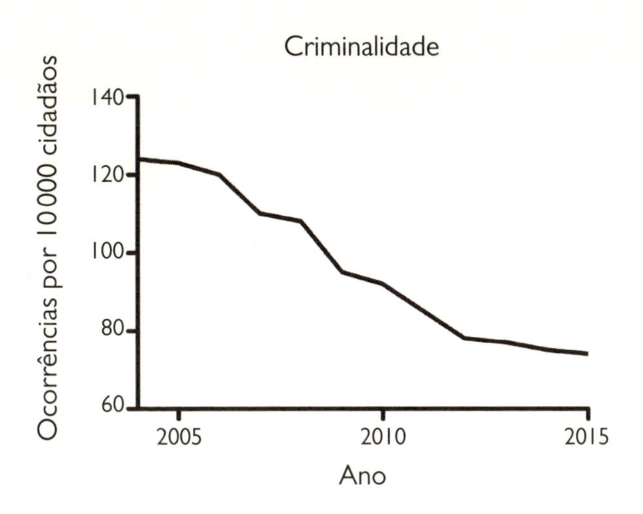

ESCOLHA A ESCALA E O EIXO APROPRIADOS[5]

Um corretor imobiliário pediu um gráfico com a mudança de preços dos imóveis residenciais na sua região ao longo da última década. Os preços tiveram um aumento constante de 15% ao ano.

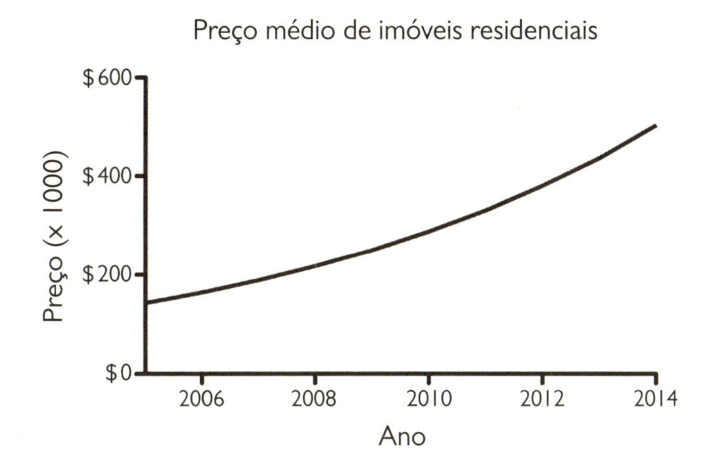

Se você realmente quiser deixar as pessoas preocupadas, que tal mudar o eixo x para incluir datas para as quais não tem informações? Esse acréscimo de datas desnecessárias ao eixo x vai comprimir a parte visível dos dados e aumentar a inclinação da curva da seguinte maneira:

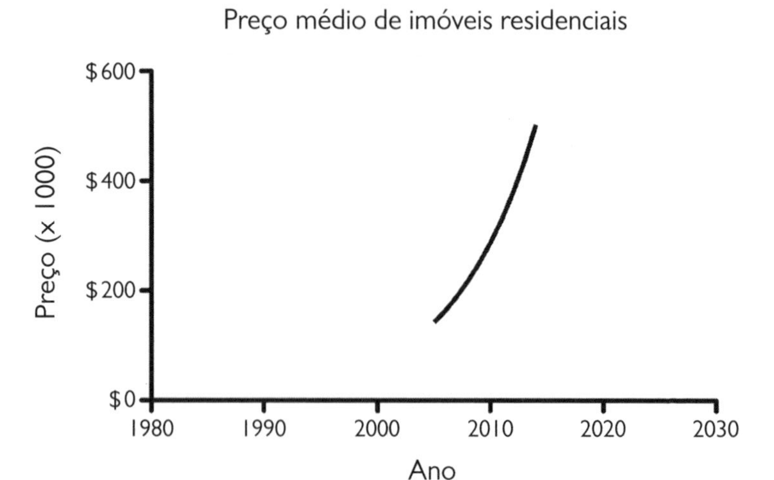

Observe que esse gráfico engana os olhos (bom, o cérebro) e nos leva a duas conclusões falsas: a primeira é que em algum momento na década de 1990 os preços dos imóveis deviam estar muito baixos, e a segunda, que em 2030 os preços estarão tão altos que quase ninguém vai conseguir comprar uma casa. Melhor comprar agora!

Os dois gráficos distorcem a realidade porque fazem uma taxa de crescimento constante parecer, visualmente, uma taxa de crescimento acelerada. No primeiro gráfico, o crescimento de 15% parece duas vezes maior no eixo y em 2014 do que em 2006. Muitas coisas mudam a um ritmo constante: salários, preços, inflação, população de uma espécie, quantidade de vítimas de doenças.[6] Quando se tem uma situação de crescimento (ou redução) constante, a forma mais correta de representar os dados é usar uma escala logarítmica. Essa escala permite que mudanças percentuais idênticas sejam representadas por distâncias iguais no eixo y. Portanto, uma taxa de crescimento anual constante aparece como uma linha reta:

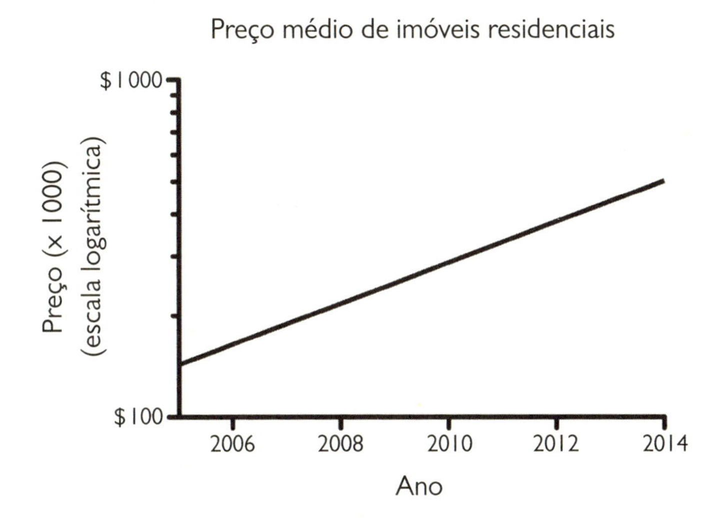

O TEMIDO EIXO Y DUPLO

O autor de gráficos pode sair impune de todo tipo de mentira só de saber que a maioria das pessoas não vai prestar muita atenção nos gráficos. Isso pode fazer muita gente acreditar em várias coisas que não são verdadeiras. Considere o gráfico a seguir, que mostra a expectativa de vida de fumantes e a de não fumantes aos 25 anos.[7]

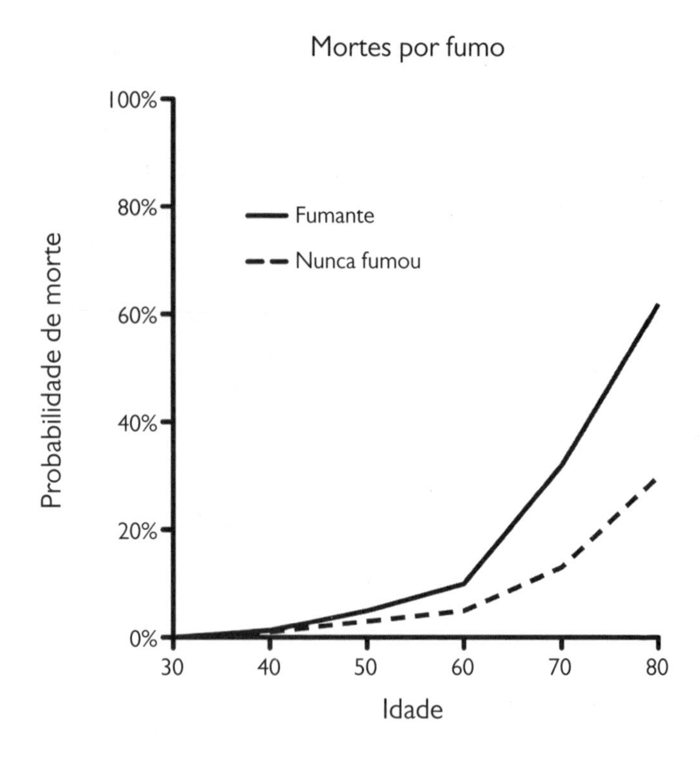

Este gráfico deixa duas coisas bem evidentes: os problemas causados pelo fumo se acumulam com o tempo, e fumantes tendem a morrer antes de não fumantes. A diferença não é grande aos quarenta anos, mas aos oitenta o risco é mais de duas vezes maior, passando de menos de 30% para mais de 60%. Essa é uma forma simples e precisa de apresentar os dados. Mas digamos que você seja um jovem fumante de catorze anos que quer convencer os pais a permitir-lhe fumar. Obviamente, esse gráfico não vai ajudar. Então você abre seu baú de truques e pega o eixo y duplo, acrescentando um eixo vertical à direita do gráfico, com uma escala diferente que se aplica apenas aos não fumantes. Com isso, seu gráfico fica assim:

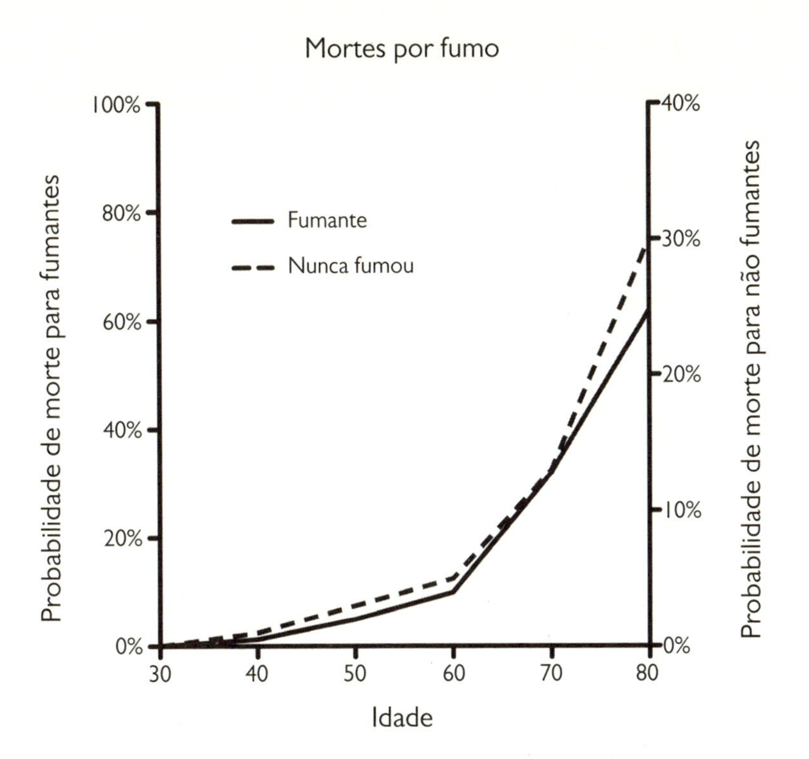

Com base nisso, parece que você tem tanta probabilidade de morrer sendo um fumante quanto não sendo fumante. O cigarro não vai fazer mal – só a velhice! O problema dos gráficos com eixo y duplo é que é possível usar qualquer escala para o segundo eixo.

Financiamento de escolas versus pontuação no SAT

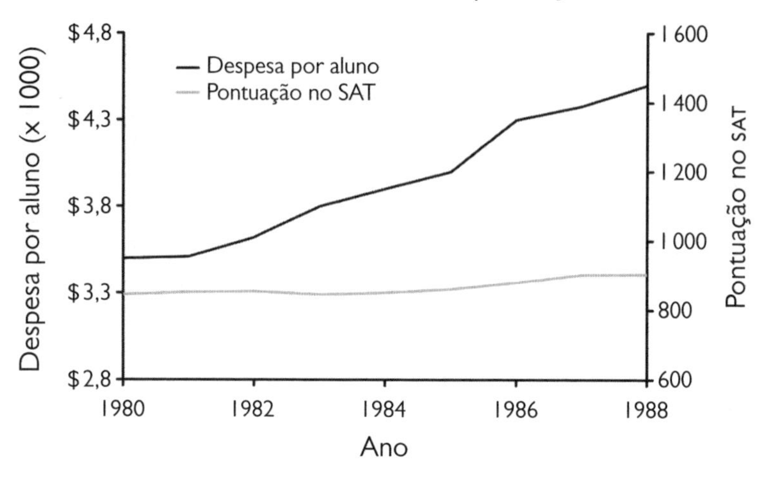

A revista *Forbes*, uma fonte de notícias respeitável e em geral confiável, publicou um gráfico muito parecido com esse para mostrar a relação entre as despesas por aluno de escola pública e a pontuação desses alunos no SAT [*Scholastic Assessment Test*, ou prova de avaliação acadêmica], um sistema de avaliação amplamente usado por faculdades americanas em seus processos seletivos.[8]

A partir desse gráfico, temos a impressão de que os valores cada vez mais altos investidos por aluno (linha preta) não influenciam no aumento da pontuação no SAT (linha cinza). Isso poderia ser visto por alguns políticos que defendem a redução de gastos do governo como um desperdício do dinheiro público. Mas agora você sabe que a escala do segundo eixo y (à direita) é escolhida de forma arbitrária. Se você fosse um diretor de escola, poderia pegar os mesmos dados, mudar a escala do eixo à direita e voilà: o aumento dos gastos resultaria em melhor educação, comprovada pelo aumento das notas no SAT!

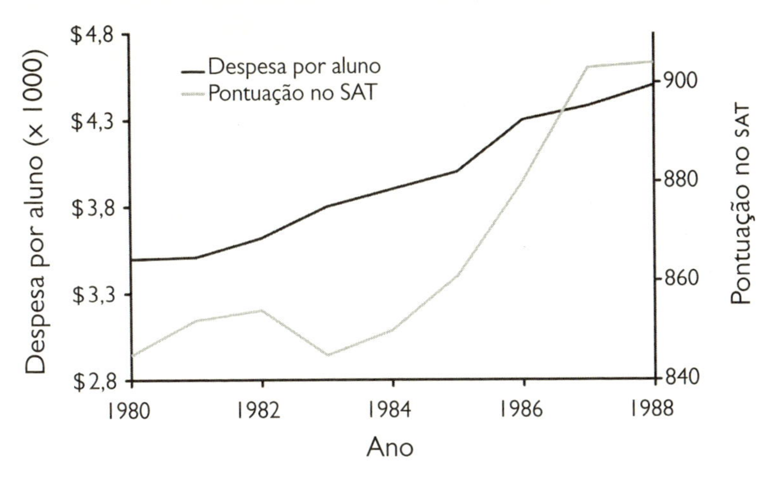

Esse gráfico claramente conta uma história bem diferente. Qual é o verdadeiro? Você precisaria medir como uma variável se altera em função da outra, uma estatística que é conhecida como correlação. Correlações vão de -1 a 1. Uma correlação de 0 significa que uma variável não tem relação alguma com outra. Uma correlação de -1 significa que, quando uma variável sobe, a outra desce, em perfeita sincronia. Uma correlação de 1 significa que, quando uma variável sobe, a outra também sobe, também em perfeita sincronia. O primeiro gráfico parece ilustrar uma correlação de 0, e o segundo parece ilustrar uma mais próxima de 1. A correlação de fato para esse conjunto de dados é de 0,91, muito forte. Pelo menos de acordo com esse conjunto de dados, o aumento de gastos com os alunos está associado a uma melhor pontuação no SAT.

A correlação também oferece uma boa estimativa de quanto do resultado pode ser explicado pelas variáveis sendo analisadas.[9] A correlação de 0,91 diz que a quantia gasta com cada aluno na escola pode explicar 91% dos resultados dos alunos no SAT. Ou seja, ela informa até que ponto as despesas justificam a diversidade nas pontuações do SAT.

No outono de 2015, um gráfico de eixo y duplo gerou polêmica durante uma sessão de uma comissão parlamentar nos Estados Unidos. O deputado Jason Chaffetz apresentou um gráfico que representava dois serviços oferecidos pela organização Planned Parenthood: Abortos e Exames de detecção e prevenção de câncer.[10]

Planned Parenthood Federation of America:
Em alta, abortos — Em baixa, procedimentos que salvam vidas

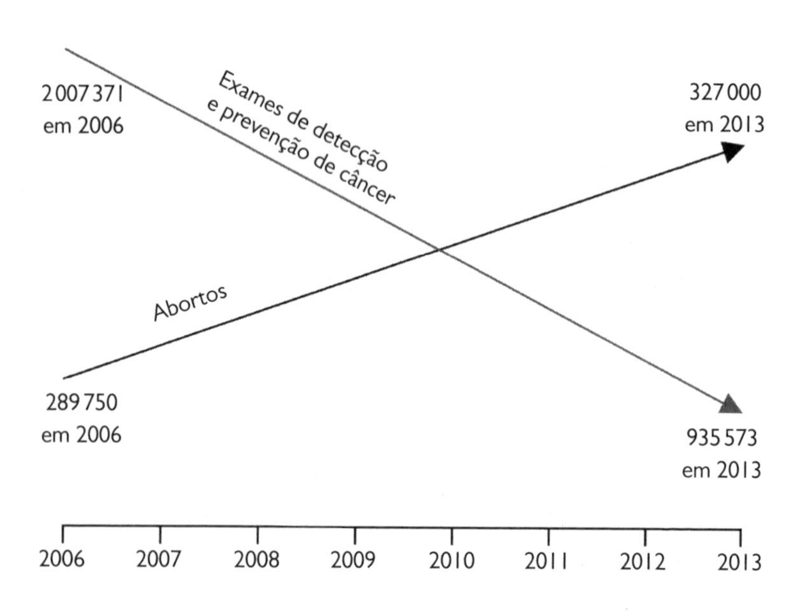

O parlamentar estava tentando apresentar o argumento político de que, ao longo de um período de sete anos, a Planned Parenthood aumentou a quantidade de abortos (algo a que ele se opõe) e diminuiu a quantidade de procedimentos para detecção e prevenção de câncer. A Planned Parenthood não nega o fato, mas nesse gráfico distorcido parece que a quantidade de abortos realizados foi maior do que os procedimentos relacionados ao câncer. Talvez a pessoa que criou o gráfico tenha se sentido um pouco culpada e terminou por decidir incluir os valores reais ao lado das setas. Vamos supor que esses detalhes inseridos estão corretos e analisá-los atentamente. A quantidade de abortos em 2013, o ano mais recente informado, foi 327 mil. O total de serviços relacionados ao câncer foi quase três vezes maior, 935 573. (Aliás, é um pouco suspeito que a quantidade de abortos seja tão redonda enquanto a do câncer é tão exata.) Este é um exemplo particularmente sinistro: um gráfico com eixo y duplo implícito que não tem eixo em nenhum dos lados!

Esse gráfico, traçado corretamente, ficaria assim:

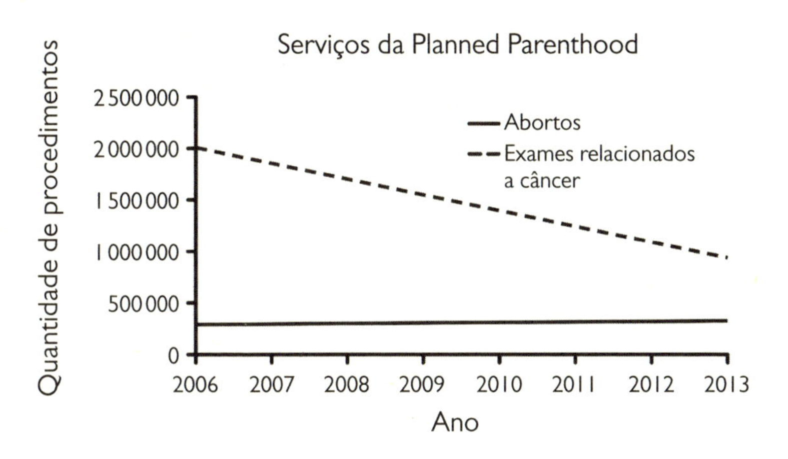

Neste novo gráfico, vemos que o número de abortos teve um aumento modesto em comparação com a queda nos exames relacionados ao câncer.

O gráfico original também tem outro detalhe suspeito: é raro encontrar linhas tão retas em dados estatísticos. Parece mais provável que o autor do gráfico tenha feito a comparação com os dados de dois anos específicos, 2006 e 2013, e traçado uma linha reta para ligar os pontos. Talvez esses anos tenham sido escolhidos de propósito para destacar diferenças. Talvez tenha havido grandes flutuações nos anos intermediários de 2007 a 2012; não temos como saber. As linhas sem flutuações passam a impressão de uma função perfeitamente linear (reta), o que é muito improvável.

Gráficos como esse nem sempre contam a história correta. Existe algo a ser extraído desses dados, além da narrativa de que a Planned Parenthood embarcou em uma missão para realizar a maior quantidade possível de abortos (e ao mesmo tempo deixar as pessoas morrerem de câncer)? Dê uma olhada no segundo gráfico. Em 2006, a Planned Parenthood realizou 2 007 371 procedimentos relacionados ao câncer, um número quase sete vezes maior do que os 289 750 abortos. Em 2013, a diferença diminuiu, mas a quantidade de procedimentos relacionados ao câncer ainda foi três vezes superior à de abortos.

Cecile Richards, presidente da Planned Parenthood, tinha uma explicação para a redução na diferença. Mudanças de diretrizes médicas para alguns procedimentos anticâncer, como o Papanicolau, diminuíram a quantidade de pacientes a quem se recomendava a realização dos exames. Outras mudanças, como a opinião popular em relação ao aborto, alteração na idade da população e maior acesso a alternativas de prevenção, influenciaram esses dados, de modo que a informação apresentada não prova que a Planned Parenthood faz uma campanha a favor de abortos. Ela pode até fazer — mas esses dados não comprovam nada.

Confusão na comunicação de números

Você está tentando decidir se compra ações de um novo refrigerante e encontra o seguinte gráfico de vendas da empresa no relatório anual deles:

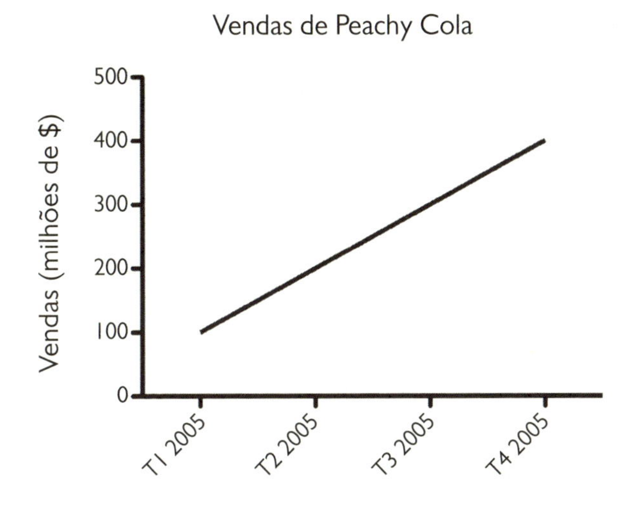

Parece promissor – as vendas de Peachy Cola têm crescido de forma constante. Até aqui, tudo bem. Mas, por via das dúvidas, podemos aplicar um pouco de conhecimento de mundo. O mercado de refrigerantes é muito competitivo. As vendas de Peachy Cola estão aumentando, mas talvez não com a mesma rapidez das da concorrência. Antes de investir, o que você realmente precisa saber é como as vendas do refrigerante se comparam às de outras empresas, ou como as vendas estão indo em função de participação no mercado — as vendas de Peachy talvez tenham subido só ligeiramente durante um período de enorme crescimento do mercado, e os concorrentes podem estar se beneficiando mais. E, como este útil exemplo de gráfico com eixo y duplo demonstra, isso pode não ser um bom sinal para o futuro do produto:

Vendas de Peachy Cola versus participação no mercado

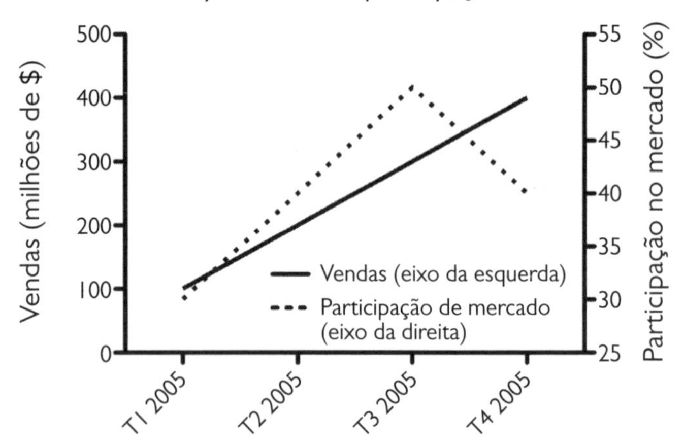

Embora autores inescrupulosos de gráficos possam manipular a escala do eixo da direita para fazer os dados se mostrarem da maneira que desejarem, esse tipo de gráfico com eixo y duplo não é escandaloso porque os dois eixos verticais representam coisas diferentes, quantidades que *não* poderiam partilhar do mesmo eixo. Isso não era válido para o gráfico da Planned Parenthood na página 60, que anunciava uma mesma medida nos dois eixos: a quantidade de procedimentos realizados. Aquele gráfico era distorcido, pois os dois eixos, ainda que medissem a mesma coisa, tinham escalas diferentes a fim de manipular a percepção.

Também ajudaria se pudéssemos ver os lucros do Peachy: com processos eficientes de produção e distribuição, é possível render mais apesar de um volume de vendas menor. Não é só porque alguém menciona uma estatística ou mostra um gráfico que os dados são relevantes para o que se está querendo saber. É obrigação de todos nós buscar as informações que importam e ignorar as que não importam.

Digamos que você trabalhe no setor de relações públicas de uma empresa que fabrica certo dispositivo — frabezoides. Nos últimos anos, o interesse do público por frabezoides tem sido alto, e as vendas vêm crescendo. A empresa expandiu suas instalações, contratou mais funcionários e deu aumentos para todos. Um dia, seu chefe entra no seu cubículo com uma expressão grave no rosto e explica que o último relatório de vendas ficou pronto e que as vendas de frabezoides caíram 12% em relação ao trimestre anterior. O CEO está prestes a convocar uma grande entrevista coletiva para falar do futuro da empresa. Como de costume, ele vai apresentar um gráfico enorme no palco para mostrar como vão os frabezoides. Se a notícia da queda de vendas se espalhar, o público talvez ache que os frabezoides não são mais um artigo desejável, o que pode levar a um declínio ainda maior nas vendas.

O que você faz? Se fizesse um gráfico honesto das vendas ao longo dos últimos quatro anos, ia ficar algo assim:

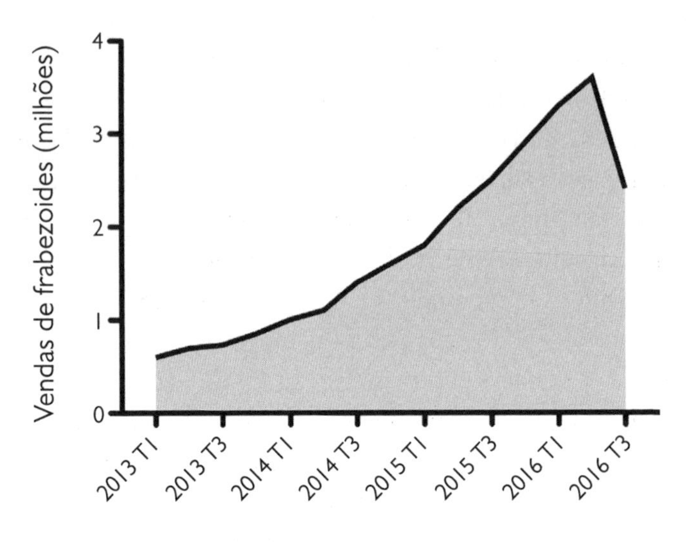

O problema está nessa tendência de declínio na curva. Quem dera existisse alguma forma de fazer a curva subir.

E existe! O gráfico de vendas acumuladas. Em vez de fazer um gráfico com vendas por trimestre, faça um com as vendas acumuladas por trimestre — isto é, o total de vendas até o momento.

Mesmo se você vender apenas um frabezoide, o gráfico de vendas acumuladas vai subir, como aqui:

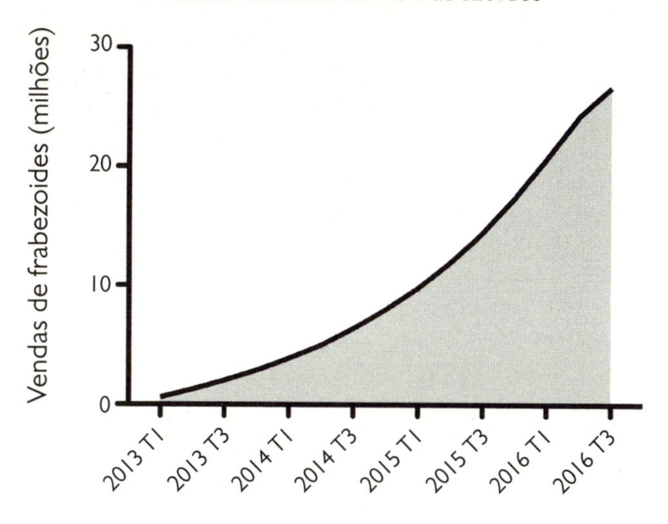

Se você reparar bem, ainda dá para ver um vestígio das vendas fracas no último trimestre: embora a linha continue subindo no período mais recente, sua ascensão é menos acentuada. Essa é a pista de que as vendas caíram. Mas nosso cérebro não é muito bom para detectar índices de mudança desse tipo (o que em cálculo é chamado de primeira derivada, um nome requintado para essa queda na linha). Então, visto rapidamente, parece que a empresa continua um sucesso incrível, e você fez um monte de consumidores acreditarem que os frabezoides ainda são a última moda.

Foi exatamente o que Tim Cook, CEO da Apple, fez recentemente em uma apresentação sobre as vendas do iPhone.[1]

© 2013 The Verge, Vox Media Inc. (live.theverge.com/apple-iphone-5s-liveblog/)

DIAGRAMAS COM DADOS NÃO RELACIONADOS

Existem tantas coisas no mundo que é impossível não haver algumas coincidências. A quantidade de caminhões verdes na estrada pode aumentar ao mesmo tempo que o seu salário; quando você era criança, a quantidade de programas na televisão pode ter aumentado junto com a sua altura. Mas isso não significa que um acontecimento causou o outro. Quando dois fatores estão relacionados, independentemente de um ser a causa do outro ou não, os estatísticos chamam isso de correlação.

O famoso adágio diz que "correlação não implica causalidade". Na lógica formal, existem duas formulações para essa regra:

1) *Post hoc, ergo propter hoc* (depois disso, portanto por causa disso). Essa é uma falácia de lógica que acontece quando se acredita que, só porque uma coisa (Y) acontece depois de outra (X), X

causou Y. As pessoas costumam escovar os dentes de manhã antes de sair para o trabalho. Mas esse hábito não é a *causa* da saída delas para o trabalho. Nesse caso, é até possível que seja o contrário.

2) *Cum hoc, ergo propter hoc* (com isso, portanto por causa disso). Essa é uma falácia de lógica que acontece quando se acredita que, só porque duas coisas acontecem ao mesmo tempo, uma deve ter sido a causa da outra. Para ressaltar essa questão, Tyler Vigen, aluno da Faculdade de Direito de Harvard, escreveu um livro e um site que contêm co-ocorrências – correlações – bizarras como esta:[2]

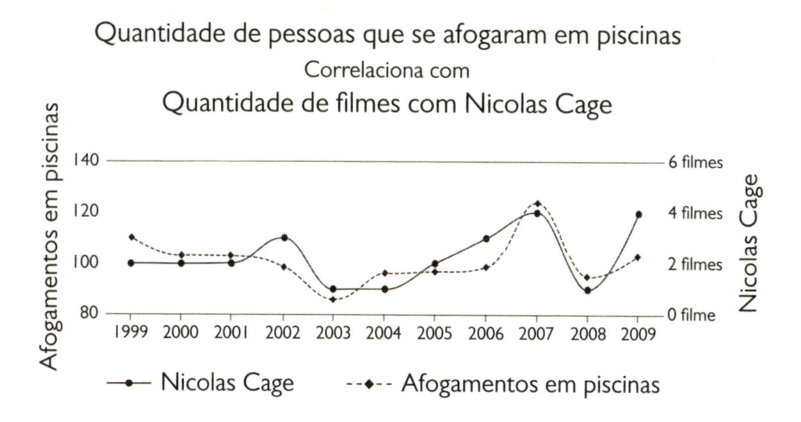

Existem quatro interpretações possíveis aqui: 1) afogamentos acarretam o lançamento de filmes novos com Nicolas Cage; 2) o lançamento de filmes com Nicolas Cage causa afogamentos; 3) um terceiro fator (ainda desconhecido) causa ambos; ou 4) simplesmente não há relação entre os dois, e a correlação é uma coincidência. Se não separarmos correlação de causalidade, podemos afirmar que o gráfico de Vigen "comprova" que Nic Cage estava de alguma forma ajudando a evitar afogamentos em piscinas e, aliás, que é melhor incentivarmos o ator a fazer menos filmes para que ele possa se dedicar integralmente ao seu talento de salva--vidas com o mesmo sucesso que pareceu ter em 2003 e 2008.

Em alguns casos, de fato não existe nenhuma ligação entre elementos correlatos — a correlação é uma simples coincidência. Em outros, é possível encontrar uma ligação causal entre elementos correlatos, ou pelo menos conceber uma história razoável que possa instigar a aquisição de mais dados.

Podemos descartar a primeira explicação, porque a produção e o lançamento de um filme levam tempo, então o aumento no número de afogamentos não pode acarretar um aumento na quantidade de filmes com Nicolas Cage no mesmo ano. E quanto ao segundo? Talvez as pessoas fiquem tão envolvidas no drama dos filmes de Cage que se desconcentram e acabem se afogando. Pode ser que a mesma comoção cinematográfica também aumente os índices de acidentes de carro e ferimentos causados por maquinário pesado. Só saberíamos se analisássemos mais dados, mas eles não foram oferecidos aqui.

E se um terceiro fator tiver causado ambos? Poderíamos supor que tendências econômicas influenciam as duas coisas: uma economia melhor leva a mais investimento em atividades de lazer — mais filmes entrando em produção, mais pessoas saindo de férias e fazendo uso de piscinas. Se isso for verdade, então nenhum dos dois elementos do gráfico — filmes com Nicolas Cage e afogamentos — foi a causa do outro. Um terceiro fator, a economia, foi o responsável pelas alterações. Os estatísticos chamam isso de explicação de correlações por *terceiro fator*, e existem muitos casos semelhantes.

O mais provável é que simplesmente não haja relação alguma entre os dois elementos. Se procurarmos bem, e por tempo suficiente, é certo que encontraremos duas coisas não relacionadas que variam de forma sincronizada.

As vendas de sorvetes aumentam junto com a quantidade de gente que usa bermuda. Nenhum dos dois causa o outro; o terceiro fator que causa ambos é a temperatura mais elevada durante o verão. O número de programas de televisão por ano quando você era criança talvez tivesse alguma correlação com o aumento da sua altura, mas sem dúvida o que provocou ambos foi a passagem do tempo em uma época em que a) o mercado da TV estava em expansão e b) você estava crescendo.

Como podemos saber quando uma correlação implica causalidade? Um jeito é realizar um experimento controlado. Outro é aplicar a lógica. Mas cuidado: é fácil se confundir na semântica. As pessoas resolveram usar capa de chuva *por causa* do tempo lá fora, ou foi pelo desejo de não se molhar, uma consequência da chuva?

Randall Munroe traduziu bem essa ideia em *xkcd*, sua série on-line de quadrinhos.[3] Dois bonecos de palito, aparentemente estudantes universitários, conversam. Um diz que achava que correlação implicava causalidade. Depois, faz uma matéria de estatística e acaba mudando de ideia. O outro aluno fala: "Parece que a matéria ajudou". O primeiro responde: "Bom, talvez".

ILUSTRAÇÕES ENGANOSAS

É muito comum que espertalhões usem infográficos para orientar a opinião pública, e essas pessoas contam com o fato de que muita gente não vai prestar atenção detalhada no que elas fizeram. Veja este gráfico que poderia ser usado para fazer você ficar com medo de que a inflação descontrolada consuma seu dinheiro suado:

Essa imagem é assustadora. Mas olhe com bastante atenção. A tesoura não está cortando 4,2% da nota, mas por volta de 42%. Quando seu sistema visual fica em conflito com seu sistema lógico, em geral quem sai ganhando é o visual, a menos que você faça um esforço consciente para superar o viés visual.[4] O infográfico correto ficaria assim, mas provocaria um impacto muito menor:

INTERPRETAÇÃO E ENQUADRAMENTO

É comum que uma estatística seja criada e publicada adequadamente, mas alguém — um jornalista, um defensor, qualquer pessoa que não tenha formação como estatístico — a divulgue de forma errada, seja por falta de compreensão, seja por não se dar conta de que uma ligeira mudança na redação pode mudar o sentido.

Muitas vezes, as pessoas que fazem uso de estatísticas não têm estatísticos em suas equipes, então elas recorrem a outros sem o devido treinamento para responder às suas perguntas. Grandes empresas, agências governamentais, organizações sem fins lucrativos, mercearias, todos se beneficiam de estatísticas a respeito de vendas, clientes, tendências e linhas de abastecimento. A incompetência pode surgir em qualquer etapa, seja no planejamento de uma experiência, na coleta de dados, na análise ou na interpretação.

Às vezes, a estatística divulgada não é a mais relevante. Se você está tentando convencer os acionistas de que sua empresa está indo bem, poderia publicar estatísticas das suas vendas anuais e mostrar números em ascensão constante. Mas, se o mercado do seu produto está em expansão, um aumento nas vendas seria algo esperado. Provavelmente, o que seus investidores e analistas querem saber é se sua participação no mercado mudou. Se ela está diminuindo porque a concorrência conquistou seus consumidores, como fazer o relatório parecer positivo? É só não divulgar a estatística relevante da participação no mercado e incluir apenas os resultados de vendas. As vendas estão subindo! Está tudo ótimo!

Os perfis financeiros que eram apresentados em propostas de hipoteca de 25 anos atrás provavelmente não seriam de grande valia para formular um modelo de risco atual. Qualquer padrão de comportamento do consumidor disponível na internet pode ficar obsoleto muito rápido.[5] Estatísticas sobre a integridade do concreto usado em viadutos podem não ser relevantes para o concreto de pontes (onde a umidade e outros fatores poderiam causar divergências, mesmo se os dois projetos de engenharia usassem o mesmo concreto).

Você provavelmente já ouviu alguma variação da promessa de que "quatro entre cinco dentistas recomendam o creme dental Colgate". Isso é verdade. O que a agência de publicidade por trás desses comerciais quer que você pense é que os dentistas preferem a Colgate a qualquer outra marca. Mas isso não é verdade. A Advertising Standards Authority, agência reguladora de publicidade do Reino Unido, investigou essa afirmação e concluiu que era enganosa, porque a pesquisa realizada permitia que os dentistas recomendassem mais de uma marca de creme dental. Na realidade, a maior concorrente da Colgate foi citada quase tantas vezes quanto ela (um detalhe que você não vai ver em nenhum dos comerciais Colgate).[6]

O enquadramento apareceu na parte sobre médias e, implicitamente, quando falamos de gráficos. A manipulação do enquadramento de qualquer mensagem proporciona maneiras infinitas de fazer as pessoas acreditarem em algo que não é verdade se elas não prestarem atenção no que está sendo dito. A C-SPAN, um canal de TV por assinatura, anuncia que está "disponível" em 100 milhões de residências.[7] Isso não quer dizer que 100 milhões de pessoas estão assistindo à C-SPAN. Não quer dizer nem que uma única pessoa está assistindo.[8]

A manipulação do enquadramento pode influenciar políticas públicas. Um estudo sobre reciclagem em diversas ruas da zona metropolitana de Los Angeles mostra que uma rua específica recicla 2,2 vezes mais do que qualquer outra. Antes que a prefeitura dê um prêmio aos moradores dessa rua por todos os esforços de sustentabilidade ecológica, vamos ver o que poderia explicar esse resultado. Uma possibilidade é que essa rua tenha mais do que o dobro de moradores das outras — talvez por ser mais longa, talvez por ter mais apartamentos. Aferir a reciclagem de cada rua só é uma estatística relevante se todas as ruas forem idênticas. Melhor seria uma estatística com base nas unidades domiciliares (em que se mede o índice de reciclagem de cada família), ou, melhor ainda, já que famílias grandes provavelmente consomem mais do que as pequenas, com base nos indivíduos. Isto é, queremos ajustar a quantidade de lixo reciclável coletado para considerar a quantidade de moradores da rua. Esse é o *enquadramento verdadeiro* da estatística.

Em 2014, o *Los Angeles Times* publicou uma reportagem sobre o consumo de água na cidade de Rancho Santa Fe, na Califórnia, durante um período de seca.[9] "Em termos de consumo diário per capita, as residências nessa região consumiam em média quase cinco vezes a quantidade de água usada em domicílios no litoral do sul da Califórnia durante o mês de setembro e se tornaram conhecidas pela distinção questionável de serem os maiores desperdiçadores de água do estado." O termo "residências" não é uma base relevante para essa estatística, e o *LA Times* fez certo ao destacar o consumo per capita — indivíduos; é possível que os moradores de Rancho Santa Fe tenham famílias grandes, o que resulta em maior quantidade de banhos, louças e descargas de vasos sanitários. Outro enquadramento consideraria o consumo de água por hectare. As casas de Rancho Santa Fe costumam ocupar terrenos grandes. Talvez seja desejável, como forma de evitar incêndios, entre outros motivos, manter o espaço com vegetação bem irrigada, e os terrenos extensos de Rancho Santa Fe não usam mais água por hectare do que outras localidades.

Na verdade, uma matéria do *New York Times* chegou a insinuar algo assim: "Autoridades da concessionária de água do estado recomendam que não se compare o consumo per capita de água de distritos; é esperado que o consumo seja maior em comunidades afluentes, com terrenos grandes".

O problema das reportagens é que os dados consideram um enquadramento que passa a impressão de que os moradores de Rancho Santa Fe estão usando mais água do que o necessário, mas não é o que mostram os dados fornecidos — como no caso da reciclagem em Los Angeles, já mencionada.

Muitas vezes, calcular proporções, em vez de números específicos, ajuda a dar o enquadramento verdadeiro. Digamos que você trabalhe como gerente de vendas para a região noroeste em uma empresa que vende capacitores de fluxo. Você melhorou muito seus números de venda, mas ainda não chega aos pés de seu maior rival na empresa: Jack, do sudoeste. Mas não é justo — o território dele não só é geograficamente maior, mas também tem uma população muito maior. Os bônus da sua empresa dependem da sua capacidade de mostrar à diretoria que você tem garra e consegue vender.

Existe uma forma legítima de argumentar o seu ponto: declare suas vendas em função da área ou da população do território que você cobre. Em outras palavras, em vez de fazer um gráfico com o total de capacitores de fluxo vendidos, use a quantidade total por pessoa na região, ou por quilômetro quadrado. Qualquer uma dessas alternativas pode deixar você bem à frente.

Reportagens demonstraram que o ano de 2014 foi um dos mais letais em termos de queda de aviões: 22 acidentes resultaram em 992 mortes. Contudo, voar hoje na verdade é mais seguro do que nunca.[10] Como nunca se voou tanto quanto agora, as 992 mortes representam uma redução drástica na quantidade de fatalidades por milhão de passageiros (ou por milhão de quilômetros de voo). Em qualquer voo das principais linhas aéreas, a probabilidade de morte é de cerca de 1 em 5 milhões, de modo que é mais provável que você morra por praticamente qualquer outro motivo — atravessando a rua, comendo (morte por engasgamento ou por envenenamento acidental é cerca de mil vezes mais frequente). A base de comparação aqui é muito importante. Essas estatísticas consideram um período de um ano — um ano de viagens aéreas, um ano de refeições que podem levar a engasgamento ou envenenamento. Poderíamos mudar a base e considerar as atividades em termos de hora, alterando assim a estatística.

DIFERENÇAS QUE NÃO FAZEM DIFERENÇA

Muitas vezes, usamos estatísticas quando precisamos entender se existe alguma diferença entre dois tratamentos: dois fertilizantes em uma plantação, dois remédios para dor, dois estilos pedagógicos, dois grupos de salários (por exemplo, homens versus mulheres com a mesma função). Dois tratamentos podem divergir de muitas maneiras. Pode ser que de fato haja diferenças entre ambos; pode ser que sua amostra seja confundida por fatores que não têm nada a ver com os tratamentos em si; pode ser que suas medidas tenham algum erro; ou pode ser que haja variações aleatórias — pequenas diferenças acidentais, às vezes em um lado da equação, às vezes no outro, dependendo de quando se observa. O objetivo da pesquisa é identificar diferenças estáveis e replicáveis, e tentamos distinguir isso de erros experimentais.

Mas fique atento para quando os noticiários usarem a palavra "significativo", porque, para os estatísticos, isso não é o mesmo que "considerável". Para a estatística, a palavra "significativo" quer dizer que os resultados passaram por testes matemáticos como testes-t, testes de qui-quadrado, análises de regressão e análises em componentes principais (existem centenas). Testes de significância estatística quantificam a facilidade com que o acaso pode explicar os resultados. Com uma quantidade muito grande de observações, até diferenças pequenas de magnitude trivial podem ultrapassar o alcance de nossos modelos de mudança e aleatoriedade. Esses testes não sabem o que é considerável e o que não é — isso é uma opinião humana.

Quanto mais observações feitas nos dois grupos, maior será a chance de encontrar uma diferença entre ambos. Digamos que eu teste os custos anuais de manutenção de dois carros, um Ford e um Toyota, levando em conta o histórico de consertos de dez unidades de cada marca. Suponhamos que o custo médio de um Ford seja oito centavos mais alto por ano. Isso provavelmente não vai ter significância estatística, e é óbvio que uma diferença de oito centavos por ano não vai determinar qual carro vale mais a pena comprar — é uma quantia pequena demais para ser determinante. Porém, se eu considerar o histórico de consertos de 500 mil veículos, essa diferença de oito centavos vai ser estatisticamente significativa. Mas é uma diferença que não importa em nenhum sentido prático e concreto. Da mesma forma, um medicamento novo pode ser estatisticamente mais rápido para curar dores de cabeça, mas, se for só por uma diferença de dois segundos e meio, quem se importa?

INTERPOLAÇÃO E EXTRAPOLAÇÃO

Você vai ao seu jardim na terça-feira e vê um dente-de-leão de dez centímetros de altura. Na quinta, você vai lá de novo, e agora ele tem quinze. Quanto ele media na quarta? Não podemos saber com certeza, porque não o medimos na quarta (quarta é o dia em que você pegou engarrafamento quando estava voltando do horto, depois de comprar herbicida). Mas podemos fazer uma estimava: o dente-de-leão provavelmente tinha 12,5 centímetros na quarta-feira. Isso é uma interpolação. Interpolar é pegar dois pontos em uma série e estimar o valor que teria ocorrido entre ambos se você tivesse medido.

Qual seria a altura do dente-de-leão depois de seis meses? Se ele cresce 2,5 centímetros por dia, você poderia dizer que ele vai crescer mais 450 centímetros em seis meses (aproximadamente 180 dias), até um total de 465 centímetros, ou 4,65 metros. Isso é extrapolação. Mas você já viu algum dente-de-leão desse tamanho? Provavelmente não. Eles caem com o próprio peso, ou morrem de outras causas naturais, ou são pisados, ou o herbicida talvez os prejudique. Interpolação não é uma técnica perfeita, mas, se as duas observações consideradas são muito próximas, ela normalmente proporciona uma boa estimativa. O risco com a extrapolação é maior, porque você está fazendo uma estimativa fora do alcance das observações.

O tempo que leva para uma xícara de café esfriar até a temperatura ambiente é determinado pela lei de resfriamento de Newton (e é influenciado por outros fatores, como pressão atmosférica e a composição da xícara).[11] Se seu café começou com 65 graus Celsius (C), você verá a temperatura diminuir ao longo do tempo da seguinte forma:

TEMPO DECORRIDO (MIN.)	TEMP. °C
0	65
1	62
2	59
3	56

Seu café perde três graus por minuto. Se você interpolasse entre duas observações – digamos que você quisesse saber qual seria a temperatura no meio de duas medições –, sua interpolação seria bastante precisa. Mas, se você extrapolar a partir do padrão, provavelmente vai chegar a alguma resposta absurda, como um café congelado depois de trinta minutos.

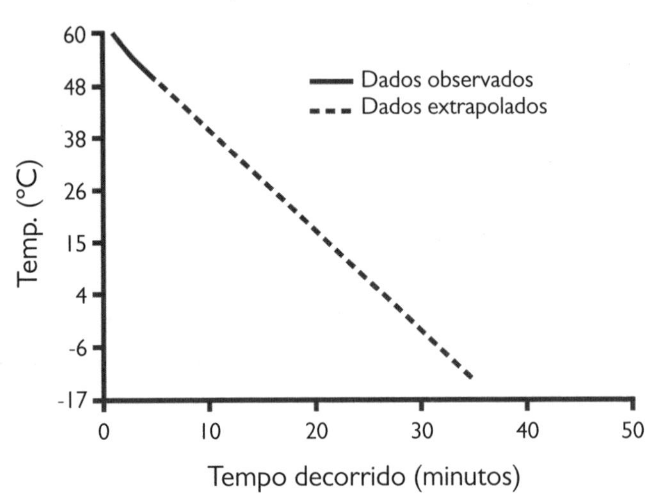

A extrapolação não leva em conta um limite físico: o café não pode ficar mais frio do que a temperatura ambiente. Ela também não considera o fato de que a velocidade com que o café esfria diminui conforme ele se aproxima da temperatura ambiente. O resto da função de esfriamento é assim:

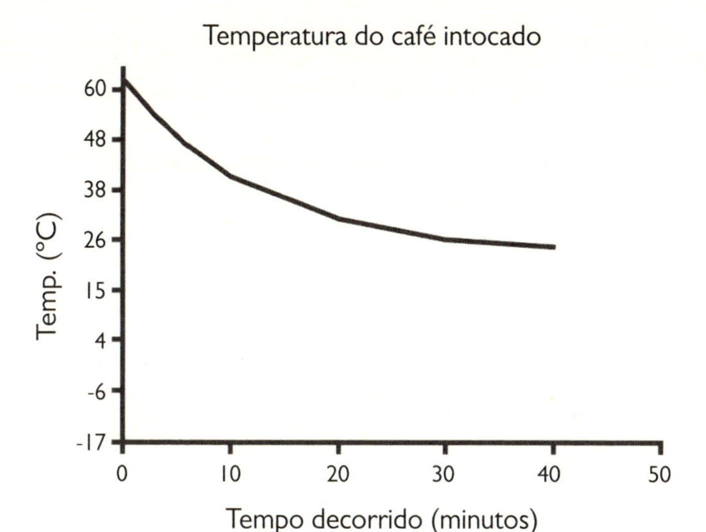

Observe que a curva não é tão íngreme depois dos primeiros dez minutos — ela se alonga. Isso reforça a importância de duas coisas quando se faz uma extrapolação: dispor de uma boa quantidade de observações que tenham uma variação considerável e conhecer algo do processo subjacente.

PRECISÃO VERSUS EXATIDÃO

Quando nos vemos diante da precisão dos números, costumamos achar que eles também são *exatos*, mas não é a mesma coisa. Se eu dissesse que "muita gente tem comprado carros elétricos hoje em dia", você imaginaria que estou fazendo um chute. Se eu dissesse que "16,39% dos carros novos vendidos são elétricos", você imaginaria que eu sei do que estou falando. Mas você estaria confundindo precisão com exatidão. Eu posso ter inventado tudo. Posso ter tomado como amostra só uma quantidade pequena de pessoas em uma região próxima de uma concessionária de carros elétricos.

Lembre-se da manchete da revista *Time* que mencionei antes, segundo a qual mais pessoas possuem celulares do que banheiros. Isso não é implausível, mas é uma distorção, porque *não* foi a conclusão do estudo da ONU. A organização informou que mais pessoas tinham *acesso* a celulares do que a banheiros, o que nós sabemos que não é a mesma coisa. Um celular pode ser partilhado por dezenas de pessoas. A falta de saneamento ainda é algo perturbador, mas a manchete passa a impressão de que, se nós parássemos para contar, descobriríamos que existem mais celulares do que banheiros no mundo, e não é isso o que os dados mostram.

Acesso é uma daquelas palavras que deviam disparar alertas quando aparecem em estatísticas. Falar de pessoas com acesso a tratamento médico pode dizer apenas que elas moram perto de um hospital, não que o hospital as atenderia ou que elas poderiam pagar pelo tratamento. Como já vimos, a C-SPAN está disponível em 100 milhões de residências, mas isso não quer dizer que 100 milhões de pessoas estejam assistindo ao canal.[12] Eu poderia dizer que 90% da população mundial tem "acesso" a este livro se mostrasse que 90% da população mora a quarenta quilômetros de algum computador conectado à internet ou de uma ferrovia, estrada, pista de pouso, estação portuária ou rota de trenós puxados por cães.[13]

MISTURANDO ALHOS COM BUGALHOS

Uma forma de usar estatísticas para mentir é comparar coisas — dados, populações, tipos de produto — que são diferentes entre si e fingir que não são. Como lembra o velho ditado, não se deve misturar alhos com bugalhos.

Com métodos duvidosos, você poderia alegar que é mais seguro fazer parte das Forças Armadas dos Estados Unidos em época de conflito do que ficar na segurança do próprio lar. Comece com os 3482 militares da ativa americana que morreram em 2010.[14] De um total de 1431000 pessoas nas Forças Armadas do país,[15] isso resulta em uma taxa de mortalidade de 2,4 por mil. Nos Estados Unidos, a taxa de mortalidade em 2010 foi de 8,2 por mil.[16] Em outras palavras, é mais de três vezes mais seguro fazer parte das Forças Armadas, em uma zona de guerra, do que morar nos Estados Unidos.

Qual é o problema aqui? As duas amostras não são semelhantes, então não deveriam ser comparadas diretamente. Militares da ativa em geral são pessoas jovens e saudáveis; eles se alimentam direito e recebem bom atendimento médico. A população total dos Estados Unidos inclui idosos, doentes, criminosos, viciados, motoqueiros imprudentes, adeptos de racha e muitas pessoas que não se alimentam direito nem recebem atendimento médico adequado; a taxa de mortalidade dessas pessoas seria alta em qualquer lugar.[17] E nem todos os militares da ativa estão em zonas de guerra — alguns atuam em bases muito seguras nos Estados Unidos, sentados atrás de mesas dentro do Pentágono ou em postos de recrutamento de bairros de classe média.

O *U.S. News & World Report* publicou uma matéria que comparava a proporção de democratas e republicanos nos Estados Unidos desde a década de 1930. A questão é que o método de amostragem mudou com o passar do tempo. Nas décadas de 1930 e 1940, a amostragem costumava ser feita por meio de entrevistas pessoais e malas diretas geradas a partir de listas telefônicas; nos anos 1970, a amostragem era feita principalmente só por telefone. A amostragem no começo do século XX dava um peso maior àqueles que possuíam linhas telefônicas: pessoas mais ricas, que, pelo menos naquela época, tendiam a votar no Partido Republicano. Nos anos 2000, a amostragem já incluía celulares, o que dava um peso maior aos jovens, que tendiam a votar no Partido Democrata. Não temos como saber se a proporção de democratas ou republicanos mudou desde os anos 1930, porque as amostras não são compatíveis. Achamos que estamos estudando uma coisa, mas estamos na verdade estudando outra.

Acontece um problema semelhante quando é reportado um declínio no número de mortes por acidentes com motos hoje em comparação com três décadas atrás. As informações mais recentes podem incluir uma quantidade maior de motos trike, com três rodas, do que antigamente, quando predominavam as motos de duas rodas; talvez comparemos uma época em que a lei não exigia o uso de capacetes e hoje em dia, em que os equipamentos são obrigatórios na maioria dos estados americanos.

Tome cuidado com mudanças em amostras antes de tirar conclusões! O *U.S. News & World Report* (sim, ele de novo) anunciou que ao longo de um período de doze anos houve um aumento na quantidade de médicos ao mesmo tempo que a média de salário na área caiu consideravelmente.[18] O que concluímos disso? Você talvez pense que agora não é um bom momento para cursar medicina, pois o mercado está saturado e o excesso de oferta em relação à demanda reduziu o salário de todos os médicos. Pode ser que seja verdade, mas não há nada que corrobore essa hipótese.

Um argumento igualmente plausível é que, ao longo desse período de doze anos, o aumento do nível de especialização e o crescimento tecnológico criaram mais oportunidades, e por isso havia mais vagas, o que explica o crescimento na quantidade total de médicos. E quanto à redução dos salários? Talvez muitos médicos mais velhos tenham se aposentado e sido substituídos por profissionais recém-saídos da faculdade, que recebem um salário inicial mais baixo. Também não há nada que corrobore isso. Uma parte importante da competência informacional é reconhecer que algumas estatísticas simplesmente não podem ser interpretadas na forma como são apresentadas.

Às vezes, essa mistura de alhos com bugalhos é resultado de subamostras inconsistentes. Por exemplo, ao extrair amostras de um milharal que recebeu um fertilizante novo, você talvez não perceba que algumas espigas pegam mais sol e outras recebem mais água. Ou, ao estudar a relação entre o trânsito e a manutenção do asfalto nas ruas, você talvez não se dê conta de que em algumas ruas há mais escoamento de água, o que afeta a necessidade de consertos na pavimentação.

Amalgamar é juntar coisas diferentes (heterogêneas) no mesmo balaio, na mesma categoria — uma forma de alhos com bugalhos. Se você estiver examinando a quantidade de peças deficientes produzidas por uma fábrica, pode acabar combinando dois tipos completamente distintos para chegar a um resultado mais favorável a seus próprios interesses.

Vejamos um exemplo na área de políticas públicas. Digamos que você queira fazer uma pesquisa sobre o comportamento sexual de adolescentes e pré-adolescentes. A forma como você organiza (ou junta) os dados pode produzir um grande efeito na percepção das pessoas. Se seu objetivo é angariar fundos para centros de educação e orientação, nada melhor do que divulgar uma estatística como "70% das crianças entre dez e dezoito anos são sexualmente ativas". Não seria surpresa para nós os jovens de dezessete e dezoito serem, mas os de dez anos! Isso com certeza vai fazer os avós procurarem seus sais e começarem a preencher cheques. No entanto, obviamente, uma categoria única de crianças de dez a dezoito anos junta indivíduos que provavelmente têm vida sexual ativa com indivíduos que não têm. Seria melhor fazer categorias separadas que agrupassem indivíduos de idade semelhante e experiência também provavelmente semelhante: por exemplo, dez a onze, doze a treze, catorze a quinze, dezesseis a dezoito.

Mas esse não é o único problema. O que significa "sexualmente ativas"? Qual foi a pergunta feita às crianças? Aliás, alguém chegou a perguntar alguma coisa a elas? Talvez os pais é que tenham sido consultados. Esse número pode conter todo tipo de viés. "Sexualmente ativas" depende de interpretação. As respostas vão variar muito dependendo da pergunta que foi feita. E, claro, as pessoas consultadas podem não ter sido honestas (viés de informação).

Pensando em outro exemplo, digamos que você queira falar de desemprego como um problema geral. Nesse caso, há o risco de combinar fatores relevantes e pessoas em contextos muito diferentes. Algumas pessoas sofrem com invalidez e não podem trabalhar; algumas são demitidas por justa causa porque foram flagradas roubando ou bebendo durante o expediente; algumas querem trabalhar, mas não possuem o treinamento adequado; algumas estão na cadeia; algumas não querem mais trabalhar porque voltaram a estudar, entraram para um monastério ou resolveram viver de herança. Quando as estatísticas são usadas para influenciar políticas públicas, ou para angariar doações para uma causa, ou para estampar manchetes, é comum que as nuances sejam ignoradas. E elas podem fazer toda a diferença.

Muitas vezes, essas nuances contam sua própria história sobre os dados.[19] As pessoas não ficam desempregadas pelos mesmos motivos. Um alcoólatra ou um ladrão corre quatro vezes mais risco de perder o emprego do que alguém que não é nem um nem outro. Esses padrões contêm informações que acabam perdidas na amalgamação. A inclusão desses fatores nos dados pode nos ajudar a ver quem está desempregado e por quê — o que poderia resultar em programas de treinamento melhores para quem precisa, ou em mais Alcoólicos Anônimos em uma cidade que possui poucos centros de ajuda.

Se as pessoas e organizações que monitoram comportamento usarem definições diferentes para as coisas, ou processos diferentes para mensurá-las, os dados das estatísticas talvez sejam muito dissonantes, ou heterogêneos. Se você quiser tentar descobrir a quantidade de casais que moram junto sem serem casados, pode se basear em dados já coletados por diversos órgãos municipais e estaduais. Mas definições divergentes podem levar a um problema de categorização: o que significa morar junto? É definido pela quantidade de noites por semana que o casal passa junto? Pela localização de seus pertences, aonde chega a correspondência? Algumas jurisdições reconhecem casais de mesmo sexo e outras não. Se você usar dados de lugares diferentes com processos diferentes, a estatística final vai significar muito pouco. Se as práticas de gravação, coleta e mensuração variarem muito entre os pontos de coleta, a estatística resultante talvez não represente o que você acha.

Uma pesquisa recente concluiu que o índice de desemprego entre os jovens na Espanha era de impressionantes 60%. Essa pesquisa colocava na mesma categoria pessoas que, normalmente, ficariam em categorias distintas: estudantes que não estavam procurando emprego contavam como desempregados, assim como pessoas recém-demitidas e pessoas que estavam procurando trabalho.

Nos Estados Unidos, existem seis índices (classificados de U1 a U6) para monitorar o desemprego (mensurado pelo Bureau of Labor Statistics [Divisão de Estatísticas do Trabalho]), e eles refletem interpretações distintas para o significado de "desemprego".[20] Podem incluir pessoas que estejam procurando emprego, estudantes que não estejam procurando, pessoas que procuram vagas de tempo integral em uma empresa onde elas já trabalham em meio período, e por aí vai.

Em julho de 2015, o *USA Today* anunciou que o índice de desemprego caiu 5,3%, "o nível mais baixo desde abril de 2008".[21] Fontes mais abrangentes, incluindo a AP, a *Forbes* e o *New York Times*, apresentaram o motivo para a queda aparente: muitas pessoas sem trabalho tinham desistido de procurar; então, tecnicamente, não faziam mais parte da população economicamente ativa.[22]

Nem sempre é errado fazer amálgamas. Você poderia decidir combinar as notas de meninos e meninas em uma escola, ainda mais se não houver sinais de divergência entre ambas — na verdade, é uma boa ideia, para aumentar o tamanho da amostra (o que proporciona uma estimativa mais estável de seu objeto de estudo). Definições amplas demais para uma categoria (como no exemplo da pesquisa sobre atividade sexual citada anteriormente) ou definições divergentes (como no caso da estatística de casais que moram junto) levam a problemas de interpretação. Quando é feita corretamente, a amalgamação nos ajuda a realizar uma análise válida dos dados.

Digamos que você trabalhe para o governo do estado americano de Utah e uma grande empresa produtora de bebê esteja considerando se mudar para o estado. Você pensa que talvez ajude a atrair a empresa se demonstrar que há muitos nascimentos em Utah, então acessa o site do Censo dos Estados Unidos e produz um gráfico com a quantidade de nascimentos por estado:

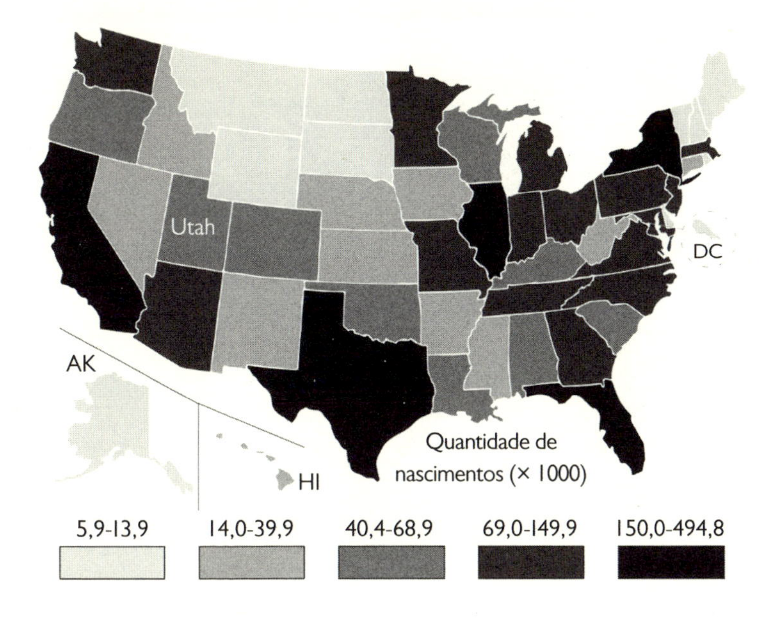

Utah está melhor que o Alasca, Washington, Montana, Wyoming, as duas Dakotas e os estados pequenos do nordeste. Mas não chega aos pés da quantidade de bebês na Califórnia, no Texas, na Flórida e em Nova York. Mas espere, esse mapa que você fez só mostra a *quantidade bruta* de nascimentos, o que vai ter um peso muito grande nos estados de maior população. Uma opção é fazer um gráfico da *taxa* de natalidade por mil habitantes:

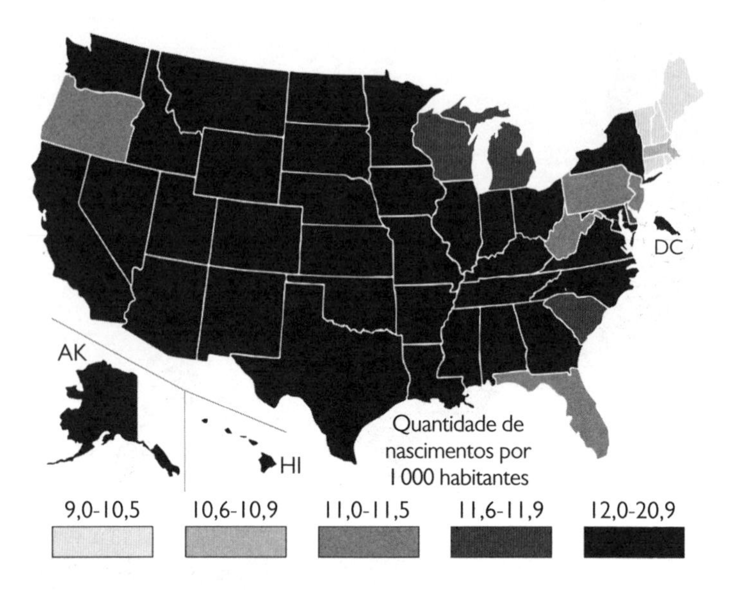

Esse também não ajuda. Utah parece igual à maioria dos estados do país. O que fazer? Mude os balaios! Você pode mexer nas faixas de valores de cada categoria, essas cinco barras de baixo que vão do cinza ao preto. Se você der um jeito de colocar a taxa de natalidade de Utah em uma categoria própria, vai conseguir destacá-lo do resto do país.

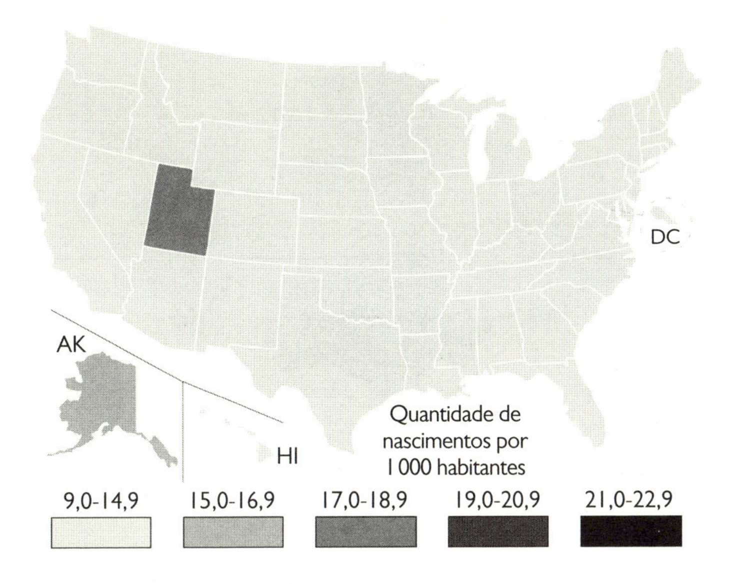

É claro que isso só funciona porque Utah realmente tem a maior taxa de natalidade dos Estados Unidos – não por muito, mas, mesmo assim, é a maior. Ao escolher um balaio que deixe o estado sozinho em uma categoria de cor, você o destaca do resto. Se estivesse tentando chamar atenção para um outro estado, você teria que recorrer a outras artimanhas, como um gráfico com a quantidade de nascimentos por quilômetro quadrado, ou por loja do Walmart, ou em relação à renda disponível. Se você procurar bastante, vai acabar encontrando uma medida adequada para cada um dos cinquenta estados.

Qual é o jeito *certo*, honesto, de apresentar um gráfico desses? Isso é questão de opinião, mas uma forma relativamente neutra seria juntar os dados de modo que 20% dos estados estejam contidos em cada um dos cinco grupos, isto é, a mesma quantidade de estados em cada categoria de cor:

Taxa bruta de natalidade: Estados Unidos, 2013

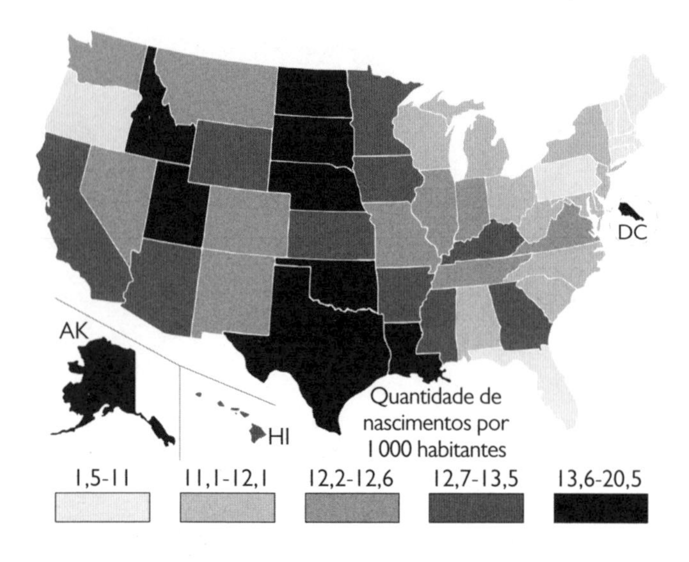

Outra opção seria fazer grupos do mesmo tamanho:

Taxa bruta de natalidade: Estados Unidos, 2013

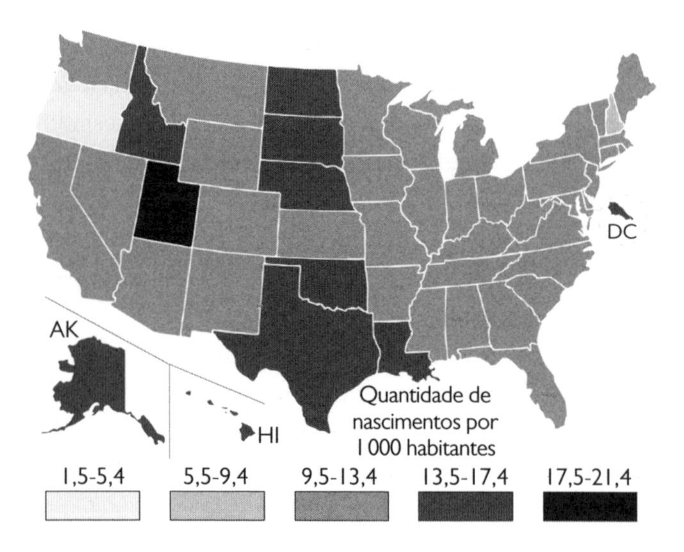

Esse tipo de malandragem estatística — larguras desiguais nos grupos de todos os gráficos antes deste último — é comum em histogramas, em que os grupos normalmente são identificados pelo ponto intermediário e você precisa inferir a amplitude por conta própria. A seguir estão as médias de rebatidas do Top 50 de jogadores da Major League Baseball (National League e American League) durante a temporada de 2015:[23]

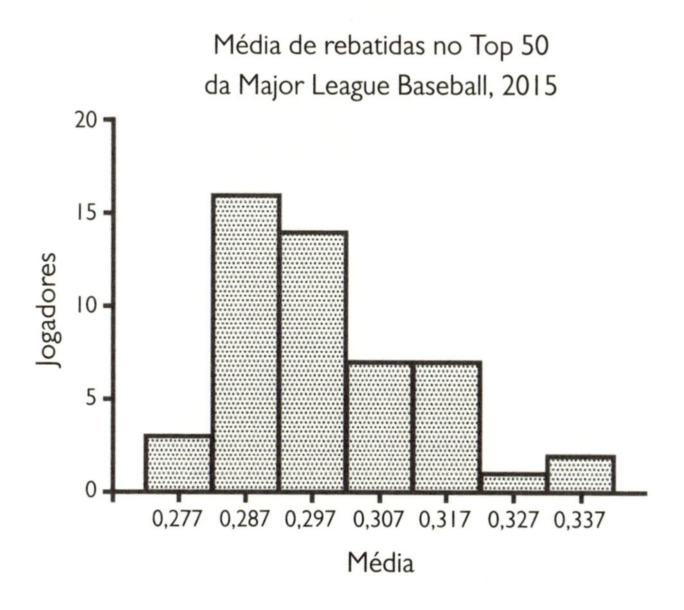

Agora, digamos que você seja o jogador com 0,330 de média de rebatidas, o que o colocaria na segunda maior categoria. Chegou a época dos bônus, e você não quer dar nenhum motivo para a diretoria recusar seu bônus este ano — você já comprou um carro da Tesla. Então mude a largura dos grupos, juntando seu resultado com o dos dois jogadores que fizeram uma média de 0,337, e agora você está entre os melhores jogadores. Aproveite para fechar o buraco que ficou (agora não há mais nenhum rebatedor no grupo de 0,327) ao criar uma descontinuidade no eixo x que provavelmente quase ninguém vai perceber:

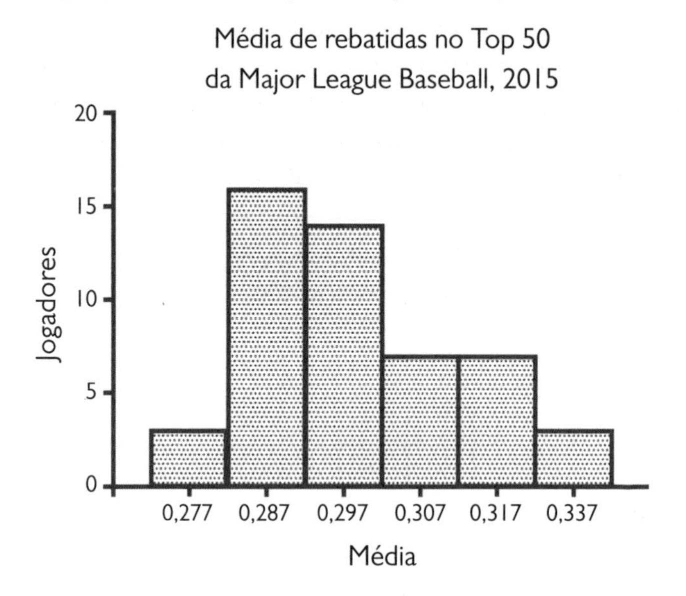

SUBDIVISÃO ENGANOSA

O contrário de amálgama é subdivisão, e isso pode levar as pessoas a acreditarem em várias coisas que não são verdade. Para afirmar que *x* é a principal causa de *y*, só preciso subdividir outras causas em categorias cada vez menores.

Digamos que você trabalhe para uma fabricante de purificadores de ar e esteja promovendo uma campanha a fim de provar que doenças respiratórias são a principal causa de morte nos Estados Unidos, superando outras causas como doenças cardíacas e câncer. Atualmente, doenças cardíacas são responsáveis pelo maior índice de mortalidade no país. Segundo o Centers for Disease Control, estas foram as três maiores causas de morte em 2013:[24]

Doenças cardíacas: 611 105

Câncer: 584 881

Doenças crônicas do trato respiratório inferior: 149 205

Agora, deixando de lado o detalhe inconveniente de que purificadores de ar para uso residencial talvez não constituam proteção suficiente contra doenças respiratórias crônicas, esses números não ajudam a criar um caso convincente para sua empresa. Claro, você gostaria de salvar mais de 100 mil vidas todo ano, mas dizer que está combatendo a *terceira* maior causa de mortes não é um slogan muito impactante. Mas espere! Doenças cardíacas não são uma coisa só; são várias:

Febre reumática aguda e doenças reumáticas crônicas do coração: 3260

Hipertensão: 37 144

Infarto agudo do miocárdio: 116 793

Insuficiência cardíaca: 65 120

E por aí vai. Depois, separe os cânceres em subtipos. Evitando amálgamas e criando subdivisões detalhadas como essas, você conseguiu! Doenças crônicas do trato respiratório inferior se tornam o matador número 1. Você acabou de conquistar um bônus. Algumas empresas alimentícias já usaram essa estratégia de subdivisão para disfarçar a quantidade de gordura e açúcar presente em seus produtos.

Como coletar números

Não é só porque existe um número que esse número foi adquirido corretamente. Não esqueça que, como foi avisado no começo desta parte do livro, estatísticas são coletadas por *pessoas*. As pessoas decidem o que contar e como fazer a contagem. São vários os erros e vieses que podem interferir no processo de coleta, o que pode levar milhões de pessoas a tirar conclusões equivocadas. A maioria de nós nunca vai chegar a participar do processo de coleta, mas aprender a raciocinar de forma crítica é fácil, e qualquer um pode fazer isso.

Estatísticas são obtidas de diversas maneiras: com documentos (por exemplo, registros de nascimento e morte mantidos em cartórios, hospitais ou igrejas), pesquisas e enquetes, observações (por exemplo, contando a quantidade de carros elétricos que passam na interseção de duas ruas) ou inferências (se as vendas de fraldas estão crescendo, a taxa de natalidade provavelmente está aumentando). Vieses, incorreções e erros não intencionais podem acontecer a qualquer momento. Parte do trabalho de avaliar afirmações inclui fazer perguntas como "Será que dá mesmo para saber disso?" e "Como eles sabem disso?".

AMOSTRAGEM

Astrogeólogos trabalham com amostras de rochas lunares; eles não fazem testes com a Lua inteira. Pesquisadores não falam com todo e qualquer eleitor para descobrir qual candidato está na frente, nem são contadas todas as pessoas que entram na emergência de um hospital para ver quanto tempo cada paciente teve que esperar até ser atendido. Isso seria pouco prático e caro demais. Em vez disso, usam amostras para estimar o número verdadeiro. Quando a amostragem é feita da forma correta, essas estimativas podem ter uma exatidão extremamente alta. Em pesquisas de opinião pública, é possível obter uma estimativa de como o país inteiro (cerca de 234 milhões de adultos acima de 21 anos) pensa a respeito de determinada questão com consultas a apenas 1067 indivíduos. Biópsias que examinam uma amostra de menos de um milésimo de um órgão podem ser usadas para determinar com exatidão a evolução de um câncer.

Para servir, uma amostra precisa ser representativa. Uma amostra é representativa se cada pessoa ou unidade do grupo que você está estudando tiver a mesma probabilidade de ser escolhida. Se não tiver, sua amostra é viciada. Se o câncer só está em parte de um órgão e sua amostra for retirada da parte errada, o câncer não vai ser diagnosticado. Se estiver em uma parte muito pequena e você tirar quinze amostras desse mesmo lugar, você pode acabar concluindo que o órgão inteiro está tomado pelo câncer, ainda que não esteja.

Nem sempre sabemos com antecedência, nas biópsias ou em pesquisas de opinião pública, o nível de variabilidade que teremos. Se todos os indivíduos de uma população fossem idênticos, só precisaríamos tomar um como amostra. Se tivermos um monte de pessoas geneticamente idênticas, com personalidades e experiências de vida idênticas, só de olhar para uma delas podemos descobrir tudo que quisermos sobre todas as pessoas. Mas todo grupo contém alguma heterogeneidade, algumas diferenças entre os integrantes, então precisamos tomar cuidado com nossa amostragem para levar em conta todas as diferenças relevantes. (Nem todas as diferenças são relevantes.) Por exemplo, se privarmos um ser humano de oxigênio, podemos ter certeza de que ele vai morrer. Os humanos não divergem nessa dimensão (embora possam divergir no tempo que cada um consegue durar sem oxigênio). Mas, se eu quiser saber quantos quilos os seres humanos conseguem levantar no supino, há muita variação — eu precisaria medir um recorte grande de pessoas diferentes para obter uma amplitude e uma média estável. Teria que incluir na amostra pessoas altas e baixas, gordas e magras, homens, mulheres e crianças, fisiculturistas e sedentários, pessoas que usam esteroides anabolizantes e pessoas que são totalmente limpas. Provavelmente há outros fatores relevantes, como a quantidade de horas que a pessoa dormiu na noite anterior ao teste, quanto tempo faz desde que ela comeu, se ela está calma ou irritada etc. E há também os fatores que acreditamos não ter a menor importância: se o controlador de tráfego aéreo no aeroporto St. Hubert de Quebec era homem ou mulher nesse dia; se uma pessoa qualquer em um restaurante de Aberdeen foi atendida sem demora. Esse tipo de coisa pode fazer diferença para outras questões que quisermos mensurar (sexismo latente no ramo da aviação; satisfação do consumidor em restaurantes do noroeste dos Estados Unidos), mas não para supinos.

O trabalho do estatístico é formular um inventário de todos os fatores relevantes para obter uma amostra representativa. Os pesquisadores precisam evitar a tendência de capturar variáveis fáceis de identificar ou de produzir dados — às vezes, as coisas que importam são pouco óbvias ou difíceis de mensurar. Como disse

Galileu Galilei, o trabalho do cientista é medir o que é mensurável e tornar mensurável aquilo que não é. Isto é, uma das atividades mais criativas na ciência é inventar um jeito de medir algo que faça diferença, algo que ninguém tenha conseguido medir antes.

Mas até mesmo medir e tentar controlar variáveis conhecidas constitui um desafio. Digamos que você queira estudar opiniões atuais sobre mudanças climáticas nos Estados Unidos. Você recebeu uma pequena quantia para contratar auxiliares e para comprar um programa de estatísticas para o seu computador. Acontece de você morar em San Francisco, e decidir fazer o estudo na cidade. Os problemas já começaram: San Francisco não é representativo do clima do resto do estado da Califórnia, que dirá do país inteiro. Quando se dá conta disso, você decide fazer a pesquisa em agosto, porque estudos indicam que esse mês é o auge da temporada de turismo — gente do país inteiro vai a San Francisco nesse mês, então (em teoria) você vai conseguir um corte transversal da população americana.

Mas espere: o tipo de gente que visita San Francisco é representativo de outros tipos? Sua pesquisa ficaria assimétrica a favor de pessoas que podem bancar uma viagem, e de pessoas que querem passar as férias na cidade, em vez de, digamos, no campo. (Ela também talvez ficasse assimétrica a favor de liberais, pois San Francisco é uma cidade notoriamente liberal.)

Então você decide que não tem condições de estudar sobre essas opiniões nos Estados Unidos, mas pode estudar as opiniões sobre mudanças climáticas entre a população de San Francisco. Você instala seus auxiliares na Union Square e faz um questionário rápido com as pessoas que passarem por ali. Você os orienta a abordar gente de diversas idades e etnias, estilos de roupa distintos, com e sem tatuagens... em suma, um recorte com variabilidade. Mas os problemas não acabaram. Provavelmente, você não vai encontrar ninguém enfermo, nenhuma mãe com filhos pequenos, nenhum trabalhador noturno que dorme durante o dia, nem as centenas de milhares de habitantes de San Francisco que, por vários motivos, não frequentam a Union Square, uma parte da cidade famosa por ter lojas e restaurantes caros. Se você mandar metade dos seus auxiliares para o bairro Mission, vai resolver parte do problema da representação diversificada de níveis socioeconômicos, mas não vai resolver os outros problemas. Eis um teste para determinar se uma amostra é aleatória: todo mundo e tudo no grupo inteiro têm a mesma probabilidade de ser mensurado por você e sua equipe? Aqui, a resposta claramente é não.

Então você conduz uma amostra aleatória *estratificada*. Ou seja, você identifica os diversos estratos ou subgrupos relevantes e extrai pessoas deles de forma proporcional à população total. Pesquisa um pouco sobre mudanças climáticas e descobre que as opiniões aparentemente não têm relação com questões raciais, então não precisa criar subamostras com base em raça.[1] Isso é bom, porque pode ser difícil, ou ofensivo, fazer pressuposições a respeito de raça, e como agir com pessoas miscigenadas? Escolher uma das categorias ou criar uma nova só para elas? E depois? Uma categoria para americanos que se identificam como negros-brancos, negros-hispânicos, orientais-persas etc.? Assim, as categorias poderiam ficar tão específicas a ponto de dificultar a análise, porque você terminaria com grupos demais. Outro obstáculo: você quer variação de idade, mas nem sempre as pessoas gostam de falar quantos anos têm.[2] Você pode escolher pessoas que têm obviamente menos de quarenta ou obviamente mais de quarenta, mas aí não vai incluir pessoas com trinta e muitos ou quarenta e poucos anos.

Para compensar o problema a respeito de quem não sai à rua durante o dia, você decide ir de porta em porta na casa das pessoas. Mas, se você for de dia, não vai incluir as pessoas que trabalham; se for ao anoitecer, não vai incluir os baladeiros, os trabalhadores noturnos, as pessoas que vão à missa noturna, ao cinema ou a restaurantes. Ao estratificar, como você obtém uma amostra aleatória para seus subgrupos? Todos os problemas descritos acima se mantêm — a criação de subgrupos não resolve o problema de que, dentro de cada um deles, você ainda precisa tentar encontrar uma representação equilibrada de todos os *outros* fatores que podem fazer diferença para seus dados. Está começando a parecer que vamos ter que incluir todas as pedras da Lua na amostragem para fazer uma boa análise.

Não jogue tudo para... hum, o espaço. Uma amostragem aleatória estratificada é melhor do que não estratificada. Se você fizer uma enquete sobre a experiência universitária com estudantes selecionados de forma aleatória, pode acabar com uma amostra de estudantes de apenas grandes universidades

Com a amostragem de todos os pássaros que frequentam a calçada em frente a este prédio, concluímos que o que os pássaros realmente amam são bagels!

públicas – é mais provável que estes sejam selecionados em uma amostragem aleatória porque são muito mais numerosos. Se a experiência universitária for radicalmente distinta em faculdades particulares pequenas, você precisa garantir que a amostragem inclua alunos delas, e assim sua amostra estratificada permitirá que você consulte pessoas de instituições variadas. É importante distinguir amostragem aleatória de amostragem de conveniência ou por cotas – a prática de falar só com as pessoas que você conhece ou que você aborda na rua por achar que serão úteis. Sem uma amostra aleatória, é muito provável que sua pesquisa fique viciada.

Portanto, a coleta de dados por amostragem é uma batalha incessante para evitar vieses. E o pesquisador nunca é inteiramente bem-sucedido. Sempre que lemos no jornal que 71% da população britânica é a favor de algo, precisamos ter o reflexo de perguntar: "Certo, mas 71% de *quais* britânicos?".[3]

Junte a isso o fato de que quaisquer perguntas que fizermos às pessoas são apenas uma amostra de todas as perguntas possíveis que poderíamos fazer, e as respostas delas talvez sejam apenas uma amostra de toda a complexidade de opiniões e experiências delas. Para piorar, pode ser que elas entendam ou não as nossas perguntas, e pode ser que se distraiam enquanto estiverem respondendo. E, com uma frequência maior do que autores de enquetes gostam de admitir, as pessoas às vezes dão uma resposta errada de propósito. O ser humano é uma espécie social; muitas pessoas tentam evitar confrontos e querem agradar, então respondem o que elas acham que os pesquisadores querem ouvir. Por outro lado, a sociedade também possui indivíduos marginalizados e inconformistas que darão respostas falsas só para chocar o pesquisador, ou para fingir serem rebeldes apenas para sentir como é causar espanto e conflito.[4]

Não é fácil formar uma amostra não viciada. Quando você ouvir falar de uma estatística nova, pergunte-se: "Que vieses podem ter ocorrido durante a amostragem?".

Amostras nos dão estimativas sobre algo, e quase sempre haverá uma diferença em relação ao número verdadeiro, grande ou pequena, e essa é a margem de erro. Considere que esse é o preço que se paga por não consultar todos os indivíduos da população estudada, ou por não incluir todas as rochas lunares na amostra.[5] Claro, podem ocorrer erros ainda que todo e qualquer indivíduo de uma sociedade seja entrevistado, devido a falhas ou vieses no método de medição. A margem de erro não compensa falhas subjacentes da pesquisa, apenas o grau de erro do processo de amostragem. Mas ignoremos essas possibilidades de falhas mais profundas e tratemos de outra medida ou estatística presente em qualquer amostra rigorosamente definida: o intervalo de confiança.

A margem de erro mede a exatidão dos resultados, e o intervalo de confiança é o seu grau de confiança de que sua estimativa está dentro da margem de erro. Por exemplo, em uma enquete básica com duas opções, uma amostra aleatória de 1067 adultos americanos produzirá uma margem de erro de cerca de 3% para os dois lados (escrevemos ±3%). Então, se uma enquete mostra que 45% dos americanos preferem o candidato A e que 47% preferem o candidato B, o número verdadeiro para A está entre 42% e 48% e, para B, entre 44% e 50%. Repare que essas amplitudes se sobrepõem.[6] Isso significa que a diferença de dois pontos percentuais entre os candidatos A e B está dentro da margem de erro: não temos como saber qual dos dois realmente está na frente, então a corrida está apertada demais para qualquer tipo de previsão.

E como ter certeza de que a margem de erro é de 3% e não mais? Calculamos o intervalo de confiança. Nesse caso específico, usei o intervalo de confiança de 95%. Isso significa que, se fizéssemos a pesquisa cem vezes, com os mesmos métodos de amostragem, em 95 ocasiões o intervalo obtido conteria o valor verdadeiro. Em cinco vezes, obteríamos um valor fora dessa amplitude.[7] O intervalo de confiança não indica quão longe da amplitude nós estamos — a diferença poderia ser pequena ou grande; há outras estatísticas que podem nos ajudar com isso.

Podemos determinar qualquer valor que quisermos para o nível de confiança, mas 95% é o mais comum. Para chegar a um intervalo de confiança menor, você tem duas opções: *aumentar* o tamanho da amostra para determinado nível de confiança; ou, *diminuir* o nível de confiança para determinado tamanho de amostra. Neste último caso, se você mudar o nível de confiança de 95 para 99, o tamanho do intervalo vai aumentar. Na maioria das vezes, o acréscimo de despesa ou inconveniência não vale a pena, visto que diversas circunstâncias externas podem fazer as pessoas mudarem de ideia no dia ou na semana seguinte de qualquer jeito.

Atente que, para populações muito grandes, como a dos Estados Unidos, nossa amostra só precisa conter um percentual muito pequeno — neste caso, menos de 0,005%. Mas, para populações menores, como a de uma empresa ou de uma escola, precisamos de um percentual muito maior. Para uma empresa com 10 mil funcionários, nós precisaríamos de 964 indivíduos (quase 10%) para obter a margem de 3% com 95% de confiança, e, para uma empresa com mil funcionários, precisaríamos consultar quase seiscentos (60%).

Margens de erro e intervalos de confiança se aplicam a qualquer amostragem, não apenas amostras com pessoas: a proporção de carros elétricos em uma cidade, ou de células malignas no pâncreas, ou de quantidade de mercúrio nos peixes do mercado.

Na figura a seguir,[8] você verá a margem de erro e o tamanho da amostra para um intervalo de confiança de 95%.

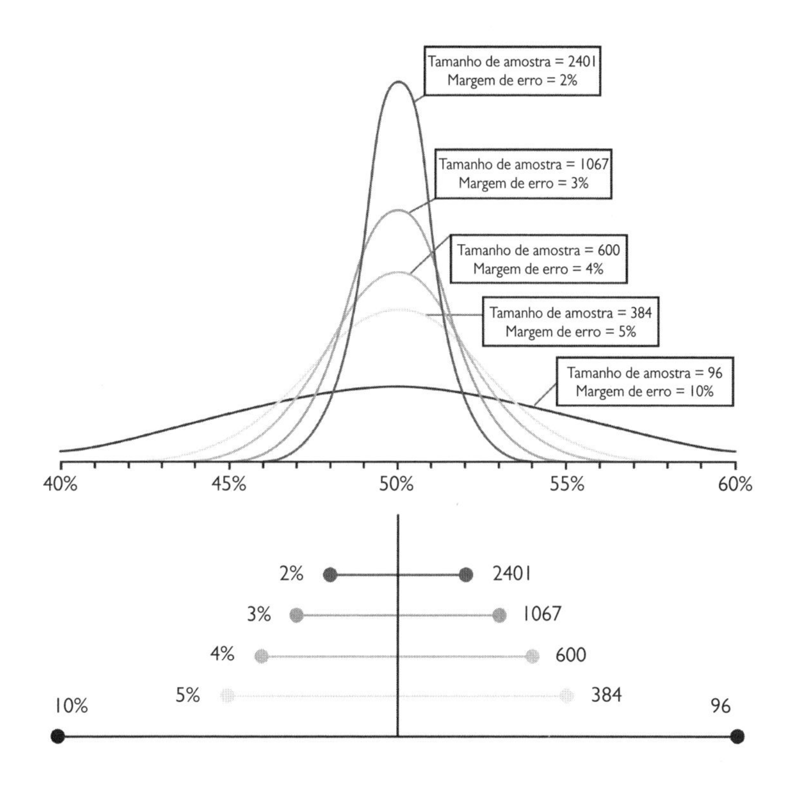

A fórmula para calcular a margem de erro[9] (e o intervalo de confiança) está na seção de notas no final deste livro, e existem muitas calculadoras on-line para ajudar. Se você vir alguém citar uma estatística sem informar a margem de erro, pode calcular pessoalmente essa margem se souber a quantidade de pessoas consultadas para a pesquisa. Você vai perceber que, em muitos casos, o repórter ou o instituto de pesquisa não fornecem essa informação. É como fazer um gráfico sem eixos — é muito fácil mentir com estatísticas se você não anunciar a margem de erro ou o intervalo de confiança. Eis um exemplo: meu cachorro Shadow está na liderança da corrida eleitoral para governador, com 76% das intenções de voto (e uma margem de erro não declarada de ±76%; vote em Shadow!!!).

VIESES AMOSTRAIS

Na tentativa de obter uma amostra aleatória, às vezes os pesquisadores se enganam quanto à probabilidade que cada indivíduo ou objeto tem de ser incluído na amostragem.

Um erro bizarro aconteceu durante a eleição presidencial de 1936 nos Estados Unidos. A *Literary Digest* realizou uma enquete e concluiu que o republicano Alf Landon venceria o democrata e então presidente Roosevelt. A *Digest* havia consultado pessoas que liam revistas, possuíam carro e telefone, e não uma amostra aleatória. A explicação convencional, citada por muitas publicações acadêmicas e populares, é que, em 1936, essa amostra tendia a abarcar os ricos, que estavam mais inclinados a votar no Partido Republicano. Na verdade, de acordo com uma pesquisa realizada por George Gallup em 1937, essa explicação está errada — era mais provável que proprietários de carro e linha telefônica votassem em Roosevelt.[10] O viés aconteceu porque era muito menos provável que os eleitores de Roosevelt participassem da pesquisa. Esse viés amostral foi reconhecido por Gallup, que realizou sua própria pesquisa com uma amostra aleatória e previu corretamente o resultado. Nasceu a pesquisa Gallup, que se tornou o padrão-ouro das pesquisas políticas até errar a previsão para a eleição presidencial americana de 2012. Uma investigação identificou falhas graves nos processos de amostragem, relacionadas, ironicamente, a proprietários de telefone.[11]

Da mesma forma que nos anos 1930 e 1940 pesquisas baseadas em listas telefônicas tendiam a incluir os mais ricos, hoje a amostragem por donos de telefone fixo tende a pessoas mais velhas. Toda amostragem com base em telefone parte do princípio de que pessoas que têm telefone são uma parcela representativa da população geral; pode ser que sejam, ou pode ser que não. Muita gente no Vale do Silício usa aplicativos como meio de comunicação, então é possível que amostragens por telefone fixo não representem indivíduos ligados em tecnologia.

Se você quiser usar estatísticas para mentir e disfarçar, meça a altura média das pessoas perto de uma quadra de basquete; pergunte sobre renda a uma amostra de pessoas selecionadas perto de uma agência de empregos; estime a incidência de câncer de pulmão no estado consultando apenas pessoas que moram perto de uma fundição. Se você não revelar como sua amostragem foi feita, ninguém vai saber.

VIÉS DE PARTICIPAÇÃO

Em dimensões importantes como opiniões políticas, personalidades e faixas de renda, pode haver divergência entre as pessoas que estão dispostas a participar de um estudo e as que não estão. E também pode ser que as pessoas que respondem a um anúncio — as que se oferecem para participar de sua pesquisa — demonstrem um viés a favor ou contra o objeto do estudo. Se você está tentando selecionar o indivíduo "médio" para sua pesquisa, pode produzir um viés de participação só por contar antes para as pessoas sobre o que é a pesquisa. Um estudo sobre comportamentos sexuais vai apresentar uma tendência a favor das pessoas mais dispostas a falar desses comportamentos e contra as pessoas tímidas e recatadas. Um estudo sobre opiniões políticas tenderá a favor das pessoas dispostas a falar delas. Por esse motivo, muitos questionários, exames e estudos psicológicos não divulgam antecipadamente o tema da pesquisa, ou disfarçam o objetivo verdadeiro com um conjunto de perguntas irrelevantes e inúteis para o pesquisador.

As pessoas que participam de um estudo até o fim podem ser diferentes das que param no meio. Algumas das pessoas que você aborda simplesmente não vão responder. Isso pode criar um viés quando os tipos de pessoas que respondem à pesquisa são diferentes dos que não respondem, formando um viés amostral específico chamado erro de não resposta.

Digamos que você trabalhe para a Universidade Harvard e queira demonstrar que os ex-alunos da instituição tendem a receber salários altos apenas dois anos depois de formados. Você envia um questionário para todos da classe de graduação. Aí já começam as dificuldades: pessoas que se mudaram sem comunicar o endereço novo à universidade, pessoas que foram presas ou pessoas que moram na rua não vão receber sua pesquisa. Depois, entre os que vão responder, é mais provável que os ex-alunos que tenham renda alta e estejam satisfeitos com a experiência de Harvard preencham o questionário do que os que estejam desempregados e ressentidos. As pessoas que não dão notícia contribuem para esse erro de não resposta, às vezes de maneiras sistemáticas capazes de distorcer os dados.

Se sua intenção com a pesquisa sobre a renda após dois anos da formatura em Harvard é mostrar que a formação nessa universidade resulta em salários altos, esse estudo pode ajudar a demonstrar isso para a maioria das pessoas. Mas quem raciocina criticamente sabe que Harvard não é frequentada pela pessoa média. Os alunos tendem a pertencer a famílias de renda mais alta, e há uma correlação entre isso e o salário futuro desses alunos. As pessoas formadas em Harvard tendem a ser proativas. Elas poderiam ter chegado a um salário igualmente alto mesmo tendo cursado uma faculdade menos renomada, ou até sem ter concluído nenhum ensino superior. (Mark Zuckerberg, Matt Damon e Bill Gates abandonaram Harvard e são financeiramente bem-sucedidos.)

Se você não consegue alcançar algum segmento da população, como militares em missão no exterior ou pessoas sem-teto ou internadas, esse viés amostral é chamado de *erro de cobertura*, porque alguns integrantes da população da qual você quer tirar uma amostra estão além do seu alcance e, portanto, não têm oportunidade de ser selecionados.

Se você estiver tentando determinar a proporção de quantas jujubas dentro de um pacote são vermelhas, laranja e azuis, talvez não consiga chegar ao fundo do pote.[12] Biópsias de órgãos normalmente são limitadas às áreas de onde o cirurgião pode coletar material, e isso não é necessariamente uma amostra representativa do órgão. Em estudos psicológicos, é comum que os indivíduos do experimento sejam estudantes universitários, que não são representativos da população geral. Os Estados Unidos possuem uma grande diversidade de pessoas, com diferentes posturas, opiniões, posições políticas, experiências e estilos de vida. Embora seja errado dizer que todos os universitários são semelhantes, também seria errado dizer que eles representam corretamente o restante da população.

VIÉS DE INFORMAÇÃO

Às vezes as pessoas mentem quando lhes pedem que digam a sua opinião. Uma jovem formada em Harvard pode inflacionar sua renda para passar uma aparência de ser mais bem-sucedida do que a realidade, ou pode dizer a renda que ela acha que deveria ter se não tivesse sido afetada por outras circunstâncias. É claro que ela também pode informar uma renda menor, para que a Associação de Ex-Alunos de Harvard não peça uma doação alta. Pode ser que esses vieses se anulem, ou pode ser que não. A média resultante em uma pesquisa sobre o salário dos egressos de Harvard é apenas a média do que foi informado, não do que os ex-alunos recebem de fato. Os ricos podem não ter uma noção clara de qual é sua renda anual porque nem tudo é salário — inclui muitas outras coisas que variam de ano a ano, como investimentos, bônus, royalties, dividendos...

Talvez você queira perguntar se as pessoas colaram em alguma prova ou sonegaram impostos. Pode ser que elas não acreditem que sua pesquisa é mesmo confidencial e, portanto, não queiram responder de forma sincera. (Isso é um problema quando se pretende estimar a quantidade de imigrantes ilegais nos Estados Unidos que precisam recorrer aos serviços de saúde ou são vítimas de crimes; muitos não querem ir a hospitais ou delegacias por medo de ser denunciados às autoridades.)

Digamos que você queira saber que revistas as pessoas leem.[13] Você poderia perguntar, mas é possível que elas queiram passar uma boa impressão. Ou pode ser que elas queiram acreditar que têm gostos mais sofisticados do que a realidade. Você pode descobrir que muito mais gente diz que lê a *New Yorker* ou a *Atlantic* do que os números de vendas sugerem, e que muito menos gente diz ler a *Us Weekly* e a *National Enquirer*. Nem sempre as pessoas falam a verdade em pesquisas. Então, aqui, o que você está medindo não é o material de leitura, mas o esnobismo.

Então você bola um plano: vai à residência das pessoas e vê quais revistas de fato estão em suas casas. Mas isso também é viciado: você não vai saber o que as pessoas de fato leem, apenas o que elas preferem guardar depois de ler, ou o que elas querem exibir. Saber que revistas as pessoas leem é mais difícil do que saber que revistas as pessoas *compram* (ou exibem). Mas é uma distinção importante, especialmente para quem investe em espaços publicitários.

Quais são os fatores por trás da decisão de um indivíduo de se identificar como miscigenado? Se ele cresceu em uma comunidade de uma só raça, pode ser que esteja menos inclinado a se considerar miscigenado. Se sofreu discriminação, pode ser que esteja mais inclinado. *Nós* podemos definir multirracialidade de forma precisa, mas isso não significa que as pessoas vão se declarar do jeito que desejamos.

FALTA DE PADRONIZAÇÃO

Medidas precisam ser padronizadas. Os processos de coleta de dados têm que ser claros, replicáveis e precisos, para que cada pessoa que estiver fazendo a coleta faça tudo do mesmo jeito. A contagem precisa ser sempre igual. Veja o sistema de classificação de tumores de Gleason — ele é só relativamente padronizado, de modo que patologistas diferentes podem chegar a resultados, e portanto classificações de estágio de câncer, diferentes. (No escore Gleason, uma amostra de tecido da próstata é examinada ao microscópio e recebe uma nota de 2 a 10 para indicar a probabilidade de que um tumor se espalhe.)[14] Psiquiatras apresentam diagnósticos divergentes a respeito de determinado paciente ter ou não esquizofrenia. Estatísticos discordam entre si quanto ao que constitui uma demonstração suficiente de fenômenos psíquicos. Patologia, psiquiatria, parapsicologia e outras áreas se esforçam para criar processos bem definidos que possam ser seguidos por qualquer um e produzir os mesmos resultados, mas, em praticamente qualquer medida, há ambiguidades e espaço para diferenças de opinião. Se alguém pede que você se pese, você sobe na balança com ou sem roupa, com a carteira no bolso ou sem ela? Se alguém pede que você meça a temperatura de um bife na churrasqueira, você coloca o termômetro em um lugar só ou em vários e depois tira a média?

ERRO DE MEDIÇÃO

Pode ser que os participantes não entendam a pergunta do mesmo jeito que o formulado pelo pesquisador; pode ser que eles marquem a resposta errada em um estudo, ou que, de diversas formas imprevistas, não deem a resposta que pretendiam dar. Erros de medição acontecem em qualquer processo, em todas as áreas da ciência. Físicos do CERN anunciaram ter identificado neutrinos que se moviam mais rápido que a velocidade da luz, uma descoberta que teria sido uma das mais importantes dos últimos séculos. Depois, eles anunciaram que haviam cometido um erro de medição.[15]

Erros de medição aparecem sempre que quantificamos qualquer coisa. A eleição presidencial americana de 2000 foi resultado de um erro de medição (e uma incapacidade de registrar as intenções das pessoas): equipes diferentes de fiscais, contando as mesmas urnas, chegaram a números diferentes. Isso se deveu, em parte, a um desacordo quanto à forma de contar tipos de marcação diferentes nas cédulas — problemas de definição —, mas, mesmo depois de se estabelecerem diretrizes rigorosas, ainda surgiram divergências na contagem.

Todo mundo já passou por algo assim: resultados diferentes ao contar duas vezes as moedas no nosso cofrinho. Pesos diferentes na balança do banheiro se subirmos três vezes seguidas nela. Valores ligeiramente diferentes cada vez que medimos o comprimento das paredes em um cômodo de nossa casa. Essas ocorrências têm explicação: as molas da balança são equipamentos mecânicos imperfeitos. Você segura a trena de um jeito diferente de cada vez, ela escorrega um pouquinho, você se confunde ao ler os milímetros, ou a trena não é grande o bastante para medir a largura inteira do cômodo, então você precisa marcar um ponto no chão e tirar a medida em duas ou três etapas, aumentando a possibilidade de erro. O próprio instrumento de medição pode ser variável (de fato, instrumentos de medição são acompanhados de especificações de precisão, e, quanto mais caro o instrumento, mais preciso ele costuma ser). A balança de seu banheiro pode ter um grau de precisão de centenas de gramas, e uma balança postal, de dezenas de gramas (um décimo da balança do banheiro).

Um estudo conduzido pelo Censo dos Estados Unidos em 1960 registrou 62 mulheres entre quinze e dezenove anos com doze ou mais filhos e uma grande quantidade de viúvas com catorze anos de idade.[16] O bom senso nos diz que é improvável a existência de muitas jovens de quinze a dezenove anos com doze filhos, e que viúvas com catorze anos de idade são algo muito incomum. Alguém cometeu um erro aí. Alguns pesquisadores do Censo devem ter preenchido o campo errado em um formulário sem querer — ou de propósito, para não ter que realizar entrevistas demoradas. Ou talvez um grupo impaciente (ou travesso) de entrevistados tenha inventado histórias absurdas e os pesquisadores não perceberam.

Em 2015, o time de futebol americano New England Patriots foi acusado de adulterar as bolas de jogo, esvaziando-as para facilitar as recepções. Parte da defesa do time incluía a alegação de que houve erro de medição.[17] A pressão da bola de ambos os times daquele dia, o Patriots e o Indianapolis Colts, foi medida no intervalo do jogo. As bolas do Patriots foram testadas primeiro, antes das do Colts. As bolas do Colts supostamente teriam ficado mais tempo dentro de um vestiário ou cômodo quente, e com o calor a pressão teve chance de aumentar. Um tribunal de primeira instância aceitou esse argumento, entre outros, e decidiu que não havia provas suficientes para confirmar a adulteração.

Erros de medição também acontecem quando o instrumento usado — balança, régua, questionário, teste — não mede o que você pretendia medir. Usar uma vara para medir a espessura de um fio de cabelo humano, ou um questionário sobre depressão quando o que você quer estudar é a motivação (podem ser relacionados, mas não são idênticos), pode gerar esse tipo de erro. Perguntar às pessoas para quais candidatos elas doam dinheiro não é o mesmo que pesquisar suas intenções de voto; muita gente contribui com a campanha de mais de um candidato em uma mesma disputa.

Já se gastou muita tinta para fazer testes ou pesquisas que pretendem mostrar algo mas acabam mostrando outra coisa. O teste de QI é um dos mais mal interpretados que existem. Ele é usado para aferir a inteligência das pessoas, como se inteligência fosse uma quantidade única, o que não é — ela se manifesta de diversas formas, como inteligência espacial, inteligência artística, inteligência matemática etc. E testes de QI são notoriamente viciados a favor de pessoas brancas de classe média. Geralmente, o que estamos interessados em saber quando olhamos para o resultado de um teste de QI é se a pessoa é adequada para determinado currículo pedagógico ou emprego. Testes de QI podem prever o desempenho nessas situações, mas provavelmente não porque a pessoa com QI alto é mais inteligente, e sim porque essa pessoa está inserida em um contexto de outras vantagens (econômicas, sociais) que aparecem em um teste de QI.

Se você encontrar uma estatística baseada em uma pesquisa, tente descobrir quais foram as perguntas e se elas parecem justas e sem vieses. Para qualquer estatística, tente compreender como foi feita a medição do tema estudado, e se as pessoas que fizeram a coleta de dados sabiam o que estavam fazendo.

DEFINIÇÕES

A forma como algo é definido ou categorizado pode fazer uma diferença considerável na estatística final. Esse problema existe tanto nas ciências naturais, quando se busca classificar células cancerosas ou descrever a chuva, quanto nas ciências sociais, quando alguém pergunta sobre as opiniões e experiências das pessoas.

Choveu hoje na região da Grande St. Louis? Depende de como você define a chuva. Se só caiu uma gota nos 22 911 quilômetros quadrados que constituem a Grande St. Louis (segundo o U.S. Office of Management and Budget [Secretaria de Gestão e Orçamento dos Estados Unidos]), podemos dizer que choveu? Quantas gotas têm que cair sobre uma área de que tamanho e por quanto tempo até que possamos classificar o dia como chuvoso?

O Bureau of Labor Statistics dos Estados Unidos tem duas formas de medir a inflação com base em duas definições distintas. O índice PCE (Personal Consumption Expenditures [despesas pessoais com consumo]) e o CPI (Consumer Price Index [índice de preços ao consumidor]) podem produzir números diferentes. Se você quer comparar dois anos ou duas regiões do país, é claro que precisa tomar o cuidado de usar o mesmo índice na comparação. Se a intenção for só argumentar que a inflação subiu ou caiu recentemente, um estatístico inescrupuloso escolheria o índice mais impactante, em vez de usar o mais adequado de acordo com as diferenças entre os dois.

Ou o que significa ser sem-teto? É alguém que dorme na rua ou dentro de um carro? A pessoa pode ter casa, mas não quer ou não pode ir para lá? E uma mulher que está morando de favor na casa de uma amiga porque perdeu o apartamento? Ou uma família que vendeu a casa e está hospedada em um hotel por algumas semanas enquanto a casa nova não está pronta? E um homem que se sente feliz e confortável morando como indigente em um armazém abandonado? Se compararmos a condição de sem-teto em cidades e estados diferentes, pode ser que cada jurisdição tenha uma definição própria. Ainda que várias jurisdições usem uma definição-padrão, a estatística que você encontrar talvez não tenha levado em conta a mesma definição que você usaria.[18] Uma das barreiras para resolver "o problema dos sem-teto" nas cidades grandes é o fato de que não temos um consenso para definir essa condição ou para determinar quem se enquadra nela.

Sempre que vemos uma reportagem baseada em alguma pesquisa nova, temos que prestar atenção na forma como os elementos dessa pesquisa foram definidos. Temos que avaliar se eles são aceitáveis e justos. Isso é ainda mais essencial em temas muito politizados, como aborto, casamento, guerra, mudança climática, salário mínimo ou políticas habitacionais.

E nada é mais politizado do que, bom, a política. É possível revirar e distorcer uma definição a favor de qualquer objetivo em pesquisas de opinião pública; basta fazer a pergunta do jeito certo. Imagine que um candidato tenha contratado você para colher informações sobre uma rival, Alicia Florrick.[19] A menos que Florrick tenha dado um jeito de agradar a todo mundo em todos os aspectos, os eleitores vão ter queixas. Então, você faz a seguinte pergunta: "Há algo, qualquer coisa, que a candidata tenha dito com que você não concorde ou aprove, mesmo se a apoia?". Agora, quase todo mundo vai ter alguma queixa, então você pode falar para seu chefe que "81% das pessoas não aprovam Alicia Florrick". O que você fez foi coletar dados sobre algum elemento (mesmo que seja uma pequena discordância), jogar tudo em uma caixa de queixas semelhantes e chamar de "Reprovação". Quase parece digno.

COISAS IMPOSSÍVEIS DE SABER OU VERIFICAR

"Entra lixo, sai lixo" é um bordão famoso cunhado na infância das ciências da computação. Na época, as pessoas confiavam cegamente em qualquer que fosse o resultado oferecido por um computador, porque esse resultado transmitia uma ilusão de precisão e certeza. Se uma estatística é composta de uma série de medições mal definidas, chutes, equívocos, simplificações, medidas erradas ou estimativas errôneas, a conclusão resultante será equivocada.

Deveríamos desconfiar de muitas coisas que lemos. Pergunte-se o seguinte: É possível que alguém tenha conhecimento disso? Um jornal anuncia a proporção de suicídios cometidos por adolescentes gays e lésbicas.[20] Qualquer estatística assim não tem como ser crível, devido à dificuldade de se saber que mortes foram suicídios e que cadáveres pertenciam a gays ou héteros. Da mesma forma, a quantidade de mortes por causa da fome em alguma região remota, ou o número de mortos em um genocídio durante uma guerra civil, não é confiável. Foi o caso da enorme divergência entre as estimativas de baixas apresentadas por observadores durante o conflito dos Estados Unidos no Iraque e no Afeganistão.

A editora de uma revista ostenta que a publicação tem 2 milhões de leitores. Como é que eles sabem? Não sabem. Eles supõem que determinada proporção das revistas vendidas é partilhada com outras pessoas – algo que eles chamam de "taxa de repasse". Eles presumem que cada exemplar comprado por uma biblioteca é lido por certo número de pessoas. O mesmo se aplica a livros e e-books. É claro que isso varia muito de acordo com o livro. Muita gente *comprou* o livro *Uma breve história do tempo*, de Stephen Hawking. É dito que esse é o livro mais comprado e menos terminado dos últimos trinta anos. Provavelmente poucas pessoas passaram adiante o exemplar, porque a imagem dele na estante da sala causa impacto. Quantos são os leitores de uma revista ou um livro? Quantos são os ouvintes de um podcast? Não sabemos. Sabemos quantos exemplares são vendidos ou quantos downloads são feitos, e só (embora novidades recentes com os e-books provavelmente mudem esse antigo status quo).

Da próxima vez que você ouvir que, em média, os neozelandeses passam fio dental 4,36 vezes por semana (um número que acabei de inventar, mas que pode ser tão exato quanto qualquer estimativa), pergunte-se: Como é que alguém poderia saber disso? Que dados estão sendo utilizados como base? Se houvesse câmeras ocultas nos banheiros, tudo bem, mas o mais provável é que alguém tenha consultado as pessoas para uma pesquisa, e as pessoas só respondem o que lembram – ou o que querem acreditar que é verdade, porque nós sempre temos que lidar com isso.

Probabilidades

Você acreditou quando eu disse que *provavelmente* poucas pessoas passaram adiante *Uma breve história do tempo*? Eu usei o termo sem nenhum grande rigor, como a maioria das pessoas também faz, mas o assunto de probabilidade matemática encara justamente os limites do que podemos ou não podemos saber sobre o mundo, desde o comportamento de partículas subatômicas como quarks e bósons até a probabilidade de que presenciaremos o fim do mundo, desde pessoas apostando na loteria até a tentativa de prever o clima (duas iniciativas que talvez tenham um índice de sucesso semelhante).

As probabilidades nos permitem quantificar ocorrências futuras e são um recurso importante para tomar decisões racionais. Sem isso, podemos ceder à sedução de causos e histórias. Você talvez já tenha ouvido alguém dizer algo do tipo: "Não vou usar o cinto de segurança porque ouvi falar de um sujeito que morreu em um acidente *por causa* do cinto. Ele ficou preso no carro e não conseguiu sair. Se não estivesse de cinto, ele teria sobrevivido".[1]

Bom, sim, mas não podemos levar em conta só uma ou duas histórias. Quais são os riscos relativos? Embora haja alguns casos isolados em que o cinto de segurança tenha *custado* a vida de alguém, é muito mais provável que você morra se *não* usar. A probabilidade nos ajuda a ver a situação em termos quantitativos.

Usamos a palavra *probabilidade* de formas diferentes para nos referir a coisas diferentes. É fácil se deixar levar achando que uma pessoa está querendo dizer uma coisa quando na verdade ela quer dizer outra, e essa confusão pode nos fazer chegar à conclusão errada.

Um tipo de probabilidade — *probabilidade clássica* — se baseia na ideia de simetria e igualdade de chances:[2] um dado tem seis faces, uma moeda tem dois lados, uma roleta tem 38 números (a versão americana; a europeia tem 37). Se não houver defeitos de fabricação ou manipulações a favor de algum resultado específico, cada resultado tem a mesma chance de ocorrer. Então, a probabilidade de tirar qualquer valor específico em um dado é de uma em seis, a de tirar cara em uma moeda é de uma em duas, a de tirar qualquer número na roleta é de uma em 37 ou 38.

A probabilidade clássica se restringe a objetos bem definidos. No caso clássico, conhecemos os parâmetros do sistema e, portanto, podemos calcular a probabilidade dos eventos que cada sistema vai gerar. Outro tipo de probabilidade advém do fato de que, na vida cotidiana, muitas vezes queremos saber as probabilidades de outros acontecimentos, como a de que um medicamento funcione em determinado paciente, ou a de que consumidores prefiram uma cerveja a outra. Nesse segundo caso, precisamos estimar os parâmetros do sistema porque eles são desconhecidos para nós.

Para determinarmos esse segundo tipo de probabilidade, fazemos observações ou conduzimos experimentos e contamos a quantidade de vezes em que obtemos o resultado desejado. Essas probabilidades são chamadas de *frequencistas*. Administramos um medicamento a um grupo de pacientes e avaliamos quantas pessoas melhoraram — isso é um experimento, e a probabilidade de o medicamento funcionar é simplesmente a proporção de gente em quem ele funcionou (com base na *frequência* do resultado desejado). Se realizarmos o experimento em uma grande quantidade de pessoas, o resultado vai chegar perto da probabilidade verdadeira, tal como uma pesquisa de opinião pública.[3]

Tanto a probabilidade clássica quanto a frequencista lidam com acontecimentos recorrentes e replicáveis e com a proporção de tempo que se pode esperar até obter determinado resultado sob condições essencialmente iguais.[4] (Alguns probabilistas radicais defendem a ideia de que as condições têm que ser *idênticas*, mas considero essa visão exagerada, porque, em última instância, o universo nunca é *exatamente* o mesmo, devido a variações do acaso.) Quando fazemos uma pesquisa de opinião entrevistando pessoas aleatórias, na prática estamos consultando essas pessoas em condições idênticas, mesmo se falarmos com algumas hoje e outras amanhã — desde que no intervalo não tenha havido nenhum acontecimento relevante capaz de fazê-las mudar de ideia. Quando uma testemunha depõe no tribunal sobre a probabilidade de que o DNA de um suspeito seja compatível com o DNA encontrado em um revólver, ela está usando probabilidade *frequencista*, porque, na prática, está comparando a quantidade de fragmentos de DNA que são compatíveis com a quantidade dos que não são.[5] Puxar uma carta do baralho, achar um produto defeituoso em uma linha de montagem, perguntar se as pessoas gostam de determinada marca de café são exemplos de probabilidade clássica ou frequencista, com acontecimentos recorrentes e replicáveis (a carta é clássica, o produto e o café são frequencistas).

Um terceiro tipo de probabilidade se distingue dessas duas porque não é obtido por meio de experimentos ou acontecimentos replicáveis — sua função é expressar uma opinião ou grau de crença quanto à probabilidade de determinado acontecimento futuro. Isso é chamado de *probabilidade subjetiva* (um exemplo é a probabilidade bayesiana, inspirada em Thomas Bayes, um estatístico do século XVII). Quando uma amiga sua fala que há 50% de possibilidade de ela ir à festa de Michael e Julie no próximo fim de semana, ela está usando probabilidade bayesiana para expressar a intensidade da crença de que ela irá à festa. Qual será o índice de desemprego no ano que vem? Não podemos usar o método frequencista porque o desemprego do ano que vem não tem como ser considerado um conjunto de observações obtidas em condições idênticas ou sequer semelhantes.

Vamos analisar um exemplo. Quando uma repórter anuncia a previsão do tempo na televisão e diz que há 30% de possibilidade de chover no dia seguinte, ela não realizou experimentos em vários dias idênticos sob condições idênticas (se é que existe algo assim) e depois contou os resultados. Os 30% representam o grau de crença dela (em uma escala de um a cem) de que vai chover, e a ideia é informar se vale a pena você se dar ao trabalho de pegar as galochas e o guarda-chuva.

Se a repórter da previsão do tempo estiver bem calibrada, vai chover em exatamente 30% dos dias para os quais ela disser que há 30% de possibilidade de chuva. Se chover em 60% desses dias, ela subestimou muito a probabilidade. A questão da calibragem só é relevante em probabilidades subjetivas.

A propósito, voltando àquela sua amiga que disse que tinha 50% de probabilidade de ir à festa, um erro que muita gente comete por não raciocinar de forma crítica é supor que, se são duas as possibilidades, elas devem ser igualmente prováveis. Em um experimento, os psicólogos cognitivos Amos Tversky e Daniel Kahneman ofereceram descrições de festas e outros cenários a algumas pessoas. Em certa festa, por exemplo, as pessoas podem ser informadas de que 70% dos convidados são escritores e 30%, engenheiros. Se você vê alguém com uma tatuagem de Shakespeare, pode supor que essa pessoa é uma escritora; se vê alguém com uma camiseta estampada com equações de Maxwell, pode supor que é um dos engenheiros. Mas, se você vir alguém aleatório na festa e não tem nenhuma pista em que se basear — nenhuma tatuagem de Shakespeare nem camiseta geek —, qual é a probabilidade de que essa pessoa é uma engenheira? Nos experimentos de Tversky e Kahneman, as pessoas tendiam a dizer "50%", aparentemente confundindo dois resultados possíveis com dois resultados igualmente prováveis.[6]

A probabilidade subjetiva é a única alternativa de que dispomos em situações práticas em que não há experimentos ou equações de simetria. Quando um juiz instrui o júri a proferir um veredito se a "superioridade de provas" apontar para a culpa do réu, isso é probabilidade subjetiva — cada jurado precisa decidir por conta própria se houve superioridade e pesar os indícios de acordo com seus próprios princípios e critérios pessoais (que talvez sejam idiossincráticos, não objetivos).

Quando um agente de apostas determina o rateio de uma corrida no turfe, ele usa probabilidade subjetiva — ainda que talvez seja baseada em dados sobre resultados na pista, a saúde dos cavalos e o desempenho dos jóqueis, não há simetria natural (ou seja, não é uma probabilidade clássica) e não foi realizado nenhum experimento (ou seja, não é uma probabilidade frequencista). O mesmo vale para beisebol e outros esportes. Um agente de apostas pode dizer que o Royals tem 80% de chance de vencer o jogo seguinte, mas ele não está usando probabilidade no sentido matemático; é só uma maneira dele — e nossa — de usar a linguagem para passar um verniz de precisão numérica. Esse agente não pode voltar no tempo e ver o Royals jogar a mesma partida várias vezes para contar a quantidade de vitórias. Ele até pode ter feito cálculos na ponta do lápis ou no computador para chegar a uma estimativa embasada, mas, no fim das contas, o valor é só uma hipótese, uma indicação do grau de confiança dele nessa previsão. Um indício revelador de que se trata de subjetividade é o fato de que cada especialista oferece uma resposta diferente.[7]

Nós vivemos cercados por probabilidades subjetivas, e a maioria das pessoas nem se dá conta — elas aparecem nos jornais, na sala de reuniões e na televisão do bar na hora do jogo. A probabilidade de um país beligerante explodir uma bomba atômica nos próximos doze meses, de as taxas de juros aumentarem no próximo ano, de a Itália ganhar a Copa do Mundo ou de soldados conquistarem determinada região são todas subjetivas, não frequencistas: são acontecimentos únicos, não replicáveis. E a reputação dos especialistas e previsores depende da exatidão delas.

COMBINANDO PROBABILIDADES

Uma das regras mais importantes da probabilidade é a da multiplicação. Se dois eventos são independentes — isto é, se o resultado de um não influencia o resultado do outro —, a probabilidade de *ambos* acontecerem é obtida pela multiplicação das duas probabilidades. A probabilidade de jogar uma moeda e tirar cara é de 50% (porque só há duas possibilidades igualmente prováveis: cara e coroa). A probabilidade de se puxar uma carta de copas em um baralho é de 25% (porque só há quatro possibilidades igualmente prováveis: copas, ouros, paus e espadas). Se você jogar uma moeda e puxar uma carta, a probabilidade de se tirar caras e copas é calculada multiplicando-se as duas probabilidades individuais: $0{,}50 \times 0{,}25 = 0{,}125$. Isso recebe o nome de probabilidade conjunta.

Você pode confirmar a veracidade disso ao listar todos os casos possíveis e então contar a quantidade de vezes em que acontece o resultado desejado:

Cara	Copas	Coroa	Copas
Cara	Ouros	Coroa	Ouros
Cara	Paus	Coroa	Paus
Cara	Espadas	Coroa	Espadas

Estou ignorando as ocasiões muito raras em que a moeda cai exatamente em pé ou é roubada por uma gaivota no meio do ar, ou quando você tem um baralho só com cartas de paus.

Também poderíamos questionar qual é a probabilidade conjunta de três eventos: tirar cara na moeda, puxar uma carta de copas no baralho e a próxima pessoa que você encontrar fazer aniversário no mesmo dia que você (a probabilidade de isso acontecer é de aproximadamente 1 em 365,24 – embora os nascimentos se agreguem um pouco e algumas datas sejam mais comuns que outras, essa é uma aproximação razoável).

Você talvez já tenha entrado em sites que apresentam uma série de perguntas de múltipla escolha, como "Em qual das cinco ruas a seguir você já morou?" e "Qual dos cinco cartões de crédito a seguir você tem?". Esses sites estão tentando autenticar a sua identidade, garantir que você é quem eles acham. Estão usando a regra da multiplicação. Se você responder a seis perguntas dessas seguidas, cada uma com probabilidade de apenas uma em cinco (0,2) de acerto, a probabilidade de você acertar tudo no chute é de apenas $0{,}2 \times 0{,}2 \times 0{,}2 \times 0{,}2 \times 0{,}2 \times 0{,}2 = 0{,}000064$ – cerca de 6 chances em 100 mil. Não é tão preciso quanto o que se vê em testes de DNA usados em julgamentos, mas não é pouca coisa. (Se você acha curioso que os sites não façam um punhado de perguntas curtas com caixa de texto para cada um preencher pessoalmente com as respostas, em vez de opções de múltipla escolha, o problema é que assim as respostas corretas podem ter muitas variações. Você se refere ao seu cartão de crédito como Chase, Chase Bank ou JPMorgan Chase? Você mora na Rua North Sycamore, na Rua N. Sycamore ou na R. N. Sycamore? Já deu para entender.)

QUANDO A PROBABILIDADE DE UM EVENTO É DETERMINADA POR OUTROS EVENTOS

A regra da multiplicação só se aplica se os eventos são independentes entre si. Que eventos não são independentes? O clima, por exemplo. A probabilidade de gear hoje à noite *e* também amanhã à noite não são eventos independentes — fenômenos climáticos tendem a se estender por mais de um dia, e, embora geadas súbitas não sejam algo inédito, a melhor maneira de estimar a temperatura da noite seguinte é olhar para a de hoje. Você *poderia* calcular a quantidade de noites no ano em que a temperatura caiu a ponto de gear — digamos que tenham sido 36 no lugar onde você mora — e então determinar que a probabilidade de ocorrer geada hoje à noite é de 36 em 365, ou cerca de 10%, mas isso não leva em conta as interdependências. Se você disser que a probabilidade de haver geada em duas noites consecutivas durante o inverno é de 10% × 10% = 1% (de acordo com a regra da multiplicação), estaria subestimando a probabilidade porque os eventos das duas noites não são independentes; a previsão do tempo para amanhã é determinada pela de hoje.

A probabilidade de um evento também pode ser determinada pela amostra específica que você está observando. A probabilidade de haver geada hoje à noite obviamente é afetada pela região do mundo que você está analisando. A probabilidade é maior no paralelo 30 do que no paralelo 10. A probabilidade de encontrar alguém com mais de dois metros de altura é maior em uma quadra de basquete durante um treino do que em um bar frequentado por jóqueis. O subgrupo de pessoas ou objetos que você está observando é relevante para sua estimativa de probabilidade.

PROBABILIDADES CONDICIONAIS

Muitas vezes, quando vemos estatísticas, caímos na ilusão de examinar um grupo inteiro de pessoas aleatórias quando, na verdade, deveríamos considerar um subgrupo. Qual é a probabilidade de você ter pneumonia? Não muito grande. Mas, se soubermos mais de você e de seu caso específico, a probabilidade pode ser maior ou menor. Isso recebe o nome de *probabilidade condicional*.

Podemos formular duas perguntas diferentes:

1. Qual é a probabilidade de uma pessoa escolhida aleatoriamente em uma população ter pneumonia?
2. Qual é a probabilidade de uma pessoa *não* escolhida aleatoriamente, mas por exibir três sintomas (febre, dores musculares, congestão pulmonar), ter pneumonia?

A segunda pergunta envolve uma probabilidade condicional. Ela tem esse nome porque não estamos olhando para toda e qualquer condição possível, só para as pessoas que atendem à condição especificada. Sem fazermos as contas, podemos imaginar que a probabilidade de pneumonia é muito maior para o segundo caso. É claro que podemos formular a pergunta de modo que a probabilidade de ter pneumonia seja menor do que no caso de uma pessoa aleatória:

1. Qual é a probabilidade de uma pessoa *não* escolhida aleatoriamente, mas que tenha acabado de receber resultado negativo em três exames consecutivos de pneumonia, e que tenha um sistema imunológico especialmente saudável, e que minutos antes tenha vencido a Maratona de Nova York, ter pneumonia?

Seguindo essa mesma linha, a probabilidade de que você venha a desenvolver câncer no pulmão não independe do seu histórico familiar. A probabilidade de um garçom trazer ketchup para sua mesa não independe do prato que você pediu. Você pode calcular a probabilidade de uma pessoa aleatória qualquer desenvolver câncer de pulmão nos próximos dez anos, ou a probabilidade de um garçom trazer ketchup para uma mesa em relação ao total de mesas. Mas nós temos a sorte de saber que esses eventos dependem de outros comportamentos. Com isso, podemos delimitar a população estudada de modo a obter uma estimativa mais exata. Por exemplo, se tanto seu pai quanto sua mãe tiveram câncer de pulmão, para calcular a probabilidade de que você contraia a doença terá que observar outras pessoas desse grupo seleto, pessoas cujos pais tiveram câncer de pulmão. Se seus pais não tiveram câncer de pulmão, você terá que olhar para o subgrupo relevante de pessoas sem histórico da doença na família (e é bem possível que chegue a um resultado diferente). Se quiser saber a probabilidade de que o garçom trará ketchup, você pode olhar apenas para as mesas dos fregueses que pediram hambúrguer ou fritas, não para as dos que pediram atum ao molho tártaro ou torta de maçã.

Ignorar a interdependência de eventos (e presumir independência) pode produzir consequências graves no mundo jurídico. Foi o que aconteceu no caso de Sally Clark, uma mulher de Essex, no Reino Unido, acusada de ter assassinado seu segundo filho.[8] O primeiro tinha morrido ainda bebê, e a morte fora atribuída à síndrome da morte súbita infantil (SMSI). A promotoria alegou que, como a probabilidade de dois filhos falecerem por SMSI era muito baixa, ela provavelmente tinha matado o segundo. A testemunha da acusação, um pediatra, citou um estudo segundo o qual essa síndrome ocorria em 1 de cada 8543 casos de morte de bebês. (O conhecimento do dr. Meadow como pediatra não o transforma em especialista em estatística ou epidemiologia — esse tipo de confusão é a base de muitos julgamentos falhos e será abordado na parte III deste livro; um especialista de um ramo não se torna automaticamente especialista em outro, supostamente relacionado.)

Se olharmos mais a fundo, podemos pôr em questão o dado de 8543 mortes. Como os pesquisadores chegaram a esse número? A SMSI é um diagnóstico por exclusão — isto é, não existe nenhum exame clínico que possa levar à conclusão de que a morte foi causada por essa síndrome. Se os médicos não conseguem identificar a causa, e todas as possibilidades foram descartadas, eles decidem que foi síndrome da morte súbita. A incapacidade de encontrar algo não prova que esse algo não tenha acontecido, então é plausível que algumas dessas mortes atribuídas à síndrome da morte súbita na verdade tenham sido resultado de causas menos misteriosas, como envenenamento, sufocamento, defeito cardíaco etc.

Porém, para este exemplo, digamos que a síndrome da morte súbita realmente cause 1 morte em 8543, como declarado pelo perito. Ele afirmou ainda que a probabilidade de ocorrerem duas mortes pela mesma causa na mesma família era de 1/8543 × 1/8543, ou 1 em 73 milhões. ("Coincidência? Acho que *não*!", poderia ter gritado o promotor durante seus argumentos finais.) Esse cálculo – essa aplicação da regra da multiplicação – parte do princípio de que as mortes são independentes, mas talvez elas não sejam. O que quer que tenha levado à morte repentina do primeiro filho da sra. Clark podia estar presente na morte do segundo, visto que os dois eram da mesma família: dois fatores ambientais associados à síndrome da morte súbita são fumo indireto e bebês dormindo de bruços. Ou talvez o primeiro filho sofresse de algum defeito congênito; haveria uma probabilidade relativamente alta de isso aparecer também no genoma do segundo filho (irmãos possuem 50% do DNA em comum). Seguindo essa linha de raciocínio, havia 50% de risco de que o segundo filho morresse por um fator igual, e assim a sra. Clark parece muito menos uma assassina de crianças. Com o tempo, o marido dela descobriu nos arquivos do hospital indícios de que a morte do segundo filho teve causa microbiológica. A sra. Clark foi absolvida, mas só depois de passar três anos na cadeia por um crime que não cometera.

Existe uma notação especial para probabilidades condicionais. A probabilidade de um garçom trazer ketchup para a sua mesa, considerando que você tenha acabado de pedir um hambúrguer, se escreve assim:

P(ketchup | hambúrguer)

A barra vertical | significa *considerando*. Note que essa notação omite muitas palavras da descrição textual, para que a expressão matemática seja sucinta.

A probabilidade de um garçom trazer ketchup para a sua mesa, considerando que você tenha acabado de pedir um hambúrguer *e* pediu ketchup, se expressa assim:

P(ketchup | hambúrguer ∧ pedido)

Onde ∧ significa *e*.

VISUALIZAÇÃO DE PROBABILIDADES CONDICIONAIS

A incidência relativa de pneumonia nos Estados Unidos ao longo de um ano é de cerca de 2% — 6 milhões de pessoas, da população total de 324 milhões no país, são diagnosticadas a cada ano[9] (é claro que, sem dúvida, há muitos casos não diagnosticados, assim como indivíduos que podem ter mais de uma vez em um ano, mas vamos deixar de lado esses detalhes por enquanto). Portanto, a probabilidade de qualquer pessoa aleatória ter pneumonia é de cerca de 2%. Mas podemos chegar a uma estimativa mais precisa se soubermos alguma coisa dessa pessoa específica. Se você chegar ao consultório médico com tosse, congestão e febre, não será mais uma pessoa aleatória — será alguém no consultório com esses sintomas. À luz das novas informações, você pode atualizar de forma metódica sua crença de que algo é verdade (você tem pneumonia). O que fazemos é aplicar a regra de Bayes para calcular uma probabilidade condicional:[10] Qual é a probabilidade de que eu tenha pneumonia *considerando* que esteja apresentando o sintoma X? Esse tipo de atualização pode ser refinado cada vez mais, conforme se acrescentam informações. Qual é a probabilidade de que eu tenha pneumonia *considerando* que apresente esses sintomas e *considerando* que tenha histórico da doença na família e *considerando* que tenha acabado de conviver três dias com alguém com pneumonia? A probabilidade não para de aumentar.

Você pode calcular a probabilidade com a fórmula da regra de Bayes (disponível no apêndice), mas um jeito fácil de visualizar e computar probabilidades condicionais é com a tabela quádrupla, que descreve todas as situações possíveis: você pediu ou não um hambúrguer, e você recebeu ou não ketchup:

		PEDIU HAMBÚRGUER	
		SIM	NÃO
RECEBEU KETCHUP	SIM		
	NÃO		

Assim, com base em experimentos e observação, você preenche os vários valores, ou seja, a frequência de cada evento. Dos seis fregueses que você observou no restaurante, houve um caso de alguém que pediu hambúrguer e recebeu ketchup e dois casos em que os clientes não receberam. Esses se tornam dados na coluna esquerda da tabela:

		PEDIU HAMBÚRGUER	
		SIM	NÃO
RECEBEU KETCHUP	SIM	1	5
	NÃO	2	8

Você também constatou que cinco pessoas não pediram hambúrguer e receberam ketchup, e que oito pessoas não receberam. Esses dados são anotados na coluna da direita.

Em seguida, você soma as linhas e colunas:

		PEDIU HAMBÚRGUER		
		SIM	NÃO	
RECEBEU KETCHUP	SIM	1	5	6
	NÃO	2	8	10
		3	13	16

Agora é fácil calcular a probabilidade. Se você quiser saber a probabilidade de receber ketchup *considerando* que tenha pedido um hambúrguer, você começa com o considerado. É a coluna da esquerda.

		PEDIU HAMBÚRGUER		
		SIM	NÃO	
RECEBEU KETCHUP	SIM	1	5	6
	NÃO	2	8	10
		3	13	16

Ao todo, três pessoas pediram hambúrguer — esse é o somatório na base da coluna. Agora, qual é a probabilidade de receber ketchup *considerando* que você tenha pedido um hambúrguer? Vamos olhar para a célula "SIM recebeu ketchup" na coluna "SIM pediu hambúrguer", e o número é 1. A probabilidade condicional, P(ketchup | hambúrguer), então, é de só um em três. E dá para entender a lógica: três pessoas pediram hambúrguer; uma delas recebeu ketchup e duas não. Nós ignoramos a coluna da direita para essa conta.

Podemos usar isso para calcular qualquer probabilidade condicional, incluindo a probabilidade de receber ketchup se *não* tiver pedido um hambúrguer: treze pessoas não pediram hambúrguer, cinco receberam ketchup, então a probabilidade é de cinco em treze, ou cerca de 38%. Nesse restaurante específico, você tem mais chance de receber ketchup se não pedir hambúrguer do que se pedir. (Agora acione seu raciocínio crítico. Como isso é possível? Talvez os dados sejam influenciados pelas pessoas que pediram fritas. Talvez todos os hambúrgueres já venham com ketchup.)

DECISÕES MÉDICAS

Essa forma de visualizar probabilidades condicionais é útil para decidir questões médicas. Se você fizer um exame e o resultado disser que você tem alguma doença, qual é a probabilidade de você de fato ter a doença? Não é 100%, porque exames não são à prova de falhas — eles produzem falsos positivos (dizer que você tem a doença quando não tem) e falsos negativos (dizer que você não tem a doença quando tem).

A probabilidade de que uma mulher tenha câncer de mama é de 0,8%.[11] Se ela tiver câncer de mama, a probabilidade de que uma mamografia detecte é de apenas 90% porque o exame não é perfeito e erra em alguns casos. Se a mulher não tiver câncer de mama, a probabilidade de o resultado ser positivo é de 7%. Agora, digamos que uma mulher, escolhida aleatoriamente, tenha um resultado positivo — qual é a probabilidade de ela realmente ter câncer de mama?

Começamos traçando uma tabela quádrupla e preenchendo as possibilidades: ou a mulher tem câncer de mama ou não, e o exame pode indicar que ela tem ou que não tem. Para facilitar a conta — e garantir que só precisemos lidar com números inteiros —, vamos supor que estamos falando de 10 mil mulheres.[12]

Essa é a população total, então esse número vai no canto inferior direito da figura, fora das células.

		RESULTADO DO EXAME		
		SIM	NÃO	
CÂNCER DE MAMA COMPROVADO	SIM			
	NÃO			
				10 000

Ao contrário do exemplo com hambúrguer e ketchup, aqui vamos preencher as margens primeiro, porque são as informações que já temos. A probabilidade de câncer de mama é 0,8%, ou 80 pessoas em 10 mil. Esse número vai na margem da primeira linha. (Ainda não sabemos ao certo como preencher as células, mas daqui a pouco vamos descobrir.) E, como a linha tem que somar 10 mil, sabemos que a margem da linha de baixo precisa ser igual a 10 000 – 80 = 9920.

		RESULTADO DO EXAME		
		SIM	NÃO	
CÂNCER DE MAMA COMPROVADO	SIM			80
	NÃO			9920
				10 000

Sabemos que a probabilidade de o exame dar positivo *se* houver câncer de mama é de 90%. Como probabilidades precisam totalizar 100%, a probabilidade de que o exame *não* dê resultado positivo se houver câncer de mama tem que ser 100% – 90%, ou

10%. Para as oitenta mulheres que de fato têm câncer de mama (a margem da primeira linha), agora sabemos que 90% delas receberão um resultado positivo no exame (90% de 80 = 72) e 10% receberão um resultado negativo (10% de 80 = 8). É o que precisamos para preencher as células da primeira linha.

		RESULTADO DO EXAME		
		SIM	NÃO	
CÂNCER DE MAMA COMPROVADO	SIM	72	8	80
	NÃO			9920
				10 000

Ainda não estamos prontos para calcular a resposta a perguntas como "Qual é a probabilidade de eu ter câncer de mama considerando que tenha recebido um resultado positivo no exame?" porque precisamos saber quantas pessoas receberão um resultado positivo. A peça que falta no quebra-cabeça está na primeira descrição: 7% das mulheres que não têm câncer de mama ainda assim apresentarão um resultado positivo. A margem da segunda linha nos diz que 9920 mulheres não têm câncer de mama; 7% delas = 694,4. (Vamos arredondar para 694.) Isso significa que 9920 – 694 = 9226 entra na célula do canto inferior direito.

		RESULTADO DO EXAME		
		SIM	NÃO	
CÂNCER DE MAMA COMPROVADO	SIM	72	8	80
	NÃO	694	9226	9920
		766	9234	10 000

Por fim, somamos as colunas.

Se você está entre os milhões de pessoas que acham que um resultado positivo no teste significa que definitivamente você tem a doença, está enganada. A probabilidade condicional de ter câncer de mama considerando um resultado positivo no exame é a célula do canto superior esquerdo dividida pelo total na margem da coluna esquerda, ou 72/766. A boa notícia é que, *mesmo com um resultado positivo na mamografia, a probabilidade de você ter câncer de mama é* 9,4%. Isso se deve ao fato de que a doença é relativamente rara (menos de 1 em 1000) e de que o exame é imperfeito.

		RESULTADO DO EXAME		
		SIM	NÃO	
CÂNCER DE MAMA COMPROVADO	SIM	72	8	80
	NÃO	694	9226	9920
		766	9234	10000

PROBABILIDADES CONDICIONAIS NÃO FUNCIONAM DE TRÁS PARA A FRENTE

Desde a escola, estamos acostumados a certas simetrias na matemática: se x = y, então y = x. 5 + 7 = 7 + 5. Mas alguns conceitos não funcionam assim, como já vimos na parte em que tratamos de valores de probabilidade (se a probabilidade de alarme falso é de 10%, isso não quer dizer que a probabilidade de um acerto é de 90%).

Considere a seguinte estatística:

> Vendem-se dez vezes mais maçãs em supermercados do que em barracas de beira de estrada.

É só pensar um pouco para saber que isso não significa que basta ir ao supermercado para encontrar uma maçã no dia em que você quiser: o supermercado pode ter mais do que dez vezes a quantidade de clientes de uma barraca de beira de estrada, mas, mesmo com um estoque maior, talvez não dê conta da demanda. Se você vir uma pessoa aleatória andando na rua com uma maçã e não tiver nenhuma informação quanto ao lugar onde ela a comprou, a probabilidade de que ela a tenha comprado em um supermercado é maior do que em uma barraca. Podemos nos perguntar, como probabilidade condicional, qual é a chance de essa pessoa ter comprado em um supermercado, considerando que ela tenha uma maçã.

P(estava em um supermercado | encontrou uma maçã à venda)

É diferente da pergunta que você faria se batesse a vontade de comer uma maçã:

P(encontrou uma maçã à venda | estava em um supermercado)

Essa mesma assimetria aparece disfarçada de várias formas, em todo tipo de estatística. Se você leu que acontecem mais acidentes de carro às sete da noite do que às sete da manhã, o que isso quer dizer?[13] Aqui, a própria redação da frase é ambígua. Poderia significar que você está pensando na probabilidade de serem sete da noite considerando que tenha havido um acidente ou na probabilidade de que um acidente tenha acontecido considerando que fossem sete da noite. No primeiro caso, você está observando todos os acidentes e vendo quantos aconteceram às sete da noite. No segundo, você está observando quantos carros estavam na rua às sete da noite e vendo que proporção deles se envolveu em acidentes. Hã?

Talvez haja muito mais carros na rua às sete da noite do que em qualquer outro momento do dia e poucos acidentes por mil carros. Isso produziria mais acidentes às sete da noite do que em qualquer outro horário simplesmente porque há uma quantidade maior de carros na rua. É o *índice* de acidentes que nos ajuda a determinar o horário mais seguro para dirigir.

Da mesma forma, digamos que você tenha ouvido falar que a maioria dos acidentes acontece a até cinco quilômetros de casa. Isso não significa necessariamente que a área é mais perigosa, mas sim que muitos dos percursos são curtos, então os cinco quilômetros nos arredores de casa são os que são mais usados. Na maioria dos casos, essas duas interpretações diferentes da afirmação não serão equivalentes:

P(19h | acidente) ≠ P(acidente | 19h)

As consequências de confusões como essa não são nada teóricas: muitos casos no tribunal foram decididos pelo uso inadequado de probabilidades condicionais, confundindo a direção dos dados conhecidos. Um perito forense pode calcular, corretamente, que a probabilidade de o sangue encontrado na cena do crime ser compatível por acaso ao tipo sanguíneo do réu é de apenas 1%. Isso *não* é o mesmo que dizer que só há 1% de chance de o réu ser inocente. Certo? A intuição nos engana de novo. O perito forense está dizendo qual é a probabilidade de compatibilidade *considerando* que o réu seja inocente:

P(sangue compatível | inocência)

Ou, em termos leigos, "a probabilidade de encontrarmos uma compatibilidade caso o réu seja de fato inocente". Isso não é o mesmo que o número que você quer realmente saber: qual é a probabilidade de o réu ser inocente *considerando* que o sangue seja compatível:

P(sangue compatível | inocência) ≠ P(inocência | sangue compatível)

Muitos cidadãos inocentes já foram presos por causa de erros como esse. E muitos pacientes tomaram decisões médicas ruins porque acreditaram, indevidamente, que:

P(resultado positivo no exame | câncer) = P(câncer | resultado positivo no exame)

E não são só os pacientes – médicos cometem esse erro o tempo todo (em um estudo, 90% dos médicos trataram as duas probabilidades diferentes como se fossem a mesma coisa).[14] Os resultados podem ser catastróficos. Um cirurgião convenceu noventa mulheres a remover as mamas saudáveis caso estivessem em um grupo de risco.[15] Ele havia observado que 93% dos casos de câncer de mama ocorriam em mulheres que integravam esse mesmo grupo de risco. Considerando que uma mulher tivesse câncer de mama, havia 93% de risco de que ela estivesse nesse grupo: P(grupo de risco | câncer de mama) = 0,93. Com uma tabela quádrupla e uma amostra de mil mulheres típicas, e acrescentando a informação adicional de que 57% das mulheres se enquadram nesse grupo de risco, e de que a probabilidade de uma mulher ter câncer de mama é de 0,8% (como já mencionamos), podemos calcular P(câncer de mama | grupo de risco), que é a estatística que a mulher precisa saber antes de tomar a decisão de se submeter à cirurgia (os números foram arredondados para o valor inteiro mais próximo):

		GRUPO DE RISCO		
		SIM	NÃO	
CÂNCER DE MAMA COMPROVADO	SIM	7	1	8
	NÃO	563	429	992
		570	430	1000

A probabilidade de uma mulher ter câncer, considerando que ela esteja nesse grupo de risco, não é de 93%, como o cirurgião supunha, mas de apenas 7/570, ou 1%. O cirurgião superestimou o risco de câncer por uma diferença de quase cem vezes o risco real. E as consequências foram devastadoras.

Essas tabelas quádruplas podem parecer um exercício esquisito, mas, na verdade, o que fazemos aqui é aplicar um raciocínio crítico e científico, organizando visualmente números para facilitar a computação. E o resultado permite que você quantifique as diversas partes do problema, para ajudar a tomar decisões mais racionais com base em fatos. Elas são tão poderosas que é surpreendente que não sejam ensinadas para todos no ensino médio.

PENSANDO EM ESTATÍSTICAS E GRÁFICOS

A maioria das pessoas sente dificuldade para fazer de cabeça contas com probabilidades e estatísticas e detectar padrões sutis em tabelas complexas cheias de números. Nós preferimos ilustrações, imagens e histórias. Quando tomamos decisões, tendemos a dar mais peso a essas imagens e histórias, em comparação com informações estatísticas. E também tendemos a não compreender gráficos ou a interpretá-los de forma errada.

Muitas vezes nos sentimos intimidados pelos números e, portanto, aceitamos cegamente os que nos são oferecidos. Isso pode levar a decisões erradas e conclusões inadequadas. Também temos uma tendência a aplicar raciocínio crítico apenas a questões com as quais não concordamos. Nesta era da informação, quando pseudofatos se fazem passar por fatos, pode ser impossível distinguir desinformação de informações verdadeiras, e muitas vezes os números estão no cerne de qualquer afirmação ou decisão importante. Há estatísticas ruins por todos os lados. Como disse o sociólogo Joel Best, não é só porque os outros são todos uns espertalhões.[16] Estatísticas ruins são produzidas por pessoas — muitas vezes sinceras e bem-intencionadas — que não raciocinam de forma crítica sobre o que estão dizendo.

O mesmo medo de números que impede muita gente de analisar estatísticas também as impede de prestar atenção nos números em um gráfico, nos nomes dos eixos e na história contada por eles. O mundo está cheio de coincidências, e é muito provável que aconteçam bizarrices — mas não é porque duas coisas mudam juntas que uma causou a outra ou até que elas sejam sequer relacionadas através de um *terceiro fator* oculto. Geralmente, as pessoas que se deixam convencer por esse tipo de associação ou coincidência não entendem muito de probabilidade, causa e efeito, e do papel da aleatoriedade no desenrolar dos acontecimentos. Sim, você poderia conceber uma história de que a redução na quantidade de piratas ao longo dos últimos trezentos anos e o aumento coincidente das temperaturas globais certamente indicam que os piratas eram ferramentas cruciais para refrear o aquecimento global. Mas isso é apenas um raciocínio preguiçoso, e uma forma equivocada de interpretar os dados. Às vezes, as pessoas que promovem esse tipo de lógica deficiente entendem do assunto e torcem para que você não perceba; às vezes, elas também foram ludibriadas. Mas agora você sabe o que está fazendo.

Parte II

Avalie palavras

Uma mentira que é meia verdade é a pior das mentiras.
Alfred, Lord Tennyson

Como podemos saber?

Nós somos uma espécie que conta histórias e uma espécie social, facilmente influenciada por opiniões alheias. Adquirimos informações de três maneiras: podemos descobri-las pessoalmente, podemos absorvê-las implicitamente, ou podemos recebê-las explicitamente. Muito do que sabemos sobre o mundo se enquadra nessa última categoria – em algum momento, alguém nos disse um fato, ou lemos sobre algo, e portanto só temos um conhecimento indireto. Precisamos que pessoas com expertise no assunto nos digam.

Nunca vi um átomo de oxigênio ou uma molécula de água, mas há um conjunto de textos que descreve experimentos meticulosos que me levaram a acreditar que isso existe. Eu também nunca confirmei em primeira mão que os americanos pousaram na Lua, que a velocidade da luz é de 300 mil quilômetros por segundo, que a pasteurização de fato mata bactérias ou que os seres humanos em geral têm 23 cromossomos. Não conferi pessoalmente se o elevador de meu prédio foi bem projetado e recebe a devida manutenção, nem se meu médico fez mesmo faculdade de medicina. Temos que contar com especialistas, certificados, licenças, enciclopédias e livros técnicos.

Mas também precisamos confiar em nós, em nossa própria inteligência e capacidade de raciocínio. Espertalhões que só querem pegar nosso dinheiro ou nos levar a votar contra nossos próprios interesses vão tentar nos deslumbrar com pseudofatos, nos confundir com números sem fundamento ou nos distrair com informações que, submetidas a um olhar mais atento, se mostram irrelevantes. Eles vão se fazer passar por especialistas.

O antídoto para isso é analisar as afirmações que encontrarmos da mesma forma que analisamos estatísticas e gráficos. As técnicas necessárias não devem ultrapassar o alcance da habilidade da maioria dos adolescentes de catorze anos. Elas são ensinadas em faculdades de direito e de jornalismo, e em alguns cursos de administração e programas de pós-graduação em ciências, mas raramente para o restante de nós, que somos quem mais precisa.

Se você gosta de assistir a dramas policiais, ou de ler matérias de jornalismo investigativo, vai reconhecer muitas dessas técnicas — elas lembram o tipo de avaliação feita nos tribunais. Juízes e jurados avaliam alegações concorrentes e tentam descobrir a verdade. Existem regras codificadas para determinar o que realmente constitui prova; nos Estados Unidos, geralmente não são aceitos documentos que não tenham sido autenticados, bem como depoimentos "indiretos", embora haja exceções.

Digamos que alguém mencione um site que alega que ouvir músicas de Mozart durante vinte minutos por dia deixa as pessoas mais inteligentes. Outro site diz que isso não é verdade. Uma grande parte do problema aqui é que, muitas vezes, o cérebro humano toma decisões com base em questões emocionais e depois tenta justificá-las. E o cérebro é uma máquina muito poderosa de autojustificação. Seria ótimo acreditar que basta ouvir belas músicas por vinte minutos para pular até o topo da lista de QIs. É preciso se esforçar para avaliar alegações como essa, provavelmente mais tempo do que seria necessário para ouvir *Eine kleine Nachtmusik*, mas é preciso evitar conclusões equivocadas. Até os mais inteligentes entre nós podem ser enganados. Steve Jobs postergou o tratamento de seu câncer de pâncreas ao seguir o conselho (oferecido em livros e sites) de que uma mudança de dieta poderia curá-lo.[1] Quando ele se deu conta de que a dieta não estava funcionando, o câncer já havia avançado demais para ser tratado.

Nem sempre é possível determinar se uma fonte é verdadeira ou exata. Considere o epigrama que abria a parte I:

> A verdade é que você não se complica pelo que não sabe. Você se complica pelo que sabe com certeza e que não é verdade.

Li isso na abertura do filme *A grande aposta*, que a atribuía a Mark Twain, e tive a sensação de já ter lido em algum lugar antes; Al Gore também a usara em seu filme *Uma verdade inconveniente*, nove anos antes, e atribuíra ao mesmo autor. Mas, enquanto fazia as pesquisas para este livro, não encontrei nenhuma comprovação de que Twain realmente falou isso. A atribuição e a própria frase são exemplos excelentes da advertência feita pela frase. Os diretores, roteiristas e produtores dos dois filmes não fizeram o dever de casa — o que eles acharam que sabiam com certeza acabou não sendo nem um pouco verdadeiro.

Uma rápida pesquisa pela internet revelou uma matéria da *Forbes* que afirma que a frase é apócrifa.[2] Nigel Rees, o autor do texto, cita o *Respectfully Quoted*, um dicionário de citações organizado pela Biblioteca do Congresso dos Estados Unidos.[3] Esse livro menciona diversas formulações da frase em *Everybody's Friend, or Josh Billing's Encyclopedia and Proverbial Philosophy of Wit and Humor* (1874).[4] "Aí está", diz Rees. "Mark Twain é um humorista mais conhecido do que 'Josh Billings' e, portanto, a citação acaba indo para ele."

Rees continua:

> E não foi só ele. Em um debate durante a corrida presidencial de 1984, Walter Mondale falou o seguinte: "Eu me lembro vagamente do que Will Rogers disse certa vez sobre Hoover. Ele disse: 'Não é o que ele não sabe que me incomoda, é o que ele sabe com certeza e que não é verdade'."

Quem está certo? Com questões difíceis como essa, muitas vezes ajuda se consultarmos um especialista. Perguntei a Gretchen Lieb, uma bibliotecária acadêmica de Vassar que atua como representante no Departamento de Língua Inglesa, e ela me ofereceu uma análise perspicaz:

> Citações são complicadas. Elas são a versão literária das estatísticas, em termos de mentiras, mentiras terríveis etc. E citações mais antigas são quase traduções de outro idioma, sendo mais interpretações do que reproduções literais, especialmente no caso desse círculo, já que esses autores escreviam com uma espécie de dialeto fantasioso, *à la* Huckleberry Finn, que é difícil de ler e, em alguns casos, definitivamente perturbador para nós.
>
> Eu poderia conferir vários outros livros de citações, como o *Oxford* etc., mas isso seria século XX demais.
>
> Você conhece o HathiTrust? É o corpus de livros de bibliotecas acadêmicas que está por trás do Google Books, e é uma mina de ouro, especialmente para materiais impressos anteriores a 1928.
>
> Aqui está a atribuição a Josh Billings em *Respectfully Quoted* (temos em e-book; não precisei sair da minha mesa!), e ele men-

ciona o *Oxford Dictionary of Quotations*, que eu costumo usar mais que o de Bartlett:

> "O problema das pessoas não é o que elas não sabem, mas o que elas sabem com tanta certeza e que não é verdade." Atribuída a Josh Billings (Henry Wheeler Shaw) pelo *Oxford Dictionary of Quotations*, 3. ed., p. 491, 1979. Não foi confirmado por seus escritos, embora algumas ideias semelhantes apareçam em *Everybody's Friend, or Josh Billing's Encyclopedia and Proverbial Philosophy of Wit and Humor* (1874). A grafia original foi corrigida: "O pouco que sei espero ter certeza" (p. 502). "A sabedoria não é saber mais do novo, mas saber menos do falso" (p. 430). "Acredito sinceramente que é melhor não saber nada do que saber o que não é verdade" (p. 286).

A propósito, a respeito da atribuição a Will Rogers por Walter Mondale, o *Respectfully Quoted* afirma que isso não foi encontrado na obra de Rogers.

Aqui vai um link para o livro de Billings, onde você pode fazer uma busca com a expressão "não é verdade" [*ain't so*] e entender o que estamos falando: http://hdl.handle.net/2027/njp.32101067175438.

Não é verificável. Além do mais, se você fizer uma busca sobre Mark Twain, vai ver que o autor desse compêndio/enciclopédia cita o também humorista e espertalhão Mark Twain como seu correspondente de maior confiança, então eles ficavam conversando e trocando aforismos engraçados, ou, como diria Billings, "afurismos". Quem sabe quem disse o quê?

Normalmente eu dou um suspiro quando as pessoas, especialmente os políticos, citam Mark Twain ou Will Rogers e lamento comigo mesma, H.L. Mencken, nós praticamente não te conhecemos. Mentes críticas como a dele são raras hoje em dia. Coitado do Josh Billings. Ser o segundo humorista mais famoso o deixou em maus lençóis cem anos depois.

Então aí está um caso estranho de citação que parece ter sido completamente inventada, tanto no conteúdo quanto na autoria. A ideia básica aparecia em Billings, embora não esteja claro se a ideia veio dele, de Twain ou, talvez, do amigo deles, Bret Harte. Will Rogers acabou no meio da confusão porque, bom, meio que *parece* o tipo de coisa que poderia dizer.

Quem me forneceu a citação que abre a parte II foi um conhecido que não lembrava a frase exata e me disse o seguinte:

> A mentira mais sombria é uma verdade parcial que leva à conclusão errada.

Parecia plausível. Seria típico de Tennyson dar tom a um conceito abstrato e misturar o metafísico com o prático. Só descobri a frase certa ("Uma mentira que é meia verdade é a mais sombria das mentiras") quando estava fazendo as pesquisas para este livro. Coisas da vida, como diria Kurt Vonnegut.

Diante de afirmações novas ou conflitantes, podemos fazer uma escolha informada e embasada quanto ao que é verdade. Examinamos pessoalmente as afirmações e tomamos uma decisão, agindo como nosso próprio juiz e júri. E, como parte do processo, geralmente é bom pedir a opinião de especialistas. Como os identificamos?

Identificar especialistas

A primeira coisa a fazer quando avaliamos uma afirmação de autoridade é perguntar quem ou o que determinou a autoridade da pessoa. Se a autoridade é resultado de ela ter testemunhado determinado acontecimento, qual é a credibilidade dessa testemunha?

Com certeza, autoridades veneráveis podem cometer erros. O governo americano estava errado quanto à existência de armas de destruição em massa (ADM) no Iraque no começo dos anos 2000, e, em um caso menos politicamente sensível, durante muitos anos os cientistas acreditaram que os seres humanos tinham 24 pares de cromossomos, e não 23.[1] Examinar o que as autoridades reconhecidas dizem não é o último passo para avaliar afirmações, mas é um bom começo.

Especialistas falam de duas maneiras diferentes, e é crucial saber distingui-las. Na primeira, eles revisam fatos e sinais, sintetizam-nos e formam uma conclusão embasada. No processo, relatam qual é a evidência, por que é relevante e como contribuiu para a conclusão. É assim que a ciência tem que ser, é assim que acontece nos tribunais, e é assim que surgem as melhores decisões de negócios, os melhores diagnósticos médicos, as melhores estratégias militares.

A segunda maneira é quando especialistas se limitam a expressar uma opinião. Eles são humanos. Como todos nós, podem acreditar em histórias e tirar conclusões a partir de suas próprias introspecções, hipóteses e ideias não testadas. Isso não é nenhum problema – esse tipo de raciocínio por associação já produziu algumas boas ideias testáveis –, mas não pode ser confundido com argumentos lógicos e embasados. Muitas vezes, livros e textos escritos por especialistas e cientistas para o público geral contêm esse tipo de especulação desenfreada, e nós acreditamos porque ficamos impressionados pela experiência e pelo talento retórico do autor. Mas, para ser feito da maneira correta, o autor também precisa puxar o véu da autoridade e deixar que o leitor dê uma olhada atrás das cortinas e conheça pelo menos parte dos fatos pessoalmente.

O termo *especialista* costuma ser reservado a indivíduos que tenham passado por algum treinamento especial e dedicado muito tempo a desenvolver a experiência (por exemplo, médicos, pilotos de avião, músicos ou atletas), e cuja habilidade e conhecimento são considerados altos em relação aos de outras pessoas. Sendo assim, experiência é um juízo social – estamos comparando a competência de alguém à de outras pessoas do mundo. Experiência é algo relativo. Einstein era especialista em física sessenta anos atrás; ele provavelmente não seria considerado especialista hoje em dia se ainda estivesse vivo e não tivesse complementado seu conhecimento com o que Stephen Hawking e muitos outros físicos sabem. A expertise também pode diminuir ao longo do tempo. Embora John Young seja uma das únicas doze pessoas a terem andado na Lua, provavelmente não seria correto dizer que o capitão Young *é especialista* em caminhada na Lua, embora ele saiba mais sobre isso do que praticamente todo o restante das pessoas.

Indivíduos com treinamento e nível de expertise semelhantes não necessariamente concordam entre si, e, mesmo se concordarem, nem sempre esses especialistas acertam. Milhares e milhares de especialistas em análise financeira fazem previsões completamente erradas sobre o preço de ações, e às vezes um pequeno punhado de novatos acaba acertando. É conhecida a história de que todas as gravadoras britânicas rejeitaram a fita demo dos Beatles e um jovem produtor sem experiência alguma em música popular chamado George Martin os contratou na EMI. A Xerox PARC, que inventou o computador com interface gráfica, achou que os computadores pessoais não dariam certo; Steve Jobs, que não tinha absolutamente nenhuma experiência em negócios, discordou deles. O sucesso de novatos nesses domínios costuma ser atribuído à noção de que interesses populares e preços de ações são extremamente imprevisíveis e caóticos. Acontece. Então a questão não é que os especialistas nunca erram, é só que, estatisticamente, é mais provável que eles acertem.

Muitos inventores e inovadores já ouviram especialistas dizerem que "nunca vai dar certo", e os irmãos Wright e seus parceiros que logo inventariam o voo motorizado são um exemplo excelente. Os irmãos Wright tinham abandonado o ensino médio e não possuíam treinamento formal em aeronáutica ou física. Muitos especialistas com treinamento formal declararam que o voo de objetos mais pesados que o ar jamais seria possível. Os Wright eram autodidatas, e sua perseverança os transformou em especialistas *de facto* quando eles construíram um avião funcional mais pesado que o ar e demonstraram que os outros especialistas estavam errados. A história de *Moneyball: O homem que mudou o jogo*, de Michael Lewis, mostra que é possível superar os especialistas ao rejeitar o raciocínio convencional e aplicar lógica e análise estatística a um problema antigo; Billy Beane, dirigente do Oakland A, montou um plantel competitivo com base em métricas de desempenho que outras equipes menosprezavam, levando seu time aos play-offs por dois anos consecutivos e aumentando consideravelmente o valor do time.

Muitas vezes, os especialistas possuem licenças ou diplomas prestigiosos, ou são reconhecidos por outras autoridades. Um mecânico autorizado da Toyota pode ser considerado um especialista em carros da Toyota. O mecânico independente ou autodidata da esquina pode ser tão experiente quanto, e pode até ser melhor e mais barato. Só que a probabilidade não é alta, e talvez seja difícil determinarmos pessoalmente. É só uma questão de média: o mecânico autorizado médio da Toyota vai saber mais como consertar seu Toyota do que o mecânico independente médio. É claro que existem exceções, e você precisa usar sua própria lógica nesse caso. Eu conheci um mecânico da Mercedes que trabalhou em uma concessionária da Mercedes por 25 anos e era um dos profissionais mais respeitados e admirados da empresa. Ele queria trabalhar mais perto de casa e ser seu próprio chefe, então abriu uma oficina. Graças a 35 anos de atuação no ramo (na época em que o conheci), ele era mais experiente do que muitos dos mecânicos mais jovens funcionários da concessionária. E outro caso: um independente pode se especializar em certos consertos que a concessionária raramente faz, como regulagem da transmissão ou reestofamento. É melhor que o diferencial fique aos cuidados de um profissional independente que faz cinco serviços desses por mês do que de um mecânico de concessionária que provavelmente só fez uma vez no curso técnico. É como o que costumamos falar de cirurgiões: se você precisar de um, é melhor um médico que tenha realizado duzentas vezes a operação que você terá que fazer do que um que só tenha feito uma ou duas, não importa o quão bem-sucedidas tenham sido.

Na ciência, na tecnologia e na medicina, o trabalho dos especialistas aparece em periódicos acadêmicos (voltaremos a isso daqui a pouco) ou em patentes. Eles podem ter recebido o reconhecimento de prêmios como o Nobel, a Ordem do Império Britânico ou a Medalha Nacional da Ciência. No mundo dos negócios, os especialistas podem ter a experiência de administrar ou fundar uma empresa, ou de juntarem uma fortuna (Warren Buffet, Bill Gates). É claro que existem também distinções menores — vendedor do mês, mecânico do ano, prêmios comunitários de "melhor" (melhor restaurante mexicano, melhor telheiro).

No ramo das artes e das ciências humanas, os especialistas podem ter cargos em universidades ou sua experiência pode ser atestada por outros com cargos em universidades ou no governo, ou por bancas de especialistas. Essas bancas normalmente são formadas a partir de sugestões de vencedores anteriores e de observadores bem posicionados — é assim que são estabelecidos os painéis responsáveis pela indicação e escolha dos prêmios Nobel e MacArthur.

Se alguém do ramo de artes ou ciências humanas venceu algum prêmio, como o Nobel, o Pulitzer, o Kennedy Center Honors, o Polaris Music Prize, o Juno, o National Book Award, a medalha Newbery ou o Man Booker Prize, concluímos que essa pessoa é especialista em sua área.[2] Prêmios concedidos por especialistas são particularmente úteis como formas de avaliar experiência. A ASCAP, uma associação composta exclusivamente de letristas, compositores e produtores profissionais da indústria musical, oferece prêmios escolhidos pelos integrantes; o prêmio é relevante porque é concedido por uma banca de especialistas. O Grammy e o Oscar também são escolhidos por pessoas do ramo da música e do cinema, respectivamente.

Talvez você esteja pensando: "Espere aí. Esses prêmios sempre têm uma parcela de política e de gosto pessoal. Minha atriz/cantora/escritora/dançarina preferida nunca ganhou nada, e aposto que milhares de pessoas acham que ela é tão boa quanto a vencedora do prêmio deste ano". Mas essa é outra questão. O sistema de premiação geralmente tem um viés voltado a garantir que cada vencedor mereça, o que não é o mesmo que dizer que cada pessoa que merece é vencedora. (Lembre o tópico de assimetrias algumas páginas atrás.) Normalmente, as pessoas reconhecidas por premiações honestas e respeitáveis atingiram certo grau de experiência. (Também há exceções, como quando Milli Vanilli recebeu um Grammy em 1990, que depois foi revogado, ao ser descoberto que eles faziam com playback; ou quando Janet Cooke, uma repórter do *Washington Post*, recebeu um Pulitzer que dois dias depois foi anulado após se verificar que a reportagem vencedora era fraudulenta. O escritor Gabriel García Márquez brincou que Cooke devia ter recebido o Nobel de *literatura*.) Quando se descobre que um especialista cometeu fraude, isso anula a experiência pessoal? Talvez. Certamente produz um impacto na credibilidade da pessoa — agora que você sabe que ela mentiu uma vez, é bom ficar de olho para o caso de ela mentir novamente.

EXPERTISE COSTUMA SER RESTRITA

O dr. Roy Meadow, o pediatra que depôs no caso de Sally Clark, a suposta assassina de bebês, não tinha experiência alguma em estatística médica ou epidemiologia. Ele *era* um médico profissional, e o promotor que o colocou no banco de testemunhas certamente esperava que os jurados concluíssem que ele tinha experiência suficiente. William Shockley recebeu o Nobel de física por ter sido um dos três inventores do transistor. Anos depois, ele exprimiu opiniões extremamente racistas que se difundiram, provavelmente porque as pessoas presumiam que, se ele era inteligente o bastante para ganhar um Nobel, devia saber mais do que os outros. Gordon Shaw, que "descobriu" o efeito Mozart, hoje amplamente refutado, foi um físico que não possuía treinamento em ciência comportamental; as pessoas devem ter imaginado, como no caso de Shockley, que se "ele é um físico, deve ser muito inteligente". Mas inteligência e experiência tendem a se limitar a áreas específicas, ao contrário do senso comum de que inteligência é uma quantidade única. O melhor mecânico de carros Toyota do mundo pode não conseguir determinar qual é o problema de um Volkswagen, e o melhor tributarista pode não saber dar a melhor orientação em uma ação por descumprimento contratual. Um físico provavelmente não é a melhor pessoa para opinar sobre ciências sociais.

Nosso coração (mas espero que não nossa mente racional) tem um cantinho especial reservado para atores que usam a imagem de seus personagens para vender produtos. Por mais que Sam Waterston tenha sido convincente como Jack McCoy, o confiável e ético promotor de *Law & Order*, como ator ele não tem nenhum conhecimento especial sobre operações bancárias e investimentos, embora seus comerciais para o TD Ameritrade tenham sido cativantes. Uma geração antes, Robert Young, muito admirado na série de TV *Marcus Welby, M.D.*, fez comerciais para a marca de café Sanka. Os atores Chris Robinson (*General Hospital*) e Peter Bergman (*All My Children*) venderam o Formula 44 da Vicks; devido à regulamentação da Federal Trade Commission (conhecida como regra do jaleco), os atores tinham que dizer um aviso que se tornou um bordão bastante popular nos Estados Unidos: "Não sou médico, mas interpreto um na TV". Aparentemente, espectadores crédulos pensaram que a autoridade dos atores em um programa de televisão era equivalente à autoridade no mundo real da medicina.

HIERARQUIA DA FONTE

Algumas publicações são mais prováveis de consultar especialistas de verdade, mas outras, não tanto, e existe uma hierarquia de fontes de informação. Algumas fontes simplesmente são mais confiáveis e coerentes do que outras. No meio acadêmico, artigos de periódicos geralmente são mais corretos do que livros, e livros publicados por editoras grandes geralmente são mais corretos do que livros publicados de forma independente (porque as editoras grandes provavelmente tomarão mais cuidado com a apuração e edição do material e terão um incentivo financeiro maior para fazer isso). Jornais premiados como o *New York Times*, o *Washington Post* e o *Wall Street Journal* conquistaram sua reputação por aplicarem um grau constante de cuidado em suas coberturas e reportagens. Eles se esforçam para obter verificações independentes em muitas matérias. Se um representante do governo diz algo, eles buscam outro que corrobore a informação. Se um cientista faz alguma afirmação, eles recorrem a outros cientistas que não tenham interesses em jogo com o assunto em questão para obter opiniões independentes. Eles cometem erros: até repórteres do *New York Times* já foram flagrados forjando notícias, e o "jornal-referência" publica erratas todos os dias. Há quem diga, incluindo Noam Chomsky, que o *New York Times* seja um instrumento de propaganda, publicando notícias sobre o governo americano sem o devido grau de ceticismo.[3] Mas, assim como com os mecânicos, é uma questão de média — a grande maioria das informações que lemos no *New York Times* tem mais chance de ser verdade do que as que lemos, digamos, no *New York Post*.

Fontes respeitáveis querem ter certeza dos fatos antes de publicá-los. A internet trouxe à tona muitas fontes que não adotam o mesmo rigor e, em alguns casos, podem conseguir um furo antes de meios mais tradicionais e cautelosos. Muita gente ficou sabendo da morte de Michael Jackson pelo site de fofocas TMZ antes das reportagens na mídia tradicional. O TMZ estava disposto a publicar a matéria sem tanta apuração quanto o *Los Angeles Times* ou a NBC. Nesse caso específico, o TMZ acertou, mas não dá para confiar nesse tipo de jornalismo.

Várias notícias de mortes de celebridades que circularam no Twitter terminaram sendo falsas. Só em 2015, isso aconteceu com Carlos Santana, James Earl Jones, Charles Manson e Jackie Chan. Em 2011, um tuíte falso levou à venda em massa de ações da empresa Audience, Inc., o que fez suas ações despencarem 25%.[4] O próprio Twitter teve uma alta — temporária — de 8% em suas ações após tuítes com boatos falsos sobre uma aquisição, inspirados em um site falso feito com uma aparência bastante similar à do Bloomberg.com. Como disse a reportagem do *Wall Street Journal*, "o uso de boatos e reportagens falsas para manipular ações é uma tática centenária. A diferença é que hoje, com a absoluta onipresença e imensa quantidade de informações circulando pelos mercados, é difícil para os operadores que atuam em mercados de alta velocidade evitarem um embuste bem-feito".[5] E acontece nas melhores famílias. O repórter veterano (e parte de uma equipe de jornalistas que recebeu um Pulitzer em 1999) Jonathan Capehart escreveu uma matéria para o *Washington Post* com base no tuíte de um parlamentar fictício de um distrito fictício.[6]

Assim como acontece com gráficos e estatísticas, não podemos acreditar cegamente em tudo que vem de uma fonte boa, nem podemos rejeitar automaticamente tudo que vem de uma fonte questionável. Não confie em tudo que você lê no *New York Times*, nem rejeite tudo que sai no TMZ. O lugar onde algo aparece depende da credibilidade da informação. E, assim como no tribunal, não podemos depender de uma única testemunha; precisamos de fatos corroborantes.

O DOMÍNIO DOS SITES

O sufixo de três dígitos do URL indica o domínio. Vale a pena se familiarizar com os domínios em seu país porque alguns dos domínios têm restrições, e isso pode ajudar a estabelecer a credibilidade de um site acerca de determinado assunto. Nos Estados Unidos, por exemplo, .edu é reservado para instituições educacionais sem fins lucrativos como Stanford.edu (Universidade Stanford); .gov é reservado para órgãos oficiais do governo, como CDC.gov (Centers for Disease Control); .mil é para organizações militares americanas, como army.mil (do Exército). O mais famoso provavelmente é o .com, usado para empreendimentos comerciais como GeneralMotors.com. Existem outros, como .net, .nyc e .management, que não possuem nenhuma restrição (!). Cuidado. O BestElectricalService.nyc na verdade pode ficar em Nova Jersey (e seus funcionários talvez nem tenham autorização para atuar em Nova York); a AlphaAndOmegaConsulting.management pode não saber nem uma sílaba sobre gestão.

Conhecer o domínio também pode ajudar a identificar qualquer viés em potencial. É mais provável encontrarmos uma perspectiva neutra em um estudo educacional ou sem fins lucrativos (disponível em um site .edu, .gov ou .org) do que em um site comercial, embora esses sites também possam abrigar blogs estudantis e opiniões sem embasamento. E sites educacionais ou sem fins lucrativos não são isentos de vieses: eles podem apresentar informações de modo a maximizar doações ou apoio do público para sua missão. O Pfizer.com pode conter discussões tendenciosas a respeito de medicamentos produzidos por empresas concorrentes, como a GlaxoSmithKline, e é claro que a Glaxo também pode ter um viés a favor de seus próprios produtos.

É importante lembrar que a neutralidade nem sempre é positiva. Se você precisar do manual do proprietário para sua geladeira, provavelmente é melhor visitar o site (partidário) do fabricante (por exemplo, Frigidaire.com) do que um site que poderia disponibilizar uma versão desatualizada ou errada do manual. Aquele site .gov pode seguir um viés favorável aos interesses do governo, mas um site .gov vai oferecer as informações mais corretas sobre legislação, normas tributárias, censos ou orientações para regularizar a documentação de seu carro. O CDC.gov e o NIH.gov provavelmente têm informações mais atualizadas sobre a maioria das questões médicas do que um .com que não tem nenhum interesse financeiro.

QUEM ESTÁ POR TRÁS DISSO?[7]

Será que o site funciona sob um nome com o propósito de enganar você? A Associação Produtores de Vitamina E poderia criar um site chamado NutricaoEVoce.info só para fazer você achar que suas publicações não são tendenciosas. O presidente da rede de supermercados Whole Foods foi flagrado ao se fazer passar por consumidor na internet, declarando a qualidade dos produtos vendidos por sua empresa. Em muitos sites com sistemas de avaliação, como Yelp! e Amazon, as avaliações de alguns produtos já apareceram repletas de opiniões de parentes e amigos das pessoas cujos itens eram avaliados. As pessoas nem sempre são o que parecem na internet. Não é porque um site se chama Serviço de Saúde do Governo que ele é administrado pelo governo; um site chamado Laboratórios Independentes não é necessariamente independente – é bem possível que seja mantido por uma montadora de carros que queira fazer seus veículos se saírem bem em testes não tão independentes.

Na corrida eleitoral de 2014 para o Congresso pelo 13º distrito da Flórida, os comitês locais do Partido Republicano criaram um site com o nome da candidata democrata, Alex Sink, para fazer as pessoas acharem que estavam doando para ela; na realidade, o dinheiro ia para o adversário, David Jolly.[8] O site, contribute.sinkforcongress2014.com, usava as cores da campanha democrata e uma foto sorridente de Sink muito parecida com a foto existente no próprio site dela.

Ilustração do site da candidata democrata ao Congresso Alex Sink.

Ilustração do site republicano usado para pedir dinheiro para David Jolly, o adversário republicano de Alex Sink.

O site republicano chega a avisar que o dinheiro será usado para derrotar Sink, então não é exatamente fraude, mas venhamos e convenhamos – a maioria das pessoas não se dá ao trabalho de ler com cuidado esse tipo de coisa. As partes mais chamativas do site enganoso são a foto grande de Sink e o título Alex Sink | Congresso, que insinuam claramente que o site é *a favor* de Alex Sink, não contra. Para não sair perdendo, a reação dos democratas foi fazer a mesma coisa com o site www.JollyForCongress.com, para angariar fundos oferecidos ao rival de Sink.

Dentec Safety Specialists e Degil Safety Products são empresas concorrentes que oferecem serviços e produtos semelhantes. A Dentec tem um site, DentecSafety.com, para divulgar seus produtos, e a Degil também tem o seu, DegilSafety.com. No entanto, a Degil também registrou o endereço DentecSafety.ca para redirecionar consumidores canadenses para o site deles a fim de roubar clientes. A Justiça determinou que a Degil pagasse 10 mil dólares de indenização à Dentec e abandonasse o domínio DentecSafety.ca.[9]

Uma loja virtual mantinha o site GetCanadaDrugs.com.[10] A Justiça decidiu que o nome do site fazia uma "descrição enganosa". Entre os principais argumentos estavam o fato de que nem todos os produtos farmacêuticos tinham origem no Canadá e de que apenas cerca de 5% dos clientes do site eram canadenses. Esse domínio já não existe mais.

Conhecer o domínio ajuda, mas definitivamente não é um sistema de verificação infalível. MartinLutherKing.org parece um site que nos fornecerá informações sobre o grande orador e defensor dos direitos humanos. Como é um site .org, você talvez conclua que não existe nenhuma motivação oculta visando ao lucro. O site proclama oferecer "a verdadeira análise histórica" sobre Martin Luther King. Espere um pouco. A maioria das pessoas não começa uma frase dizendo "O que eu vou falar agora é verdade". A BBC não começa cada matéria dizendo que "Isto é verdade". A verdade é o padrão, e sempre gostamos de pensar que as pessoas estão sendo honestas conosco. Já dizia aquela piada antiga: "Como é que você sabe quando alguém está mentindo? Quando a pessoa começa com a frase *para ser bem sincero*". Pessoas sinceras não precisam desse tipo de introdução.

O que MartinLutherKing.org contém é uma seleção vergonhosa de distorções, ofensas antissemitas e citações descontextualizadas.[11] Quem mantém o site? A Stormfront, um grupo neonazista que promove ideais de ódio e supremacia branca.[12] Que jeito melhor de esconder uma ideologia racista do que prometer "a verdade" sobre um grande defensor dos direitos humanos?

VIÉS INSTITUCIONAL

Existem vieses capazes de afetar a maneira como uma pessoa ou organização estrutura e apresenta as informações? Essa pessoa ou organização possui algum conflito de interesse? Uma afirmação sobre a importância das amêndoas para a saúde feita pela Associação de Produtores de Amêndoas não tem tanta credibilidade quanto uma anunciada por um laboratório independente.

Ao avaliar um especialista, lembre-se de que especialistas podem ter vieses sem que nem eles percebam. Ao tratar de um mesmo tumor, um cirurgião oncológico pode recomendar cirurgia, enquanto um radio-oncologista recomenda radioterapia e um oncologista clínico recomenda quimioterapia. Um psiquiatra pode sugerir medicamentos para depressão, enquanto um psicólogo sugere terapia pela fala. Como dizia o velho ditado, para quem só sabe usar martelo, todo problema é prego. Quem tem razão? Você talvez tenha que analisar as estatísticas por conta própria. Ou encontrar alguma fonte neutra que tenha avaliado as diversas possibilidades. É isso que meta-análises fazem na ciência e na medicina. (Ou pelo menos é o que deviam fazer.) Meta-análise é uma técnica de pesquisa em que os resultados de dezenas ou centenas de estudos produzidos por laboratórios diferentes são analisados juntos para determinar o peso dos fatos que fundamentam determinada afirmação. É o motivo por que empresas contratam um auditor para examinar sua contabilidade ou um analista financeiro para decidir quanto vale de fato uma empresa que elas pretendem comprar. As pessoas dentro da empresa a ser comprada certamente são especialistas na situação financeira da própria empresa, mas são claramente parciais. E nem sempre na maneira que você imagina. Elas podem inflar o valor da empresa se quiserem vendê-la, ou podem minimizá-lo caso receiem uma aquisição hostil.

QUEM TEM LINKS PARA O SITE?

Um recurso especial de pesquisa do Google permite que vejamos se outra pessoa tem links para a sua página na internet. Se você digitar "link:" antes do URL do site, o Google vai listar todas as páginas com links para ele. (Por exemplo, link:breastcancer.org mostra os duzentos sites linkados a uma página sobre câncer de mama.) Por que você teria interesse em fazer isso? Se uma agência de proteção ao consumidor ou organização de fiscalização inclui um link para um site, talvez seja bom saber se é para propósito de elogio ou denúncia. A página pode ser um documento usado em uma ação judicial. Ou pode estar listada por uma autoridade, como a Sociedade Americana do Câncer, como um recurso valioso.

O Alexa.com permite que vejamos os dados demográficos das pessoas que visitam sites – de que países são, qual é o nível de formação delas, que sites visitaram logo antes do site em questão. Tais informações podem proporcionar um retrato mais claro de quem usa determinado site e uma ideia de suas motivações. Um site com informações sobre medicamentos que seja visitado por médicos provavelmente é uma fonte mais confiável do que um que não é. Resenhas sobre uma empresa local publicadas por pessoas da cidade da empresa provavelmente são mais relevantes do que resenhas de pessoas que moram em outro estado.

PERIÓDICOS ACADÊMICOS

Em publicações acadêmicas, a comunidade avalia novos experimentos, artigos, teorias ou hipóteses. Essas pessoas precisam ser especialistas no ramo que estão avaliando. O método não é nem um pouco infalível, e às vezes conclusões que passam pelo crivo da comunidade científica acabam sendo refutadas, ou artigos são retratados. A avaliação pela comunidade científica não é o único sistema utilizado, mas fornece uma boa base para nos ajudar a tirar nossas próprias conclusões e, como a democracia, é o melhor sistema disponível. Se alguma coisa sai na *Nature*, no *Lancet* ou no *Cell*, por exemplo, você pode ter certeza de que o artigo passou por um processo rigoroso de avaliação. Assim como quando tentamos decidir se devemos confiar em um tabloide ou em uma agência de notícias séria, é mais provável que um artigo publicado em um periódico acadêmico esteja correto.

Em um artigo científico, o material precisa incluir notas de rodapé ou outras citações a textos acadêmicos. Afirmações precisam ser justificadas, fatos precisam ser documentados em citações de fontes confiáveis. Dez anos atrás, era relativamente fácil descobrir se um periódico era respeitável, mas, com a proliferação de periódicos de livre acesso que publicam qualquer coisa mediante pagamento, em um mundo paralelo de pseudoacademia, os limites se embaralharam. Bibliotecários acadêmicos podem nos ajudar a distinguir entre esses dois grupos. Periódicos que aparecem em índices como PubMed (mantido pela Biblioteca Nacional de Medicina dos Estados Unidos) são selecionados pela qualidade; artigos encontrados a partir de uma busca comum não são. O Scholar.Google.com é mais restritivo do que o Google e outras ferramentas de busca, limitando os resultados a artigos acadêmicos, embora não ofereça chancela alguma e inclua muitos acadêmicos pseudoacadêmicos. Ele é bom para excluir coisas que nem se *parecem* com pesquisa acadêmica, mas isso é uma faca de dois gumes: pode ser mais difícil saber em que acreditar porque muitos resultados parecem válidos. Jeffrey Beall, um bibliotecário da Universidade do Colorado em Denver, desenvolveu uma lista proibitiva do que ele chama de periódicos predatórios de livre acesso (que muitas vezes cobram preços elevados dos autores). Essa lista cresceu de vinte publicações há quatro anos para mais de trezentas hoje. Existem outros sites que ajudam a chancelar artigos de pesquisa, como o Social Science Research Network (ssrn.com).

AUTORIDADE REGULADA

Na web, não existe nenhuma autoridade central que impeça as pessoas de fazerem afirmações inverídicas, nenhuma forma de desativar um site infrator sem passar pelo processo custoso de recorrer a uma ordem judicial.

Fora dela, é mais fácil saber com o que se está lidando. Livros técnicos e enciclopédias são submetidos a um processo criterioso para assegurar o conteúdo (embora às vezes ele seja alterado por pressão política de conselhos pedagógicos e legislaturas). Matérias em jornais grandes de países democráticos sofrem um processo de apuração rigoroso em comparação com os jornais nada confiáveis que o governo do Irã e o da Coreia do Norte controlam, por exemplo. Se um laboratório farmacêutico faz um anúncio, o Food and Drug Administration dos Estados Unidos (ou o Health Canada, no Canadá, ou agências semelhantes em outros países) tem que verificar. Se aparece um comercial na televisão, a FTC vai investigar alegações de que ele é falso ou enganoso (no Canadá, isso é feito pelo ASC, Advertising Standards Canada; no Reino Unido, é a ASA, Advertising Standards Authority; a Europa usa uma organização autorregulatória chamada EASA, European Advertising Standards Alliance; vários outros países têm mecanismos semelhantes).

Os espertalhões que fazem declarações fraudulentas podem ser punidos, mas, com muita frequência, essa punição é branda e não é muito eficiente para impedir outros casos. Em 2014, a fabricante de energéticos Red Bull pagou mais de 13 milhões de dólares de indenização em uma ação coletiva por enganar os consumidores com promessas de melhor desempenho físico e mental.[13] Em 2015, a Target aceitou pagar 3,9 milhões de dólares após ser processada por cobrar nas lojas preços maiores do que o anunciado nos comerciais, e por indicar o peso errado dos produtos.[14] A rede de supermercados Whole Foods também foi acusada em 2015 de indicar o peso errado de seus artigos alimentícios pré-embalados. A marca de cereais Kellogg's pagou 4 milhões de dólares em uma ação por causa de comerciais enganosos sobre o Frosted Mini-Wheats, proclamando ser "clinicamente comprovado que o produto aumentava em 11% a atenção das crianças".[15]

Por mais que esses valores possam parecer grandes para nós, para a Red Bull (receita de 7,7 bilhões de dólares em 2014), a Kellogg's (14,6 bilhões) e a Target (72,6 bilhões), essas multas são contabilizadas como pouco mais do que erros de arredondamento.

A INFORMAÇÃO É ATUAL? FOI DESACREDITADA?

Ao contrário de livros, jornais e outras fontes convencionais, páginas de internet raramente incluem datas; gráficos, diagramas e tabelas nem sempre revelam o período de apuração. Você não pode presumir que o título "Faturamento de vendas do ano até hoje" em uma página realmente esteja se referindo ao dia em que você está lendo a notícia, nem que se aplique a esse ano.

Como é relativamente barato e fácil criar páginas de internet, muitas vezes as pessoas as abandonam quando não precisam mais, quando se voltam para outros projetos ou quando não têm mais interesse em atualizá-las. Elas se tornam o equivalente virtual de uma vitrine abandonada com um letreiro luminoso de "aberto" em uma loja que, na verdade, está fechada.

Pelos vários motivos que já mencionamos — fraude, incompetência, erro de medição, erro de interpretação —, descobertas e afirmações podem ser desacreditadas. Indivíduos condenados em julgamentos conduzidos de forma adequada são exonerados. Airbags que passaram por diversas inspeções precisam ser recolhidos. Especialistas mudam de opinião. A certeza de que um site é atual não é o suficiente para garantir a confiabilidade da fonte. Sites novos brotam praticamente toda semana com alegações que já foram completamente refutadas. Existem muitos sites dedicados a expor lendas urbanas, como o Snopes.com, ou a divulgar retratações, como RetractionWatch.com.

Durante o outono de 2015 e até a eleição presidencial de 2016 nos Estados Unidos, várias pessoas recorriam a sites de verificação de fatos para confirmar as declarações dos políticos. Os políticos mentem pelo menos desde que Quinto Cícero aconselhou seu irmão Marco a fazer isso em 64 a.C. O que nós temos hoje e que Cícero não tinha é a verificação em tempo real. Isso não significa que todas as verificações são corretas ou imparciais, caro leitor – você ainda precisa conferir se os verificadores não têm uma tendência a favor ou contra determinado candidato ou partido.

O Politifact.com, um site administrado pelo *Tampa Bay Times*, ganhou o Pulitzer por sua atuação, monitorando e apurando discursos, eventos e entrevistas com figuras políticas. Ele usa uma escala de seis pontos para classificar declarações como Verdade, Quase Verdade, Meia Verdade, Quase Falso, Falso e, no limite extremo da falsidade, Calça em Chamas, para declarações incorretas que são completamente ridículas (inspirado na rima popular da língua inglesa "*liar, liar, pants on fire*" [mentiroso, mentiroso, calça em chamas]). O *Washington Post* também mantém um site de verificação com uma escala que vai de um a quatro Pinóquios e premia com o estimado Selo Gepeto declarações que "contêm a verdade, toda a verdade, nada além da verdade".[16]

Só para dar um exemplo, o então candidato presidencial Donald Trump fez um discurso em um comício no dia 21 de novembro de 2015 em Birmingham, Alabama. Para fundamentar sua promessa de criar um cadastro de muçulmanos nos Estados Unidos a fim de combater a ameaça do terrorismo dentro do país, ele afirmou ter visto "milhares" de muçulmanos em Jersey City comemorando quando o World Trade Center foi derrubado no Onze de Setembro. O repórter George Stephanopoulos, da ABC News, confrontou Trump ao vivo no dia seguinte, afirmando que a polícia de Jersey City negava que isso havia acontecido.

Trump respondeu que viu na televisão, com seus próprios olhos, e que a cobertura foi bem ampla. O Politifact e o *Washington Post* conferiram todo o material transmitido pela televisão e por jornais nos três meses após os ataques e não encontraram nada que confirmasse a alegação de Trump. Na verdade, em Paterson, Nova Jersey, os muçulmanos chegaram a pendurar uma faixa na principal avenida da cidade com os dizeres "A Comunidade Muçulmana Não Apoia o Terrorismo". O Politifact listou suas conclusões e declarou que a descrição de Trump "vai contra tudo que pudemos averiguar. Classificamos essa declaração como Calça em Chamas".[17] A nota do *Washington Post* foi quatro Pinóquios.

Durante a mesma campanha, Hillary Clinton alegou que "todos os meus avós" eram imigrantes. De acordo com o Politifact (e com base em dados do Censo americano), apenas um dos avós dela nasceu no exterior;[18] os outros três nasceram nos Estados Unidos.

COPIADO E COLADO, REPOSTADO, EDITADO?

Uma forma de enganar as pessoas e passar a impressão de que você sabe mesmo do que está falando é achar coisas que soam certas em páginas de outras pessoas e publicá-las na sua. Enquanto isso, que tal aproveitar para incluir suas próprias opiniões polêmicas, que agora serão travestidas com a credencial acadêmica de outra pessoa, e assim aumentar o número de cliques para seu site? Se você quiser agitar alguma bandeira ideológica, pode compor uma colcha de retalhos com o argumento cuidadosamente embasado de outra pessoa de modo a fazê-lo promover uma posição contrária à dela. O ônus cabe a todos nós de saber se estamos lendo a informação original e não adulterada, e não a interpretação de algum outro indivíduo.

INFORMAÇÃO DE BASE

Propagandistas inescrupulosos se valem do fato de que a maioria das pessoas não se dá ao trabalho de ler notas de rodapé nem conferir citações. Por isso, é muito fácil mentir. Talvez você queira que seu site convença as pessoas de que estudos mostram que o creme de pele que você vende reverte em até dez anos o processo de envelhecimento. Então você escreve um artigo e salpica com notas de rodapé que levam a páginas completamente irrelevantes para o argumento. Isso vai enganar muita gente, porque a maioria nem vai consultar essas notas. E as pessoas que consultarem talvez se limitem a ver que o URL que você cita é um site relevante, como um periódico acadêmico sobre envelhecimento ou dermatologia, ainda que o artigo mencionado não fale nada sobre o produto.

Uma possibilidade ainda mais diabólica é a citação ser vagamente relacionada, mas não relevante. Você poderia dizer que seu creme de pele contém vitamina X e que estudos mostram que a vitamina X faz bem para a saúde e a qualidade da pele. Até aqui, tudo bem. Mas como? Os estudos sobre vitamina X falam de pessoas que a aplicaram sobre a pele ou a ingeriram? E qual foi a dose? Seu produto para a pele tem uma quantidade adequada de vitamina X?

ARMADILHAS TERMINOLÓGICAS

Digamos que você leia no CDC.gov que a incidência de determinada doença é de 1 em cada 10 mil pessoas. Mas depois topa com um artigo no NIH.gov que diz que a mesma doença tem uma prevalência de 1 em mil. Existe algum zero no lugar errado aqui, algum erro de digitação? Incidência e prevalência não são a mesma coisa? Na verdade, não. A incidência de uma doença é a quantidade de casos novos (incidentes) que serão identificados durante determinado período, como, por exemplo, um ano. A prevalência é a quantidade de casos existentes — a quantidade total de pessoas com a doença. (E, às vezes, quem tem medo de números comete o erro de achar à primeira vista que 1 em mil é menos do que 1 em 10 mil, olhando para aquele número grande cheio de zeros em vez da palavra *em*.)

Veja o caso da esclerose múltipla, uma doença desmielinizante que afeta o cérebro e a medula. Cerca de 10 400 casos novos são diagnosticados nos Estados Unidos todos os anos, levando a uma incidência de 10 400/322 milhões,[19] ou 3,2 casos por 100 mil pessoas — em outras palavras, 0,0032% de risco de contraí-la. Compare isso com o total de pessoas que já têm essa doença nos Estados Unidos, 400 mil, resultando em uma prevalência de 400 mil/322 milhões, ou 120 casos por 100 mil habitantes, ou 0,12% de risco de cada pessoa contraí-la em algum momento na vida.

Além de incidência e prevalência, uma terceira estatística costuma ser muito citada: mortalidade, ou a quantidade de pessoas que morrem de certa doença, normalmente dentro de um período determinado. No caso de doenças cardíacas coronarianas, são 1,1 milhão de casos novos por ano, com 15,5 milhões de americanos já sendo portadores, e 375 295 morrem em decorrência disso a cada ano.[20] A probabilidade de alguém receber um diagnóstico de doença cardíaca este ano é de 0,3%, cerca de cem vezes mais do que de contrair esclerose múltipla; a probabilidade de já ter a doença é de cerca de 5%, e a probabilidade de morrer disso em determinado ano é de 0,1%. A probabilidade de morrer disso em algum momento da vida é de 20%. É claro que, como vimos na parte I, isso tudo se aplica ao conjunto total do povo americano.

Se tivermos mais informações sobre alguém em particular, como se há histórico de doença cardíaca na família, se a pessoa fuma, quanto ela pesa, quantos anos tem, podemos usar probabilidades condicionais para chegar a uma estimativa mais precisa.

O índice de incidência de uma doença pode ser alto, ao mesmo tempo que os de prevalência e mortalidade são relativamente baixos. Um exemplo é o resfriado — milhões de pessoas vão pegar um resfriado ao longo do ano (alta incidência), mas em quase todos os casos a doença passa rápido, então a prevalência — a quantidade de gente que tem a doença em determinado momento — pode ser baixa. Algumas doenças são relativamente raras, crônicas e bastante administráveis, então podem ter incidência baixa (não muitos casos por ano), mas prevalência alta (todos os casos se acumulam, e as pessoas precisam conviver com a doença) e mortalidade baixa.

Ao avaliarem os fatos, como já vimos, as pessoas muitas vezes ignoram os números e a identificação dos eixos, mas elas também costumam ignorar as descrições verbais. Volte e dê uma olhada nos mapas dos Estados Unidos com a "taxa bruta de natalidade", na parte I. Você se perguntou o que é uma "taxa bruta de natalidade"? Talvez tenha imaginado que uma taxa de natalidade possa ser ajustada por alguns fatores, como se o bebê nasceu vivo ou morto, se a criança sobreviveu além de um período determinado etc. Você talvez pense que, como o dicionário define o termo "bruto" como algo em estado natural, grosseiro, não processado ou refinado (pense em "petróleo bruto"), então a expressão deve se referir ao número cru, antes de qualquer alteração, qualquer ajuste. Mas não é isso. Os estatísticos usam o termo "taxa bruta de natalidade" para contar os nascidos vivos (portanto, é um número ajustado que desconta os bebês natimortos). Antes de decidir se quer abrir uma fábrica de fraldas, você precisa saber a taxa bruta de natalidade, não a taxa total de partos (porque a taxa total de partos inclui bebês que não sobreviveram ao nascimento).

A propósito, a taxa bruta de mortalidade é uma estatística relacionada que se refere à quantidade de pessoas que morrem em qualquer idade. Se você subtrair esse número da taxa bruta de natalidade, o resultado vai ser uma estatística de grande interesse para o governo (e para Thomas Malthus): o coeficiente de crescimento natural da população.

Explicações alternativas ignoradas e subvalorizadas

Ao avaliar alguma afirmação ou argumento, pergunte-se o seguinte: existe algum outro motivo, além do relatado, que possa explicar os fatos ou as observações mencionadas? Sempre há explicações alternativas; nosso trabalho é compará-las com as que foram declaradas e determinar se a conclusão a que a pessoa chegou é mesmo a mais óbvia ou provável.

Por exemplo, se você passar por algum amigo no corredor e ele não retribuir seu cumprimento, talvez chegue à conclusão de que ele está com raiva de você. Mas outras explicações alternativas poderiam ser que ele não o viu, estava atrasado para alguma reunião, estava distraído, participava de algum experimento psicológico, fez um voto de silêncio por uma hora ou foi tomado temporariamente por invasores de corpos. (Ou talvez permanentemente.)

Explicações alternativas são muito frequentes em movimentos de pseudociência e contraconhecimento, assim como na própria ciência. Físicos no CERN anunciaram que haviam descoberto neutrinos que viajavam a uma velocidade maior que a da luz. A descoberta teria revolucionado um século de teoria einsteiniana. Mas foi um mero cabo solto no acelerador linear que provocou um erro de medição. Isso chama atenção para a questão de que, quase sempre, uma falha de metodologia durante um experimento extremamente complicado é a explicação mais provável para algo que nos faria rever tudo que conhecemos sobre a natureza do universo.

Da mesma forma, se uma página na internet cita experimentos que comprovam que algum coquetel vitamínico novinho em folha e até então desconhecido é capaz de aumentar seu QI em vinte pontos — e a indústria farmacêutica não quer que você saiba! —, você precisa se perguntar como ninguém mais ouviu falar disso, e se uma explicação alternativa para essa história é simplesmente alguém tentando faturar.

Mentalistas, videntes e médiuns ganham muito dinheiro realizando feitos aparentemente impossíveis de leitura da mente. Uma explicação é que eles têm acesso a alguma força secreta e oculta que contraria tudo que sabemos sobre causa e efeito e a natureza do espaço-tempo. Uma explicação alternativa é que eles são mágicos, fazendo truques e simplesmente mentindo sobre a forma como conseguem fazer aquilo. O que reforça essa segunda possibilidade é o fato de existirem mágicos profissionais, incluindo James Randi, que, até o momento, já conseguiu usar ilusões engenhosas para reproduzir todos os feitos realizados por mentalistas. E, muitas vezes, os mágicos — em um esforço para desbancar os supostos médiuns — revelam como os truques foram feitos. Realmente, talvez seja possível que os *mágicos* é que estejam tentando nos enganar — na verdade, eles são médiuns e têm medo de revelar seus dons para nós (talvez por medo de sofrerem exploração, sequestros etc.), então estão só *fingindo* usar ilusões engenhosas. Mas vamos avaliar as duas possibilidades: uma nos obriga a jogar fora tudo o que conhecemos sobre a natureza e a ciência, e a outra não. Qualquer psicólogo, policial, empresário, pessoa divorciada, funcionário de embaixada, espião ou advogado sabe que as pessoas mentem; elas fazem isso por diversos motivos e, às vezes, com espantosa frequência e facilidade. Mas, se você está diante de uma afirmação que parece improvável, a explicação (alternativa) mais provável é que a pessoa está mentindo de algum jeito.

As pessoas que tentam prever o futuro sem a ajuda de poderes psíquicos — líderes militares, economistas, estrategistas do mundo dos negócios — muitas vezes cometem erros enormes em suas previsões porque não consideram explicações alternativas. Isso inspirou uma prática empresarial chamada *planejamento de cenários* — considerando todos os resultados possíveis, até os que parecem improváveis. Pode ser muito difícil realizar isso, e até especialistas se enganam. Em 1968, Will e Ariel Durant escreveram:[1]

> Nos Estados Unidos, o poder econômico e político dos anglo-saxões diminuiu devido à sua baixa taxa de natalidade; e a taxa de natalidade maior de famílias católicas romanas indica que, até o ano 2000, a Igreja Católica Romana será a força dominante tanto em governos nacionais quanto nas esferas municipal e estadual.

O que eles não levaram em conta foi que, durante os 32 anos que se passaram, muitos católicos abandonariam a religião, e que as pessoas ignorariam a proibição da Igreja e usariam métodos anticoncepcionais. Em 1968, era difícil imaginar cenários alternativos para a opinião deles.

Previsões sociais e artísticas também são derrubadas: na época dos Beatles, especialistas diziam: "Bandas de rock vão acabar". Quando a *Quinta sinfonia* de Beethoven estreou, a crítica incluía algumas opiniões negativas garantindo que ninguém jamais ia querer ouvir aquilo de novo. A ciência também pode ser derrubada. Especialistas diziam que trens rápidos jamais dariam certo porque os passageiros morreriam asfixiados. Especialistas achavam que a luz se movia por um "éter" invisível. A ciência e a vida não são estáticas. O máximo que podemos fazer é avaliar o peso dos fatos e usar as melhores ferramentas a nosso alcance para formular nossa própria opinião. Uma dessas ferramentas que são pouco utilizadas é o emprego do pensamento criativo para imaginar alternativas à forma como estamos acostumados a pensar.

Explicações alternativas muitas vezes são fundamentais para os argumentos legais durante audiências criminais. O uso de enquadramento que vimos na parte I, e a dificuldade de compreender que probabilidades condicionais não funcionam de trás para a frente levaram a muitas condenações errôneas.

O raciocínio científico adequado exige que se estabeleçam duas (ou mais) hipóteses e se apresente a probabilidade de cada uma. No tribunal, os advogados não deviam se concentrar na probabilidade de que alguém é compatível, mas na probabilidade de dois cenários possíveis: qual é a probabilidade de que as duas amostras de sangue tenham vindo da mesma fonte, e qual é a probabilidade de que não tenham vindo? Ou seja, precisamos comparar a probabilidade de o indivíduo ser compatível considerando que ele seja culpado com a probabilidade de o indivíduo ser compatível considerando que seja inocente. Ou podemos comparar a probabilidade de o indivíduo ser inocente considerando os dados disponíveis versus a probabilidade de o indivíduo ser culpado considerando os dados disponíveis. Também precisamos saber se as medidas são corretas. Em 2015, o FBI anunciou que, em 90% dos casos, as análises de pelos microscópicos eram incorretas.[2] Sem essa informação é impossível tomar uma decisão justa ou adequada.[3] Isto é, se falarmos apenas em termos de compatibilidade, vamos levar em conta apenas dados unilaterais, ou seja, a probabilidade de o indivíduo ser compatível considerando a hipótese de que o criminoso estava na cena do crime. O que não sabemos é a probabilidade de o indivíduo ser compatível considerando hipóteses alternativas. E temos sempre que comparar as duas.

Isso acontece o tempo todo. Em um caso no Reino Unido, a acusação contra o suspeito, Dennis Adams, se baseava exclusivamente no DNA.[4] A vítima não o identificou na delegacia e, durante o julgamento, disse que Adams não se parecia com o agressor, acrescentando inclusive que ele parecia duas décadas mais velho de quem achava ter visto. Além disso, Adams tinha um álibi para a noite em questão, corroborado por outra testemunha. A única prova que a acusação apresentou no julgamento foi o exame de DNA. O detalhe era que Adams tinha um irmão, cujo DNA também teria batido com a amostra, mas não havia outras evidências de que o irmão tinha cometido o crime, então os investigadores não o consideraram. Mas eles também não tinham outras evidências contra Dennis — a *única* era o exame de DNA. Ninguém no tribunal considerou a hipótese alternativa de que talvez tivesse sido o irmão de Dennis... Dennis foi condenado em primeira e em segunda instância.

CONSTRUÍDO PELOS ANTIGOS PARA SER VISTO DO ESPAÇO

Você talvez já tenha ouvido a especulação de que a vida humana não evoluiu na Terra, e uma raça de alienígenas veio do espaço e semeou o início da vida humana. Isso não é algo implausível por si só, mas não existe nenhum sinal concreto que corrobore a hipótese. Não significa que não é verdade, e não significa que não deveríamos procurar evidências, mas o fato de que algo *possa* ser verdade tem utilidade limitada – exceto, talvez, para a ficção científica.

Uma matéria de 2015 publicada no *New York Times* descrevia uma formação misteriosa no solo do Cazaquistão que só podia ser vista do espaço.[5]

> Imagens de satélites de uma estepe remota e deserta ao norte revelam construções colossais de terra – figuras geométricas como quadrados, cruzes, linhas e anéis do tamanho de vários campos de futebol, reconhecíveis apenas se vistos de cima, e estima-se que a mais antiga tenha 8 mil anos.
>
> A maior, perto de um povoado do período neolítico, é um quadrado gigante formado por 101 montes de terra, com os cantos ligados por uma cruz diagonal, ocupando uma área maior do que a Grande Pirâmide de Quéops. Outra lembra uma espécie de suástica com três braços, que formam zigue-zagues virados em sentido anti-horário.

É fácil se empolgar e imaginar que esses grandes desenhos eram uma forma de os humanos da Antiguidade mandarem sinais para alienígenas no espaço, possivelmente seguindo instruções rigorosas dos extraterrestres. Talvez fosse um campo de pouso ancestral para espaçonaves, ou uma mensagem codificada, algo como "mandem mais comida". Nós, humanos, somos assim – gostamos de imaginar coisas fora do comum. Somos uma espécie que adora contar histórias.

Com exceção do fato um tanto ou quanto óbvio de que uma civilização capaz de voo interestelar certamente teria acesso a meios de comunicação mais eficientes do que fazer montes de terra no chão, existe uma explicação alternativa. Felizmente, o *New York Times* (mas não todos os veículos que publicaram a notícia) a oferece, citando Dimitriy Dey, a pessoa que descobriu as pedras misteriosas:

> "Não acredito que a intenção era que fossem vistas de cima", disse o sr. Day, 44, durante entrevista em sua cidade natal, Kostanay, descartando especulações fantasiosas relacionadas a alienígenas e nazistas. (Muito antes de Hitler, a suástica era um elemento gráfico antigo e quase universal.) Sua teoria é que as figuras construídas em linhas retas sobre solo elevado eram "observatórios horizontais para acompanhar o movimento do Sol".

Um relógio solar antigo parece ser uma explicação mais provável do que alienígenas. Não quer dizer que seja verdade, mas descobrir alternativas plausíveis como essa faz parte da competência informacional e do esforço para avaliar afirmações.

FALTA DE UM GRUPO DE CONTROLE

O suposto efeito Mozart foi refutado porque os experimentos, que indicavam que passar vinte minutos por dia ouvindo Mozart produziam um aumento temporário de QI, não tinham um grupo de controle. Quer dizer, um grupo de pessoas ficou ouvindo Mozart e o outro grupo ficou sem fazer nada. Ficar sem nada para fazer não é um controle adequado para fazer algo, e o que se mostrou foi que, se as pessoas tiverem algo para fazer — praticamente qualquer coisa —, o efeito desaparece. O efeito Mozart não era um aumento de QI causado pela música de Mozart, era uma redução temporária de QI causada pelo tédio de ficar sem fazer nada.

Se você juntar em um laboratório vinte pessoas sofrendo com dor de cabeça, der seu novo remédio milagroso para todas, e dez pessoas melhorarem, você não descobriu nada. Algumas dores de cabeça passam sozinhas. Quantas? Não sabemos. Você precisaria ter um grupo de controle com pessoas de idades e históricos semelhantes, e com dores semelhantes. E, como só a expectativa de melhorar pode produzir efeitos positivos na saúde, você precisa dar ao grupo de controle algo que alimente essa crença na mesma medida do medicamento estudado. Daí o famoso placebo, um comprimido produzido para parecer exatamente igual ao remédio milagroso, e só depois do fim do experimento é que as pessoas sabem quem recebeu o quê.

Malcolm Gladwell disseminou uma conclusão inválida em seu livro *Davi e Golias: A arte de enfrentar gigantes* quando sugeriu que na verdade a dislexia talvez fosse uma vantagem para a vida das pessoas, o que levou muitos pais a acreditarem que seus filhos não deviam receber os reforços pedagógicos necessários. Gladwell caiu na condição do controle ausente. Não sabemos quanto sucesso *a mais* os disléxicos que ele selecionou teriam se tivessem tido a chance de se aprimorar.

A falta de um grupo de controle verifica-se em conversas cotidianas, e é mais difícil de percebê-la do que em afirmações científicas pelo simples motivo de que ninguém procura o grupo de controle nessas situações. Você lê — e considera válido — um estudo novo que mostra que dormir e acordar todo dia nos mesmos horários aumenta a produtividade e a criatividade. Uma amiga sua que é artista, definitivamente bem-sucedida, rebate que ela sempre dorme quando dá vontade, passando noites em claro com frequência e, às vezes, dormindo vinte horas seguidas, e sempre deu certo. Mas falta um grupo de controle. Quanto a produtividade e a criatividade dela *aumentariam* se ela tivesse um ciclo de sono mais regular?[6] Não sabemos.

Dois irmãos gêmeos foram separados no nascimento e criados longe – um na Alemanha nazista, e o outro, em Trinidad e na Venezuela.[7] Um foi criado seguindo os preceitos da Igreja católica e entrou para a Juventude Hitlerista, e o outro cresceu em meio ao judaísmo. Vinte e um anos depois, os gêmeos se reencontraram[8] e descobriram uma série de comportamentos bizarros que muita gente, fascinada, só conseguia atribuir à genética: os dois coçavam a cabeça com o dedo anelar, os dois achavam engraçado chegar de fininho por trás de desconhecidos e espirrar alto. Os dois usavam bigode curto e bem aparado e óculos de armação fina retangular com cantos arredondados. Os dois usavam camisa azul com dragonas e bolsos estilo militar. Os dois tinham o mesmo jeito de andar e de se sentar em uma cadeira. Os dois adoravam manteiga e comida picante, davam descarga antes e depois de usar o vaso sanitário e liam o final dos livros antes. Os dois enrolavam fita adesiva em canetas e lápis para segurar melhor.

Histórias como essa podem fazer você se perguntar até que ponto nossos comportamentos são influenciados pela genética. Ou se somos meros autômatos e nossas ações são todas predeterminadas. De que outra forma poderíamos explicar essas coincidências?

Bom, existem duas possibilidades, e as duas se resumem à falta de um grupo de controle. Um psicólogo social poderia dizer que o mundo tende a dar um tratamento semelhante a pessoas que se parecem. As atraentes são tratadas de um jeito diferente das que não são, as altas, de um jeito diferente das baixas. Se seu rosto passa a impressão de que você é uma pessoa honesta e generosa, as pessoas vão agir de um jeito, como agiriam de outro se fosse o contrário. Os comportamentos dos irmãos foram moldados de acordo com o mundo social em que eles vivem. Nós precisaríamos de um grupo de controle composto de pessoas que não fossem parentes, mas também fossem incrivelmente parecidas entre si, e que tivessem crescido longe umas das outras, para podermos chegar a qualquer conclusão consistente sobre esse "experimento natural" dos gêmeos separados no nascimento.

Um estatístico ou um geneticista comportamental diria que, entre os milhares de coisas que fazemos, é provável que, se procurássemos bem, encontraríamos dois desconhecidos quaisquer com semelhanças curiosas em termos de vestimenta, vaidade, afeição por brincadeiras ou preferências peculiares.[9] Sem esse grupo de controle – juntar pessoas desconhecidas e fazer um inventário dos hábitos delas –, não sabemos se a história fascinante dos gêmeos é resultado de genética ou de puro acaso. Talvez a genética tenha algum peso, mas provavelmente não é tão expressivo quanto imaginamos.

SELETIVIDADE

Nosso cérebro é programado para criar histórias enquanto assimila a vastidão do mundo e os bilhões de coisas que acontecem a cada segundo. É possível que aconteçam algumas coincidências que não significam nada de mais. Se algum amigo com quem você perdeu contato há muito tempo telefona bem quando você está pensando nele, não quer dizer que um de vocês tem poderes psíquicos. Se você ganha três vezes seguidas na roleta, não quer dizer que está em uma maré de sorte e precisa apostar todo o seu dinheiro na próxima. Se o mecânico da esquina consertou seu carro desta vez, não quer dizer que ele vai conseguir de novo – talvez só tenha dado sorte.

Digamos que você tenha uma hipótese de estimação, como, por exemplo, que vitamina D em excesso causa mal-estar; é bem possível que você encontre fatos que corroborem essa opinião. Mas, se você só procurar fatos que apoiem o seu pensamento, não vai ser uma pesquisa correta, pois você ignoraria todos os divergentes — pode ser que sejam poucos, ou pode ser que sejam muitos, mas você não sabe, porque não foi atrás. Os cientistas chamam de "seletividade" quando você se limita aos dados que reforçam sua hipótese. Uma pesquisa correta exige uma postura receptiva a qualquer fator e o esforço valente de considerar fatos favoráveis e contrários e só então formar uma conclusão embasada (e não uma conclusão ao estilo "puxa, eu queria que fosse verdade").

Um parente do viés da seletividade é a delimitação seletiva. Isso acontece quando a informação a que você tem acesso não é representativa do todo. Se você olhar para uma cidade pela janela de um trem, só vai ver aquele pedaço da cidade, e não será necessariamente um pedaço representativo — você só tem acesso à parte da cidade por onde passam trens e a quaisquer vieses relacionados a isso. Trens fazem barulho. Pessoas mais abastadas geralmente moram longe de barulho, então as pessoas que vivem perto de trilhos tendem a ser de renda mais baixa. Se as únicas pessoas que você conhece de uma cidade são as que moram perto dos trilhos, você não está vendo a cidade inteira.

Isso, claro, se relaciona com a discussão sobre coleta de dados que fizemos na parte I e com a importância de obtermos amostras representativas. Estamos tentando entender a natureza do mundo — ou pelo menos de uma cidade nova por onde o trem está passando — e precisamos considerar explicações alternativas para o que vemos ou para as informações que recebemos. A explicação de que você só está vendo uma parte do quadro geral, e a parte que você não está vendo pode ser muito diferente, é uma boa alternativa com ampla aplicabilidade.

Talvez sua irmã, cheia de orgulho, esteja exibindo a pintura que a filha dela de cinco anos fez. Pode ser magnífica! Se você adorou a pintura, coloque em uma moldura! Mas, se você quiser decidir se deve investir no futuro da criança como a próxima grande pintora internacional, pode ser bom fazer algumas perguntas: quem foi que recortou? Quem escolheu? De que tamanho era o original? Quantos desenhos a pequena Picasso fez antes desse? O que foi feito antes e depois? Com delimitação seletiva, pode ser que você esteja vendo parte de uma série de desenhos geniais ou um pedaço bonito de uma obra muito maior (e nada especial) que foi identificado e recortado pela professora.

A delimitação seletiva também aparece nas manchetes. Digamos que um grande jornal anuncie que "Três vezes mais americanos são a favor da nova lei do que contra". Ainda que você conclua de forma satisfatória, com base nos passos descritos na parte I deste livro, que a pesquisa foi realizada com uma amostra representativa e grande o bastante de americanos, não teria como determinar que a maioria da população é a favor da lei. Seria perfeitamente possível que 1% das pessoas fossem contra, 3% a favor e 94% ainda indecisos. Transfira esse tipo de artimanha para uma manchete sobre eleições que afirma que cinco vezes mais republicanos apoiam o Candidato A do que o Candidato B para as primárias da corrida presidencial. Isso pode ser verdade, mas a manchete talvez omita que o Candidato C está com 80% de intenção de votos nas pesquisas.

Experimente jogar uma moeda dez vezes. Você "sabe" que em metade das vezes devia dar cara. Mas provavelmente isso não vai acontecer. Mesmo que você jogue mil vezes, provavelmente não vai tirar cara exatamente quinhentas vezes. Probabilidades teóricas são obtidas apenas com uma quantidade infinita de tentativas. Quanto mais se joga a moeda, mais perto se chega da proporção de 50% de cara ou coroa. É estranho, mas existe uma probabilidade de quase 100% de que, em algum momento nessa sequência de jogadas, você tire cara cinco vezes seguidas. Por que isso é tão estranho? Nosso cérebro não evoluiu a ponto de compreender exatamente o que é uma aleatoriedade. Não costuma ser cara-coroa-cara-coroa, e às vezes acontecem séries (também chamadas de marés) até em uma sequência aleatória. É fácil enganar as pessoas dessa forma. Basta pegar o celular e se filmar jogando uma moeda mil vezes seguidas. Antes de cada jogada, você fala: "Vou tirar cara cinco vezes seguidas, e esta é a primeira". Aí, se sair cara, antes de jogar de novo você diz: "Vou tirar cara cinco vezes seguidas, e esta é a segunda". Se você tirar coroa, apenas recomece. Se não, antes de jogar de novo você diz: "Vou tirar cara cinco vezes seguidas, e esta é a terceira". Depois, é só editar o vídeo para incluir somente aquelas cinco vezes seguidas. Ninguém vai saber! Se você realmente quiser impressionar as pessoas, faça dez vezes seguidas! (Há cerca de 38% de chance de que isso aconteça ao longo de mil jogadas. Por outro lado, se você pedir que cem pessoas em uma sala joguem uma moeda cinco vezes, há 96% de chance de que uma delas tire cara cinco vezes seguidas.)[10]

A experiência que uma socialite de 75 anos tem com a polícia de Nova York provavelmente será bem distinta da de um rapaz negro de dezesseis anos; a experiência de ambos é delimitada seletivamente pelo que eles veem. O rapaz pode dizer que é parado constantemente sem motivo, sofre discriminação e é tratado como criminoso. A socialite talvez não seja nem capaz de entender como isso é possível. "Todas as *minhas* experiências com aqueles policiais foram *ótimas*."

Paul McCartney e Dick Clark compraram todas as películas de suas aparições televisivas dos anos 1960, para que assim pudessem controlar a narrativa de suas histórias.[11] Se você é pesquisador acadêmico, ou um documentarista em busca de imagens de arquivo, só poderá usar o que eles escolherem liberar. Quando estiver examinando dados ou fatos para corroborar alguma hipótese, questione se o que está vendo é um recorte representativo do quadro geral.

AMOSTRAS PEQUENAS SELETIVAS

Geralmente, amostras pequenas não são representativas.

Digamos que você seja responsável pelo marketing de um modelo novo de carro híbrido. Você quer ressaltar seu consumo eficiente de combustível. Manda alguém dirigir o veículo e descobre que o carro faz 34 quilômetros por litro. Parece ótimo – pronto! Mas talvez você só tenha dado sorte. A empresa concorrente faz um teste em maior escala, coloca cinco pessoas para dirigir cinco veículos e chega a um resultado mais perto de 25 quilômetros por litro. Quem tem razão? Os dois! Digamos que a concorrência tenha anunciado os resultados assim:

Teste 1: 24 km/l
Teste 2: 16 km/l
Teste 3: 29 km/l
Teste 4: 23 km/l
Teste 5: 34 km/l

Condições de estrada, temperatura ambiente e estilo de condução produzem um grande nível de variabilidade. Com sorte (e azar do concorrente), seu único condutor pode tirar um resultado extremo que você vai anunciar com gosto. (E, claro, se você quiser uma estatística seletiva, é só ignorar o resultado dos quatro primeiros testes.) Mas, se a pesquisa estiver interessada na verdade, é preciso considerar uma amostra maior. Um laboratório independente que fez cinquenta testes talvez conclua que a média é um valor completamente distinto. Em geral, é mais provável que anomalias apareçam em amostras pequenas. *Amostras maiores refletem com mais exatidão o estado do mundo.*[12] Os estatísticos chamam isso de *lei dos grandes números*.

Se você analisar os nascimentos de um mês em um hospital pequeno de uma zona rural e constatar que 70% dos bebês são meninos, em comparação com os 51% de um hospital grande de área urbana, talvez pense que há algo curioso nesse hospital rural. Pode ser que haja, mas os dados não são suficientes para se ter certeza. É novamente a amostragem pequena em ação. Pode ser que o hospital grande tenha relatado 51 meninos em cem nascimentos, e que o pequeno tenha relatado sete em dez. Como no exemplo da moeda, a média estatística de 50% é mais fácil de ser identificada em amostras grandes.

Quanto é o suficiente? Isso é trabalho para um estatístico profissional, mas existem algumas regras básicas que você pode usar quando quiser entender o que está lendo. Para levantamentos de população (por exemplo, intenções de voto, preferências de creme dental etc.), a internet disponibiliza diversas calculadoras de tamanho de amostra. Para determinar a incidência local de algo (como quantos recém-nascidos são meninos, quantas vezes por dia em média uma pessoa diz sentir fome), você precisa saber algo sobre a taxa-base (ou índice de incidência) daquilo que está procurando. Se um pesquisador quisesse saber quantos casos de albinismo ocorrem em determinada comunidade e, ao examinar os primeiros mil nascimentos, não encontrasse nenhum, seria um erro tirar qualquer conclusão:

o albinismo ocorre apenas uma vez a cada 17 mil nascimentos. Mil nascimentos é uma amostra pequena demais — "pequena" em relação à escassez do objeto procurado. Por outro lado, se o estudo fosse sobre a incidência de nascimentos prematuros, mil seria mais do que o suficiente, já que estes ocorrem uma vez em nove.[13]

COMPETÊNCIA ESTATÍSTICA

Imagine um jogo em que um chapéu ou cesto tem três cartas, cada uma com duas faces:[14] uma carta é vermelha nas duas faces, outra é branca nas duas faces, e a outra tem uma face branca e uma vermelha. O trapaceiro tira uma carta do chapéu e mostra uma das faces, e é vermelha. Ele aposta com você 5 dólares que a outra face também é vermelha. Ele quer que você pense que há 50% de probabilidade de ele acertar, de modo que você aceite a aposta, isto é, de que a outra face tem a mesma chance de ser branca. Seu raciocínio talvez aconteça da seguinte forma:

Ele está me mostrando a face vermelha. Então ou ele tirou a carta vermelha-vermelha ou a carta vermelha-branca. Isso significa que há chances iguais de que a outra face será vermelha ou branca. Posso aceitar a aposta porque, mesmo se não ganhar agora, vou ganhar depois.

Vamos deixar de lado a falácia do apostador — muita gente já perdeu dinheiro insistindo nas roletas só para descobrir que o acaso não é um processo de autocorreção; o trapaceiro está esperando (contando?) que você cometa esse erro de cálculo de probabilidade, e normalmente ele fala rápido para distrair sua atenção. Ajuda se você esquematizar de forma gráfica.

Estas são as três cartas:

Vermelha	Vermelha	Branca
Branca	Vermelha	Branca

Se ele lhe mostra uma face vermelha, pode estar mostrando qualquer uma dentre *três* faces. Em dois desses casos, a outra face é vermelha, e só em um é que ela é branca. Então há duas chances em três, não uma em três, de que a outra face será vermelha se a exibida for vermelha. Isso se deve ao fato de que a maioria das pessoas não leva em conta o detalhe de que, com a carta de duas faces vermelhas, ele pode estar mostrando *qualquer uma* das faces. Não se chateie se isso parece complicado – o filósofo e matemático Gottfried Wilhelm Leibniz e muitos autores de referência mais recentes já cometeram erros semelhantes.[15] Ao avaliar afirmações baseadas em probabilidades, tente compreender o modelo subjacente. Talvez seja difícil, porém, se você reconhecer que as probabilidades podem ser enganosas, e, se reconhecer as limitações que muita gente tem ao interpretá-las, a probabilidade de você cair em algum golpe é menor. Mas e se todo mundo à sua volta concordar com algo que é, bem, errado? Talvez as belas roupas novas do rei?

Contraconhecimento

Contraconhecimento, um termo cunhado pelo jornalista britânico Damian Thompson, é desinformação elaborada para parecer fato e que tenha convencido uma quantidade considerável de pessoas.[1] Um recente presidente americano, ao ganhar no colégio eleitoral, alegou ter vencido também por voto popular, ainda que houvesse evidências fortes e documentadas de que não era verdade. Mas o contraconhecimento foi disseminado. Logo depois, uma pesquisa revelou que 52% dos eleitores desse presidente, milhões de pessoas, acreditaram nessa mentira. Não é apenas na política que o contraconhecimento se propaga. Há exemplos na ciência, em atualidades, em fofocas de celebridades e em pseudo-história. Às vezes, isso inclui conspirações gigantes como as alegações de que o Holocausto, os pousos na Lua ou os ataques do Onze de Setembro nunca aconteceram. Às vezes, é a acusação bizarra de que uma pizzaria está sendo usada como fachada por uma ex-secretária de Estado para a exploração sexual infantil.

Parte dos motivos que ajudam o contraconhecimento a se espalhar é o fato de ser intrigante imaginar: *e se fosse verdade*? Repito, a humanidade é uma espécie contadora de histórias, e nós adoramos uma boa narrativa. A princípio, o contraconhecimento nos atrai com um verniz de conhecimento através de números ou estatísticas, mas a observação mais atenta demonstra que esses dados não têm fundamento concreto – as pessoas que compartilham contraconhecimento esperam que a presença dos números seja impressionante (ou intimidante) a ponto de fazer você aceitá-los cegamente. Ou elas citam "fatos" que simplesmente não são verdade.

Damian Thompson explica como essas afirmações podem tomar espaço, se enraizar e colocar em dúvida tudo que sabemos... isto é, até aplicarmos uma análise racional.[2] Thompson lembra a ocasião em que um amigo, falando sobre os ataques do Onze de Setembro, "chamou nossa atenção com uma observação que parecia plausível: 'Repare que as torres caíram na vertical, em vez de tombar de lado. Combustível de avião não geraria calor suficiente para fundir aço. Só explosões controladas fariam isso'".

A anatomia desse contraconhecimento é mais ou menos assim:

As torres caíram na vertical: é verdade. Vimos as filmagens.

Se o ataque tivesse acontecido do jeito que nos falaram, o prédio devia ter tombado de lado: Essa é uma premissa implícita. Não sabemos se isso é verdade. Não é porque a pessoa está afirmando isso que se torna verdade. É uma afirmação que precisa ser verificada.

Combustível de avião não geraria calor suficiente para fundir aço: Também não sabemos se isso é verdade. E a pessoa ignora o fato de que talvez houvesse outras substâncias inflamáveis – produtos de limpeza, tinta, produtos químicos – no edifício, que podem ter alimentado as chamas após o início do incêndio.

Se você não trabalha com engenharia estrutural, talvez essas afirmações pareçam plausíveis. Mas uma rápida pesquisa revela que engenheiros profissionais não viram nada de misterioso na queda das torres.

É importante aceitar que, em acontecimentos complexos, nem tudo é explicável, porque nem tudo foi observado ou relatado. No assassinato do presidente John F. Kennedy, o filme de Zapruder é o único registro fotográfico da sequência de acontecimentos, e é incompleto. Filmado com uma câmera amadora, foi feito com apenas 18,3 quadros por segundo, e em baixa resolução.[3] Há muitas perguntas sem resposta sobre o assassinato, e relatos de tratamento inadequado das provas, e muitas testemunhas oculares que nunca chegaram a ser interrogadas, e ocorreram muitas mortes sem explicação de pessoas que sabiam ou diziam saber o que realmente aconteceu. É bem possível que tenha havido alguma conspiração, mas o mero fato de que há inconsistências e perguntas sem resposta não prova nada. Uma dor de cabeça aliada a um sintoma de visão borrada sem explicação não é prova da existência de um tumor cerebral raro — provavelmente é algo bem menos dramático.

Os cientistas e outras pessoas que pensam racionalmente fazem distinção entre aquilo que sabemos com certeza quase absoluta que é verdade — como a fotossíntese ou o movimento de translação da Terra em volta do Sol — e aquilo que *provavelmente* é verdade, como a história de que os ataques do Onze de Setembro foram resultado de aviões dominados por terroristas, não um complô inventado pelo governo americano. Cada um desses temas é influenciado por quantidades — e tipos — diferentes de fatos. E alguns furos em um relato ou uma teoria não bastam para desacreditá-la. Um *punhado* de anomalias sem explicação não desacreditam ou prejudicam uma teoria bem estabelecida que se baseia em *milhares* de fatos.[4] No entanto, normalmente essas anomalias estão no centro de todo raciocínio conspiratório, desde o revisionismo do Holocausto, o antievolucionismo, até as teorias da conspiração sobre o Onze de Setembro. A diferença entre uma teoria falsa e uma verdadeira é uma questão de probabilidade.[5] Thompson classifica como contraconhecimento algo que se opõe ao conhecimento verdadeiro e possui algum tipo de apelo social.

QUANDO REPÓRTERES NOS DESORIENTAM

Os repórteres coletam informações sobre acontecimentos importantes de duas formas diferentes. Muitas vezes, essas duas formas são incompatíveis entre si, o que resulta em matérias que podem enganar o público se os jornalistas não tomarem cuidado.

No modo de *investigação científica*, os repórteres fazem uma parceria com os cientistas — descrevem acontecimentos científicos e ajudam a traduzi-los para uma linguagem que o público consiga entender, algo que os cientistas em geral não sabem fazer bem. O repórter lê sobre uma pesquisa em um periódico acadêmico sério ou um comunicado à imprensa. Quando um estudo chega ao ponto de ser publicado, normalmente já foi examinado por três a cinco cientistas imparciais e reconhecidos, e sua exatidão e conclusões já foram aceitas. Normalmente não é função do repórter determinar o valor dos fatos científicos que fundamentam cada hipótese, hipótese auxiliar e conclusão; isso já foi feito pelos autores do artigo.

Agora o trabalho se divide em dois tipos de repórter. O repórter investigativo sério, como um profissional do *Washington Post* ou do *Wall Street Journal*, normalmente entra em contato com alguns cientistas *não associados* à pesquisa e pede sua opinião. Ele vai procurar opiniões que contrariem o estudo publicado. Mas a imensa maioria dos repórteres considera que o trabalho deles é apenas relatar a história tal como foi publicada, traduzindo-a para uma linguagem mais simples.

No modo *noticiário*, os repórteres reúnem informações de fontes — testemunhas ou acontecimentos — para tentar descobrir algo que esteja ocorrendo no mundo. Pode ser alguém que tenha presenciado um assalto em Detroit ou um bombardeio em Gaza ou um ajuntamento de tropas na Crimeia. O repórter talvez tenha só uma testemunha ocular, ou tente corroborar com mais uma ou duas. Parte do trabalho do repórter, nesses casos, é determinar a veracidade e o grau de confiança da testemunha. Perguntas como "Você presenciou isso?" e "Onde você estava quando isso aconteceu?" ajudam. É surpreendente a quantidade de vezes em que a resposta é não e a frequência com que as pessoas mentem, e é só mediante a apuração cuidadosa que as inconsistências vêm à tona.

Então, no Modo Um, os jornalistas informam sobre descobertas científicas, que provavelmente se baseiam em milhares de observações e uma grande quantidade de dados. No Modo Dois, os jornalistas informam sobre acontecimentos, que muitas vezes se baseiam no relato de umas poucas testemunhas oculares.

Como os repórteres precisam trabalhar nesses dois modos, às vezes eles confundem um com o outro. Por vezes, eles esquecem que o plural de relato não é dados; isto é, que um monte de histórias ou observações casuais não equivale a ciência. E, no meio disso, está nossa expectativa de que o jornal nos entretenha enquanto nos informa, que nos conte histórias. E a maioria das boas histórias nos mostra uma sequência de ações que podem ser associadas em termos de causa e efeito. Hipotecas de alto risco foram reformuladas como produtos de investimento de baixo risco, e isso levou ao colapso imobiliário de 2007. Fiscais ignoraram o acúmulo de entulho próximo à cidade chinesa de Shenzhen, e em

2015 isso provocou uma avalanche que derrubou 33 construções. Esses não são experimentos científicos, são acontecimentos que tentamos compreender, que buscamos descrever em forma de histórias. O ônus da prova para matérias de jornal e para artigos científicos é diferente, mas, sem uma explicação, mesmo que não totalmente comprovada, não temos nenhuma história. E jornais, revistas, livros — pessoas — precisam de histórias.

Esse é o principal motivo por que é tão fácil propagar boatos, contraconhecimento e pseudofatos na mídia, como quando Geraldo Rivera contribuiu para um estado de pânico nacional sobre satanistas tomando o controle dos Estados Unidos em 1987. Já houve sustos semelhantes na mídia com relação a abduções alienígenas e memórias reprimidas. Como disse Damian Thompson, "para um editor sob pressão, depoimentos sofridos sempre superam estatísticas áridas e talvez inconclusivas".[6] Na maioria das manchetes e descobertas científicas, não existe certeza absoluta. No entanto, como seres humanos, nós buscamos certeza. Demagogos, ditadores, cultos e até algumas religiões nos oferecem isto — uma falsa certeza que muitos de nós acham irresistível.

PERCEPÇÃO DE RISCO

Acreditamos que o espaço dos jornais dedicado a notícias sobre crimes é uma dimensão do índice de criminalidade. Ou que há uma correlação entre o volume de cobertura jornalística sobre diversas causas de morte e o risco verdadeiro de morte em relação a elas. Mas pressuposições como essas são insensatas. A cada ano, há cerca de cinco vezes mais mortes por câncer de estômago[7] do que por afogamento acidental.[8] No entanto, se considerarmos apenas um jornal, o *Sacramento Bee* não publicou nenhuma matéria sobre câncer de estômago em 2014, mas três sobre afogamentos acidentais. Com base na cobertura jornalística, seria de pensar que mortes por afogamento fossem muito mais frequentes do que mortes por câncer de estômago. O psicólogo cognitivo Paul Slovic demonstrou que as pessoas dão um peso excepcional ao risco relativo de coisas que recebem atenção da mídia. E um fator que determina se algo recebe atenção da mídia é se a história é boa. Uma morte por afogamento é mais dramática, mais repentina e talvez mais evitável do que falecer em decorrência de um câncer no estômago — elementos que compõem um belo relato, ainda que trágico. Então mortes por afogamento aparecem mais vezes, levando-nos a acreditar, equivocadamente, que são mais comuns. A falta de compreensão dos riscos pode nos fazer ignorar ou desconsiderar dados que poderíamos usar para nos proteger.

"Você está incrivelmente tranquila, considerando a quantidade de tsunâmis que têm aparecido no jornal ultimamente."

Usando esse princípio de riscos incompreendidos, estatísticos inescrupulosos ou apenas amadores desinformados com acesso a uma plataforma midiática podem nos convencer facilmente de muitas coisas que não são verídicas.

Em 2015, uma manchete na primeira página do *Times*, do Reino Unido, anunciou que 50% dos bretões contrairiam câncer ao longo da vida, e que a estimativa anterior era de 33%.[9] Isso poderia subir a até dois terços das crianças atuais, sugerindo o risco de que o Serviço Nacional de Saúde não conseguiria administrar a quantidade de pacientes com câncer. O que vem a sua cabeça quando lê isso? Que existe uma epidemia de câncer? Talvez suspeite que tenha algo a ver com nosso estilo de vida moderno, com comidas que não são saudáveis, celulares que emitem radiação, produtos de limpeza que são carcinogênicos, um buraco na camada de ozônio que deixa entrar radiação. (É aí que entra o pensamento criativo que mencionei antes.) Realmente, essa manchete poderia ser usada para promover os interesses de vários grupos em busca de lucro – empresas de alimentos saudáveis, fabricantes de protetor solar, terapeutas de medicina holística e instrutores de ioga.

Antes de entrar em pânico, perceba que esse número representa todos os tipos de câncer, incluindo os lentos, como câncer de próstata, e melanomas, que são fáceis de remover, entre outros. Não significa que todo mundo que tiver câncer vai morrer. Segundo o Cancer Research UK (CRUK), o percentual de pessoas que vencem o câncer duplicou desde os anos 1970, graças ao diagnóstico nos estágios iniciais e à evolução dos tratamentos.[10]

O que a manchete ignora é que, graças aos avanços da medicina, as pessoas vivem mais tempo. As doenças cardíacas nunca estiveram tão bem controladas, e mortes por problemas respiratórios tiveram uma redução drástica ao longo dos últimos 25 anos.[11]

A principal razão para o fato de que muita gente está morrendo de câncer é que as pessoas não estão morrendo de outras causas. Todo mundo tem que morrer de *algo*. Essa ideia aparecia na matéria do *Times*, se sua leitura chegasse tão longe (e para muitas pessoas não chega; costumamos parar na manchete e começar a nos preocupar). Em parte, o que a estatística da manchete reflete é que o câncer é uma doença de velhos, e agora muitas pessoas vão viver o bastante para contraí-lo. Não é necessariamente motivo de pânico. Seria o mesmo que dizer: "O motor de metade de todos os carros da Argentina vai dar pane durante a vida útil do carro". Sim, claro – o carro tem que parar de funcionar por algum motivo. Poderia ser um eixo quebrado, uma colisão séria, algum defeito de transmissão ou pane do motor, mas tem que ser alguma coisa.

PERSUASÃO POR ASSOCIAÇÃO

Se você quiser soterrar as pessoas em contraconhecimento, uma técnica eficaz é oferecer um monte de fatos confirmáveis verdadeiros e então acrescentar só um ou dois que não são verídicos. Os que você colocar que são corretos vão soar legítimos, e os intrépidos pesquisadores da internet que forem verificá-los vão descobrir que são fatos autênticos. Aí você acrescenta uma ou duas inverdades para defender seu argumento, e muitos desafortunados vão cair na sua conversa. Você convence associando fatos falsos ou contraconhecimento a fatos verdadeiros e conhecimento verdadeiro.

Vejamos o argumento a seguir:

1. Água é composta de oxigênio e hidrogênio.
2. O símbolo químico da água é H_2O.

3. Nosso corpo é formado por mais de 60% de água.
4. O sangue humano é 92% água.
5. O cérebro é 75% água.
6. Muitos lugares no mundo têm água poluída.
7. Menos de 1% da água acessível do mundo é potável.
8. Você só pode ter certeza da qualidade da água que você bebe se comprar água mineral engarrafada.
9. Importantes pesquisadores da área da saúde recomendam o consumo de água engarrafada, e a maioria deles também bebe água engarrafada.

As afirmações 1 a 7 são todas verdadeiras. A 8 não tem sentido lógico, e a 9, bom... quem são os importantes pesquisadores da área da saúde? E o que significa a informação de que eles também bebem água engarrafada? Pode ser apenas que eles bebem assim em uma festa, um restaurante ou um avião, onde a água é servida engarrafada e não há opção. Ou será que eles evitam cuidadosamente qualquer outra forma de água? Existe um vão enorme entre essas duas possibilidades.

O fato é que, na melhor das hipóteses, água mineral engarrafada não é uma opção mais segura ou saudável do que a água da torneira disponível na maioria dos países desenvolvidos; pode até ser menos segura nos casos em que a regulamentação é mais fraca. Isso é fundamentado por dados obtidos em diversas fontes confiáveis, como o Natural Resources Defense Council, a Mayo Clinic, a *Consumer Reports* e vários artigos em periódicos acadêmicos.[12]

É claro que há exceções. Em Nova York, Montreal e Flint, Michigan, e em muitas outras cidades mais antigas, o fornecimento municipal de água é feito em tubulações de chumbo, e chumbo pode se infiltrar na água da torneira e causar intoxicação.[13] Devido a problemas periódicos em estações de tratamento, os governos municipais impuseram uma advertência temporária sobre a água pública. E, em viagens a países subdesenvolvidos, onde a regulamentação e as condições sanitárias são menos rigorosas, talvez seja mais seguro beber água mineral engarrafada. Mas o padrão de qualidade da água pública em nações desenvolvidas está entre os mais rigorosos de qualquer área — economize e evite a garrafa de plástico. Promotores pseudocientíficos da saúde como o desse exemplo vão dar com os burros, hã, na água.

Parte III

Avalie o mundo

A natureza permite que calculemos apenas probabilidades. No entanto, a ciência não ruiu.[1]

Richard P. Feynman

Como a ciência funciona

O desenvolvimento do raciocínio crítico ao longo de muitos séculos levou a uma mudança de paradigma na história e no pensamento da humanidade: a revolução científica. Sem o advento e o exercício da ciência em cidades como Florença, Bolonha, Göttingen, Paris, Londres e Edimburgo, só para listar alguns dos grandes centros de aprendizado, a cultura, a indústria e as maiores realizações de nossa espécie talvez não tivessem a forma que conhecemos hoje. A ciência não é infalível, claro, mas o pensamento científico se encontra na base de muito do que fazemos e do nosso esforço para tentar determinar o que é verdade e o que não é. Por isso, vale a pena dar uma boa olhada por trás das cortinas para ver melhor como ela funciona. Isso inclui ver como esse nosso cérebro humano imperfeito, até entre os pensadores mais rigorosos, pode nos enganar.

Infelizmente, também precisamos admitir que alguns pesquisadores inventam dados. Nos casos mais extremos, eles listam dados que nunca foram obtidos com experimentos jamais realizados. E se safam porque fraudes são relativamente raras no meio das pesquisas científicas, então a comunidade acadêmica não está preparada para pegar essas falhas. Em outros casos, um investigador muda alguns detalhes para que os dados reflitam melhor alguma hipótese de estimação. Em casos menos extremos, o investigador omite certas informações porque elas não concordam com a hipótese ou seleciona só os casos que ele sabe que vão contribuir de forma favorável. Houve um caso de fraude em 2015, quando se concluiu que Dong-Pyou Han, ex--cientista biomédico na Universidade do Estado de Iowa em Ames, inventou e falsificou dados relacionados a uma possível vacina contra o vírus da aids.[1] Em um desfecho atípico, ele não só foi demitido da universidade como também foi condenado a quase cinco anos de prisão.

Toda a controvérsia sobre a hipótese de que a vacina tríplice viral causa autismo foi propagada por Andrew Wakefield em um artigo com dados falsificados que já foi retratado — e, no entanto, milhões de pessoas ainda acreditam na teoria.[2] Em alguns casos, um pesquisador manipula os dados ou suprime informações de acordo com princípios estabelecidos, mas falha ao não declarar essas ações, o que acaba por dificultar a interpretação e a replicação (e beira a improbidade científica).

A busca por provas, por certeza, é o que motiva a ciência, mas também motiva nossa noção de justiça e todos os nossos sistemas judiciais. A prática científica nos mostrou qual é a maneira certa de realizar essa busca.

Existem dois mitos perniciosos a respeito de como se produz ciência. O primeiro é que a ciência é algo claro e límpido, e que os cientistas nunca discordam. O segundo é que um único experimento é suficiente para nos revelar tudo sobre algum fenômeno, que a ciência avança a grandes saltos após a publicação de qualquer experimento. A verdadeira ciência é repleta de controvérsias, dúvidas e debates sobre o que sabemos de fato.

O conhecimento científico é estabelecido gradualmente mediante diversas replicações e conclusões convergentes. O conhecimento científico resulta da coleta de grandes quantidades de dados a partir de muitos experimentos, realizados em diversos laboratórios. Cada experimento é apenas um tijolo de uma grande parede. Só depois de completar uma massa crítica de experimentos estamos em condições de observar a visão geral dos dados e tirar qualquer conclusão sólida.

A unidade de valor não é o experimento individual, e sim a meta-análise. Antes de os cientistas chegarem a algum consenso, normalmente acontece uma meta-análise, que une os diversos fatos a favor e contra uma hipótese.

Se a ideia de meta-análise versus experimento único faz você pensar nos problemas de delimitação seletiva e amostras pequenas mencionados na parte II, é isso mesmo. Um experimento único, ainda que tiver muitos participantes e observações, pode ser apenas uma anomalia — os 34 quilômetros por litro que você teve a sorte de rodar naquele único teste do carro. Uma dúzia de experimentos, realizados em momentos e lugares diferentes, dá uma noção melhor de quão expressivo é determinado fenômeno. Na próxima vez que você ouvir falar de um creme facial novo que o faz parecer ter vinte anos a menos, ou de um novo remédio fitoterápico para resfriado, uma das perguntas a fazer é se a informação é embasada por meta-análise ou se foi um único estudo.

DEDUÇÃO E INDUÇÃO

O progresso científico depende de dois tipos de raciocínio. Com a dedução, partimos do geral para o específico e, se seguirmos as regras da lógica, podemos ter certeza da nossa conclusão. Com a indução, partimos de um conjunto de observações ou fatos e tentamos formular um princípio geral que possa explicá-los. Esse raciocínio vai do específico para o geral. A conclusão do raciocínio por indução não é certa — baseia-se em nossas observações e em nossa compreensão do mundo e exige um discernimento que vai além do que os dados nos informam de fato.

A probabilidade, como foi dito na parte I, é um processo de dedução. Saímos de informações gerais (como "esta moeda é honesta") para uma previsão específica (a probabilidade de tirar cara três vezes seguidas). A estatística é indutiva. Saímos de um conjunto particular de observações (como tirar cara três vezes seguidas) para um enunciado geral (se a moeda é honesta ou não). Ou, em outro exemplo, nós usaríamos probabilidade (dedução) para indicar as chances de que um remédio específico para dor de cabeça vá funcionar. Se sua dor de cabeça não passou, poderíamos usar estatística (indução) para estimar as probabilidades de que o comprimido faça parte de um lote ruim.

Indução e dedução não se aplicam apenas a coisas numéricas como probabilidade e estatística. Eis um exemplo de lógica dedutiva em palavras. Se a premissa (a primeira frase) for verdade, a conclusão também será:

> Gabriel García Márquez é humano.
> Todos os humanos são mortais.
> Portanto (esta é a conclusão dedutiva), Gabriel García Márquez é mortal.

O tipo de argumento dedutivo usado sobre García Márquez é chamado de silogismo. Em silogismos, é a *forma* do argumento que garante a conclusão subsequente. Você pode construir um silogismo com uma premissa que você sabe (ou acha) que é falsa, mas isso não invalida o silogismo — em outras palavras, a lógica da coisa toda ainda vale.

> A Lua é feita de queijo verde.
> Queijo verde custa cinquenta dólares o quilo.
> Portanto, a Lua custa cinquenta dólares o quilo.

Ora, é óbvio que a Lua *não* é feita de queijo verde, mas, SE fosse, a dedução é válida do ponto de vista da lógica. Se preferir, você pode reescrever o silogismo para deixar isso explícito:

> SE a Lua for feita de queijo verde
> E SE queijo verde custar cinquenta dólares o quilo
> ENTÃO a Lua custa cinquenta dólares o quilo.

Existem diversos tipos de argumento por dedução, e eles costumam ser ensinados em aulas de filosofia ou matemática sobre lógica formal. Outra fórmula comum utiliza condicionais. Esta se chama *modus ponens*. É fácil lembrar esse nome com o exemplo a seguir (usando Poe no lugar de *ponens*):

Se Edgar Allan Poe foi à festa, ele usou uma capa preta.
Edgar Allan Poe foi à festa.
Portanto, ele usou uma capa preta.

Pode levar um tempo para dominar lógica formal, porque, assim como em muitas formas de raciocínio, nossos instintos nos enganam. Na lógica, assim como em uma corrida, a ordem faz diferença. A conclusão a seguir parece válida ou inválida?

Se Edgar Allan Poe foi à festa, ele usou uma capa preta.
Edgar Allan Poe usou uma capa preta.
Portanto, ele foi à festa.

Embora *possa* ser verdade que Poe tenha ido à festa, não é *necessariamente* verdade. Ele pode ter usado a capa por algum outro motivo (talvez estivesse frio, talvez fosse Dia das Bruxas, talvez ele fizesse parte de uma peça que exigia o uso de uma capa e decidisse entrar no personagem). A conclusão acima representa um erro de raciocínio chamado *falácia da afirmação da consequente*, ou *erro converso*.

Se for difícil lembrar esse nome, considere o exemplo a seguir:

Se Chuck Taylor está usando sapatos Converse, então seus pés estão cobertos.
Os pés de Chuck Taylor estão cobertos.
Portanto, ele está usando sapatos Converse.

Obviamente, esse raciocínio não se sustenta, porque sapatos Converse não são a única forma de cobrir os pés – para isso, você poderia usar qualquer marca de sapato ou até mesmo amarrar sacos de lixo nos tornozelos.

Contudo, você *pode* afirmar com certeza que, se os pés de Chuck Taylor não estão cobertos, ele não está usando sapatos Converse. Isso é chamado de *contrapositivo* do primeiro enunciado.

Enunciados lógicos não funcionam como os sinais de menos das equações – não dá para negar um lado e automaticamente negar o outro também. Você tem que decorar essas regras. É um pouco mais fácil ao usar notação semimatemática. Os enunciados acima podem ser representados assim, em que A se refere a qualquer premissa, como "Se Chuck Taylor está usando sapatos Converse" ou "Se a Lua é feita de queijo verde" ou "Se o Mets vencer o campeonato este ano". B é a consequência, como "então os pés de Chuck estão cobertos" ou "então a Lua deve aparecer verde no céu noturno" ou "o inferno congelar".

Com essa notação generalizada, dizemos *Se* A como código para "Se A é verdade". Dizemos *B* ou *Não B* como código para "B é verdade" ou "B não é verdade". Então...

Se A, então B
A
Portanto, B

Em livros de lógica, pode ser que, no lugar da palavra *então*, você encontre uma seta (→) e, no lugar da palavra *não*, este símbolo: ~. Pode ser que no lugar da palavra *portanto* você veja ∴, como em:

Se A → B
A
∴ B

Não ligue para isso. São apenas umas pessoas tentando inventar moda.

Agora, existem quatro possibilidades para enunciados deste tipo: A pode ser verdade ou não, e B pode ser verdade ou não. Cada possibilidade tem um nome particular.

1. *Modus ponens*. Também é chamado de afirmação da antecedente. É como quando se antecipam as apostas em uma partida de pôquer, colocando as fichas na mesa antes de exibir qualquer carta.

VÁLIDO

Se $A \rightarrow B$

$A \therefore B$

Exemplo: Se aquela mulher é minha irmã, então ela é mais nova que eu.

Aquela mulher é minha irmã.

Portanto, ela é mais nova que eu.

2. Contrapositivo.

Se $A \rightarrow B$

$\sim B \therefore \sim A$

Exemplo: Se aquela mulher é minha irmã, então ela é mais nova que eu.

Aquela mulher não é mais nova que eu.

Portanto, ela não é minha irmã.

3. Converso.

Se $A \rightarrow B$

$B \therefore A$

Essa dedução *não* é válida.

Exemplo: Se aquela mulher é minha irmã, então ela é mais nova que eu.
Aquela mulher é mais nova que eu.
Portanto, ela é minha irmã.

Isso é inválido porque existem muitas mulheres mais novas do que eu e que não são minha irmã.

4. Inverso.
Se A → B
~ A ∴ ~ B

Essa dedução *não* é válida.

Exemplo: Se aquela mulher é minha irmã, então ela é mais nova que eu.
Aquela mulher não é minha irmã.
Portanto, ela não é mais nova que eu.

Isso é inválido porque existem muitas mulheres que não são minha irmã e ainda assim são mais novas que eu.

O raciocínio por indução se baseia na presença de fatos que sugerem que a conclusão é verdade, mas não a garantem. Ao contrário da dedução, ela leva a conclusões incertas, mas (se for feita corretamente) prováveis.

Um exemplo de indução:

Todos os mamíferos conhecidos têm rins.
Portanto (este é o passo indutivo), se descobrirmos uma espécie mamífera nova, provavelmente ela vai ter rins.

A ciência progride a partir da combinação de deduções e induções. Sem induções, nunca teríamos nenhuma hipótese sobre o mundo. Nós usamos isso constantemente no dia a dia.

Sempre que chamei Patrick para fazer algum conserto em casa, ele fez um serviço ruim.
Portanto, se eu chamar Patrick para o próximo conserto, ele também vai fazer um serviço ruim.

Todos os pilotos de avião que já conheci são organizados, atentos e meticulosos.
Lee é piloto de avião. Ele tem essas qualidades e também é bom em matemática.
Portanto, todos os pilotos de avião são bons em matemática.

É claro que esse segundo exemplo não é necessariamente verdadeiro. Estamos fazendo uma inferência. Com o que sabemos sobre o mundo, e sobre os requisitos para se trabalhar como piloto — saber traçar rotas, estimar a influência da velocidade do vento no tempo de chegada etc. —, parece razoável. Mas pense no seguinte:

Todos os pilotos de avião que já conheci são organizados, atentos e meticulosos.
Lee é piloto de avião. Ele tem essas qualidades e também gosta de fotografia.
Portanto, todos os pilotos de avião gostam de fotografia.

Aqui, nossa inferência é menos certa. Nosso conhecimento de mundo sugere que fotografia é uma preferência pessoal, e não é necessariamente verdade que um piloto a aprecie mais ou menos do que alguém que não é piloto.

Sherlock Holmes, o grande detetive da ficção, tira conclusões a partir de um raciocínio astuto, e, embora ele afirme que usa dedução, na realidade o que ele usa é outro tipo de raciocínio, chamado *abdução*. Quase todas as conclusões de Holmes são palpites inteligentes, baseados em fatos, mas não de modo a serem rigorosas ou inevitáveis. Com o raciocínio por abdução, partimos de uma série de observações e então geramos uma teoria que as explique. Das infinitas teorias diferentes que poderiam explicar algo, procuramos a que é mais provável.

Por exemplo, Holmes conclui que um suposto suicídio na verdade foi assassinato.[3]

HOLMES: O ferimento estava no lado direito da cabeça dele. Van Coon era canhoto. Exigiria uma dose considerável de contorção.

INSPETOR-DETETIVE DIMMOCK: Canhoto?

HOLMES: Ah, me espanta você não ter percebido. Basta passar os olhos por este apartamento. Mesa de centro no lado esquerdo; caneca de café com a asa virada para a esquerda. Em geral usava as tomadas da esquerda... Caneta e papel à esquerda do telefone porque ele pegava com a mão direita e anotava recados com a esquerda... Há uma faca na tábua de pão com manteiga no lado direito da lâmina porque ele a usava com a mão esquerda. É altamente improvável que um homem canhoto atire no lado *direito* da própria cabeça. Conclusão: alguém invadiu este cômodo e o assassinou...

DIMMOCK: Mas a arma... por quê...

HOLMES: Ele estava esperando o assassino. Havia recebido uma ameaça.

Repare que Sherlock utiliza as palavras *altamente improvável*. Isso indica que ele não está usando dedução. E não é indução porque ele não parte de um fato específico para um geral – de certa forma, ele está partindo de um conjunto de dados específicos (as observações que faz sobre o apartamento da vítima) para outro dado específico (a conclusão de que foi assassinato, em vez de suicídio). Abdução, meu caro Watson.

ARGUMENTAÇÃO

Quando se oferecem dados para fundamentar um enunciado, esse conjunto de enunciados recebe um status especial – o que os lógicos chamam de argumento. Aqui, a palavra *argumentação* não significa opinião; trata-se de um sistema de enunciados de lógica formal. Argumentos são divididos em duas partes: os dados e uma conclusão. Os dados podem ser constituídos por um ou mais enunciados, ou premissas. (Um enunciado sem dados, ou sem conclusão, não é uma argumentação nesse sentido da palavra.)

Argumentos estabelecem um sistema. É comum que comecemos com a conclusão – eu sei que isso parece colocar o carro na frente dos bois, mas é assim que geralmente falamos; afirmamos a conclusão e *depois* apresentamos os dados.

Conclusão: Jacques trapaceia na sinuca.
Dado (ou premissa): Quando você estava de costas, vi que ele mexeu a bola antes de dar a tacada.

No raciocínio por dedução, o processo segue o caminho inverso.

Premissa: Quando você estava de costas, vi que ele mexeu a bola antes de dar a tacada.
Conclusão: Jacques trapaceia na sinuca.

Isso é bem próximo da maneira como cientistas falam dos resultados dos experimentos, que são uma forma de argumento, também com duas partes.

Hipótese = H
Implicação = I

H: Não existem cisnes negros.
I: Se H é verdade, então nem eu nem mais ninguém jamais verá um cisne negro.
Mas *I* não é verdade. Meu tio viu um cisne negro e me mostrou também.
Portanto, refute H.

ARGUMENTO POR DEDUÇÃO

A teoria microbial das doenças foi descoberta pelo uso de dedução.[4] Ignaz Semmelweis foi um médico húngaro que conduziu uma série de experimentos (doze anos antes da pesquisa de Pasteur com germes e bactérias) para determinar o que causava as altas taxas de mortalidade em uma maternidade do Hospital Geral de Viena. O método científico ainda não estava bem estabelecido na época, mas as observações e manipulações sistemáticas dele ajudaram não só a identificar o culpado como também a aprofundar o conhecimento científico. Seus experimentos são um modelo de lógica por dedução e de raciocínio científico.

O cenário incluía uma espécie de condição de controle: o hospital de Viena tinha duas maternidades adjacentes: a primeira divisão (com alta taxa de mortalidade) e a segunda divisão (com baixa taxa de mortalidade). Ninguém conseguia descobrir por que ocorriam muito mais mortes de mães e bebês em uma maternidade do que na outra.

Um conselho de investigação sugeriu que a configuração da primeira divisão promovia transtornos psicológicos: sempre que um padre era chamado para dar a extrema-unção a uma mulher moribunda, ele precisava passar pelos leitos da maternidade da primeira divisão, precedido por uma enfermeira, que vinha tocando um sino. Acreditava-se que essa combinação deixava as parturientes apavoradas e que, portanto, elas seriam mais suscetíveis àquela "febre do parto". O padre não precisava passar pelas parturientes da segunda divisão ao dar a extrema-unção porque tinha acesso direto ao espaço onde as mulheres moribundas ficavam.

Semmelweis propôs uma hipótese e uma implicação que descreviam um experimento:

H: A presença do sino e do padre aumenta o risco de infecção.
I: Se o sino e o padre não estiverem presentes, a infecção não aumenta.

Semmelweis convenceu o padre a usar uma rota complicada e cheia de voltas para não passar pelas parturientes da primeira divisão, e também convenceu a enfermeira a parar de tocar o sino. A taxa de mortalidade não diminuiu.

I não é verdade.
Portanto, H é falsa.

A hipótese é rejeitada após cuidadosa experimentação.

Semmelweis considerou outras possibilidades. A causa não era superlotação, porque, na realidade, a segunda divisão era a que tinha mais pacientes. Não era a temperatura ou a umidade, pois essas eram iguais em ambas. Como em muitas outras descobertas científicas, foi uma casualidade, uma circunstância puramente providencial, que o levou a uma ideia. Um amigo íntimo de Semmelweis foi ferido acidentalmente pelo bisturi de um aluno que havia acabado de realizar uma autópsia. Esse amigo ficou muito doente, e a autópsia posterior revelou alguns dos mesmos sinais de infecção encontrados nas mulheres que morriam no parto. Semmelweis se perguntou se havia alguma ligação entre as partículas ou substâncias químicas que havia nos cadáveres e a disseminação da doença. Outra diferença entre as duas divisões que parecera irrelevante de repente se tornou crucial: a equipe que trabalhava na primeira divisão era formada por alunos de medicina que muitas vezes estavam realizando autópsias ou dissecando cadáveres quando eram chamados para fazer os partos; a equipe da segunda divisão era composta de parteiras que não tinham outras ocupações. Os médicos não tinham o costume de lavar as mãos, então Semmelweis propôs o seguinte:

H: A presença de agentes contaminantes dos cadáveres nas mãos dos médicos aumenta o risco de infecção.

I: Se os agentes contaminantes forem neutralizados, a infecção não aumenta.

Claro, era possível também uma *I* alternativa: se as equipes das duas divisões trocassem de lugar (se as parteiras atuassem na divisão um e os alunos, na dois), a infecção diminuiria. Essa implicação também é válida, mas havia dois motivos pelos quais seria melhor fazer os médicos lavarem as mãos em vez de as equipes trocarem de lugar. Primeiro: se a hipótese fosse verdadeira, a taxa de mortalidade no hospital não mudaria — Semmelweis só teria transferido as mortes de uma divisão para a outra. Segundo:

enquanto não estivessem fazendo partos, os médicos ainda precisariam trabalhar nos laboratórios da primeira divisão, e, assim, levaria mais tempo para que as duas equipes chegassem às mulheres em trabalho de parto, o que poderia ocasionar mais mortes. Fazer os médicos lavarem as mãos tinha a vantagem de que, se desse certo, a taxa de mortalidade no hospital inteiro diminuiria.

Para o experimento, Semmelweis pediu que os médicos desinfetassem as mãos com uma solução de cloro. A taxa de mortalidade da primeira divisão caiu de 18% para menos de 2%.

Falácias lógicas

CORRELAÇÃO ILUSÓRIA

O cérebro é um detector de padrões gigante que tenta extrair ordem e estrutura a partir de conjuntos de configurações que muitas vezes parecem aleatórias. Vemos o caçador Órion no céu estrelado não porque as estrelas se organizaram desse jeito, mas porque nosso cérebro consegue projetar padrões na aleatoriedade.

Quando aquela sua amiga telefona na mesma hora em que você pensa nela, a coincidência surpreende tanto que seu cérebro registra. O que ele não consegue registrar direito é todas as outras vezes em que alguém telefonou enquanto você *não* estava pensando nessa pessoa. Considere isso como se fosse uma daquelas tabelas quádruplas da parte I. Digamos que seja uma semana particularmente incrível, cheia de coincidências (um gato preto cruza o caminho bem quando você passa por um depósito cheio de espelhos quebrados, e aí você entra com o pé esquerdo em uma casa e vê que está passando *Sexta-feira 13* na televisão). Digamos que você receba vinte ligações nessa semana e que duas delas foram de amigos em quem você não pensava havia bastante tempo e que telefonaram dez minutos depois de você pensar neles. Esta é a primeira linha da sua tabela: vinte ligações, duas que você invocou com sinais extrassensoriais e dezoito que não foram invocadas. Mas espere! Temos que preencher a segunda linha da tabela: quantas vezes você pensou nas pessoas e elas *não* ligaram, e – a minha preferida – quantas vezes você *não* pensou em alguém e a pessoa não ligou?

		EU TINHA ACABADO DE PENSAR NA PESSOA?		
		SIM	NÃO	
ALGUÉM TELEFONOU	SIM	2	18	20
	NÃO	50	930	980
		52	948	1000

Para preenchermos o restante da tabela, digamos que durante uma semana tenha havido 52 momentos em que você pensou em alguém e que tenha havido 948 momentos em que você não pensou em ninguém.[1] (Esse último foi só um chute, mas, se dividirmos as 168 horas de uma semana em períodos de dez minutos, são cerca de 980 pensamentos ao todo, e já sabemos que cinquenta desses foram em pessoas que não telefonaram, restando 930 pensamentos sobre quaisquer outros assuntos além de pessoas. Isso provavelmente é um cálculo por baixo, mas qualquer número razoável que você puser aqui pode servir como exemplo – experimente.)

O cérebro só percebe de fato a célula do canto superior esquerdo e ignora as outras três, em detrimento do raciocínio lógico (e em benefício do raciocínio mágico). Agora, antes que você compre sua passagem para Las Vegas para jogar na roleta, vamos fazer as contas. Qual é a probabilidade de alguém ligar *considerando* que você tenha acabado de pensar nessa pessoa? É de apenas duas em 52, ou 4%. Isso mesmo, em 4% das vezes em que você pensa em alguém, essa pessoa telefona. Não é mais tão impressionante.

E o que poderia explicar esses 4% de ocasiões em que acontece essa coincidência? Um físico comentaria que, dos mil momentos de sua tabela quádrupla, só dois (dois décimos de 1%) parecem "esquisitos", então você devia considerar isso um acaso. Um psicólogo talvez questionasse se houve algum fator externo que fez com que você e sua amiga pensassem um no outro, suscitando assim a ligação. Você lê sobre os ataques terroristas de 13 de novembro de 2015 em Paris. Em algum recôndito da sua memória, você lembra que vivia falando com uma amiga da faculdade sobre viajar a Paris. Ela telefona, e você se surpreende tanto de receber notícias que esquece a associação com Paris, mas ela está reagindo ao mesmo acontecimento, e foi por isso que ligou.

Se você está se lembrando da história dos gêmeos separados de algumas páginas atrás, está certo. Correlação ilusória é a explicação básica que geneticistas comportamentais usam para confluências estranhas de comportamentos, como o costume de ambos os gêmeos de coçar a cabeça com o dedo anelar ou de os dois terem o hábito de enrolar lápis e canetas com fita adesiva para segurar melhor. Ficamos fascinados pelo conteúdo da célula superior esquerda na tabela, concentrados em tudo que os gêmeos têm em comum. Nossa tendência é ignorar todas as coisas que um dos irmãos faz e o outro não.

BASE DE PROBABILIDADES

Depois daquele telefonema da sua antiga amiga da faculdade, você decide tirar uma semana de férias em Paris no próximo verão. Enquanto está olhando a *Mona Lisa*, escuta uma voz familiar e, quando vira o rosto, vê Justin, seu antigo colega de quarto da época da faculdade, com quem não se encontra há anos. Ele diz: "Não acredito!". Você responde: "Pois é! Quais são as chances de eu encontrar você aqui em Paris, bem na frente da *Mona Lisa*? Deve ser uma em milhões!".

Sim, as chances de topar com Justin na frente da *Mona Lisa* provavelmente são uma em milhões (seria difícil calcular com precisão, mas qualquer cálculo que você fizesse deixaria bem claro que isso era muito improvável). Mas essa base da probabilidade é falaciosa. Vamos recuar um pouco. E se você tivesse encontrado Justin não na frente da *Mona Lisa*, mas quando estava olhando a *Vênus de Milo*, no toalete ou até na entrada do museu? E se tivesse encontrado Justin no hotel, em um café ou na torre Eiffel? Seria igualmente espantoso. Aliás, deixe Justin para lá — se você tivesse encontrado *qualquer conhecido* nessas férias, *em qualquer lugar de Paris*, seria igualmente espantoso. E por que se limitar às férias em Paris? Poderia ser uma viagem de negócios a Madri, em uma conexão no aeroporto de Cleveland ou em um spa em Tucson. Consideremos a seguinte base para a probabilidade: em determinado momento na sua vida adulta, você vai encontrar algum conhecido em um lugar onde não esperava encontrá-lo. A probabilidade de isso acontecer é claramente bem alta. Mas o cérebro não pensa automaticamente desse jeito — a ciência cognitiva já demonstrou como é necessário ensinarmos a nós mesmos evitar raciocínios fracos.

BASE DE RISCOS

Um problema relacionado à formulação das probabilidades é a dificuldade de considerar bases lógicas para os riscos. Mesmo se contarmos as fatalidades com aviões nos ataques do Onze de

Setembro, viagens aéreas permaneceram (e ainda são) o meio de transporte mais seguro, seguidas de perto pelo transporte ferroviário. A probabilidade de morrer durante um voo comercial ou uma viagem de trem é praticamente zero. Contudo, após os ataques terroristas, muitos viajantes americanos passaram a evitar aviões e deram preferência a rodovias. As mortes com automóveis tiveram um aumento drástico. As pessoas seguiram a intuição emocional em vez de adotar uma reação lógica, e ignoraram o risco maior. O *índice* de acidentes com veículos não subiu acima da linha-base, mas o somatório de vítimas fatais em todos os acidentes com meios de transporte aumentou quando as pessoas escolheram um meio de transporte menos seguro.[2]

Você poderia citar uma estatística como esta:

> Mais pessoas morreram em desastres de avião em 2014 do que em 1960.

A partir disso, talvez você chegue à conclusão de que os voos se tornaram menos seguros.[3] A estatística está correta, mas o relevante não é a estatística. Se você quiser descobrir se voar é mesmo seguro, o número total de mortes com viagens aéreas não vai ajudar. É preciso avaliar o *índice* de mortes — as mortes por quilômetros voados, ou as mortes por voo, ou algo que estabeleça uma linha-base. A quantidade de voos em 1960 era muito menor, mas eles eram mais perigosos.[4]

Com uma lógica semelhante, você poderia dizer que mais pessoas morrem em rodovias entre cinco e sete da tarde do que entre duas e quatro da madrugada, então seria melhor evitar dirigir entre cinco e sete. Mas a verdade é que há muito mais gente na rua entre cinco e sete da tarde — você precisa examinar o *índice* de mortes (por quilômetro, por percurso, por carro), não o valor bruto. Se fizer isso, vai ver que dirigir no fim do dia é mais seguro (em parte porque é mais provável que as pessoas na estrada entre duas e quatro da madrugada estejam bêbadas ou com sono).

Após os ataques em Paris em 13 de novembro de 2015, a CNN anunciou que pelo menos um dos responsáveis havia entrado na União Europeia como refugiado, em meio a uma onda crescente de rejeição a refugiados no continente europeu. Ativistas antirrefugiados vinham cobrando mais rigor nas fronteiras. Esse assunto é uma questão social e política, e não pretendo me posicionar a respeito, mas os números podem informar e ajudar nas decisões a serem tomadas. Fechar completamente as fronteiras para todos os imigrantes e refugiados poderia ter evitado os ataques, que tiraram cerca de 130 vidas. É quase certo que negar entrada a 1 milhão de imigrantes saídos de regiões devastadas pela guerra, como a Síria e o Afeganistão, teria custado milhares de vidas, muito mais do que os 130 que morreram nos ataques. Ambas as opções têm outros riscos também, e outras considerações. Mas, para alguém que não pensa em termos de lógica numérica, uma manchete como "Um dos terroristas era refugiado" inflama as emoções do movimento anti-imigração sem reconhecer a quantidade de vidas salvas por políticas de imigração. A mentira que os terroristas querem vender é que você está em perigo enorme e imediato.

Base enganosa é uma ferramenta comum entre vendedores para tentar convencer você a comprar alguma coisa. Digamos que você receba um e-mail de uma empresa de segurança residencial com o seguinte argumento: "Noventa por cento dos roubos domiciliares são solucionados com vídeos apresentados pelo proprietário da residência". Parece tão empírico. Tão científico.

Comece com um teste de plausibilidade. Esqueça a segunda parte da frase, sobre os vídeos, e se concentre na primeira parte: "Noventa por cento dos roubos domiciliares são solucionados...".

Isso parece razoável? Sem examinar estatísticas reais, recorrendo só a nosso conhecimento de mundo, parece duvidoso que 90% de todos os roubos domiciliares sejam solucionados. Seria um índice de sucesso fantástico para qualquer delegacia. Vamos à internet. Uma página do FBI mostra que cerca de 30% dos casos de roubo são "esclarecidos", ou seja, solucionados.[5]

Então podemos rejeitar a afirmação inicial como algo extremamente improvável. Ela dizia que 90% dos roubos domiciliares são solucionados com vídeos apresentados pelo proprietário da residência. Mas isso não tem como ser verdade — isso sugeriria que mais de 90% dos roubos são solucionados, porque alguns certamente devem ser solucionados sem vídeos da residência. Provavelmente, o que a empresa quer dizer é que 90% dos roubos solucionados são resolvidos com vídeos apresentados pelo proprietário da residência.

Não é a mesma coisa?

Não, porque a amostra é diferente. No primeiro caso, estamos olhando para todos os roubos cometidos. No segundo, estamos olhando apenas para os que foram solucionados, uma quantidade muito menor. Aqui vai, visualmente:

Todos os roubos domiciliares em um bairro:

Roubos domiciliares solucionados em um bairro
(considerando a informação de 30% obtida antes):

Então isso significa que, se eu tiver uma câmera, há 90% de chance de a polícia conseguir solucionar uma invasão da minha casa?

Não!

A única coisa que você sabe é que, *se* um roubo for solucionado, há 90% de chance de que a polícia tenha tido ajuda de um vídeo caseiro de segurança. Se você acha que temos uma quantidade suficiente de informações para responder à pergunta que realmente deseja saber (qual é a probabilidade de a polícia conseguir solucionar uma invasão da minha casa se eu comprar o sistema de segurança residencial em comparação com o caso de eu não comprar), está enganado — precisamos montar uma tabela quádrupla como aquelas da parte I, mas, se você tentar, vai descobrir que só temos informações para uma das linhas. Sabemos o percentual de crimes solucionados que tiveram vídeos residenciais. Mas, para preencher a tabela, também precisamos saber qual é a proporção de crimes não solucionados que tinham vídeos residenciais (ou qual é a proporção de vídeos residenciais que resultaram em crimes não solucionados).

Lembre que P(invasão solucionada | vídeo residencial) ≠ P(vídeo residencial | invasão solucionada).

A base enganosa dos dados pretende deixar você perturbado e fazer você adquirir um produto que talvez não apresente o resultado prometido.

PERSEVERANÇA DE CRENÇA

Uma característica peculiar da cognição humana é o fato de que, quando formamos uma crença ou aceitamos uma afirmação, é muito difícil deixá-las de lado, mesmo diante de uma quantidade extraordinária de fatos e provas científicas do contrário. Relatórios de pesquisa indicam que devíamos ingerir alimentos com baixo nível de gordura e alto nível de carboidratos, e é o que fazemos. Estudos novos questionam as conclusões anteriores — de forma bastante convincente —, e ainda assim relutamos em mudar nossos hábitos alimentares. Por quê? Ao adquirirmos informações novas, temos a tendência de inventar histórias internas que nos ajudam a assimilar o conhecimento. Dizemos para nós mesmos que "comer gordura faz engordar, então a dieta de pouca gordura faz todo sentido". Lemos uma reportagem sobre um homem que foi condenado por um homicídio sórdido. Vemos o retrato dele no jornal e pensamos que conseguimos distinguir os olhos pequenos e o maxilar cruel de um assassino com sangue-frio. Nós nos convencemos de que o sujeito "parece um assassino". As sobrancelhas arqueadas, a boca relaxada, a aparente falta de remorso. Mais tarde, quando ele é absolvido com base em provas contundentes, não conseguimos nos desfazer da sensação de que, mesmo se ele não cometeu *aquele* assassinato, com certeza cometeu outro. Senão ele não pareceria tão culpado.

Em um famoso experimento psicológico, os participantes viram fotografias de pessoas do sexo oposto enquanto supostamente estavam ligados a equipamentos que monitoravam suas reações fisiológicas para indicar o nível de excitação.[6] Na verdade, eles não estavam ligados a nada — o equipamento estava sob o controle dos pesquisadores que conduziam o experimento. Os participantes recebiam respostas falsas para fazê-los acreditar que sentiam mais atração por uma das pessoas das fotos do que pelas outras. Depois que o experimento acabava, os participantes eram informados de que as "reações" corporais na realidade eram gravações pré-fabricadas. O mais engraçado era que eles depois podiam escolher uma das fotos para levar para casa. Pela lógica, deviam escolher a foto que acharam mais atraente no momento — o indicador de que eles tinham gostado de determinada foto havia sido desacreditado completamente. Mas os participantes tendiam a escolher a foto que condizia com a crença inicial. Os pesquisadores demonstraram que o efeito era produzido pelo tipo de autopersuasão descrito acima.

AUTISMO E VACINAS: QUATRO ARMADILHAS DE RACIOCÍNIO

A história entre autismo e vacinas envolve quatro armadilhas distintas do raciocínio crítico: correlação ilusória, perseverança de crença, persuasão por associação e a falácia de lógica que já vimos, *post hoc, ergo propter hoc* (em tradução livre, "como isto aconteceu depois daquilo, aquilo deve ter causado isto").

Entre 1990 e 2010, a quantidade de crianças diagnosticadas com transtornos do espectro autista (TEA) se multiplicou por seis, sendo que na última década ela mais que dobrou.[7] A prevalência do autismo vem aumentando exponencialmente desde os anos 1970 até hoje.

A maior parte desse aumento foi atribuída a três fatores: conscientização crescente a respeito do autismo (uma quantidade maior de pais está atenta e leva os filhos para serem avaliados, os profissionais estão mais dispostos a dar o diagnóstico); definições mais amplas que incluem mais casos; e o fato de que as pessoas

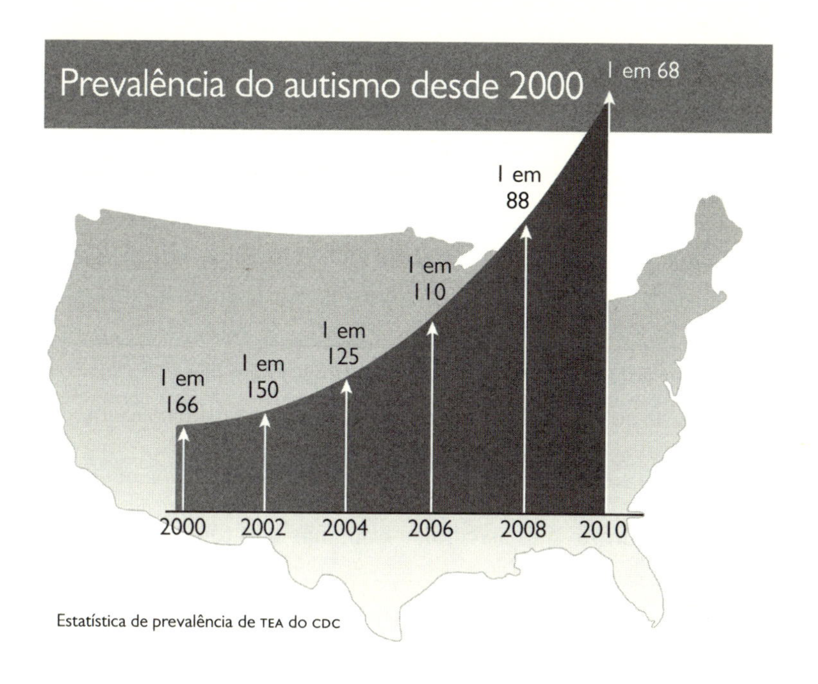

Estatística de prevalência de TEA do CDC

estão tendo filhos mais tarde na vida (há uma correlação entre a idade avançada dos pais e a probabilidade de desenvolvimento de autismo e vários outros transtornos).[8]

Se você deixar que a internet oriente seu raciocínio sobre o motivo para esse crescimento do autismo, ela vai lhe apresentar um mundo de culpados perversos: alimentos transgênicos, açúcar refinado, vacinas infantis, glifosatos, wi-fi e proximidade de rodovias.[9] O que um cidadão responsável poderia fazer? Seria ótimo se algum especialista pudesse ajudar. *Voilà* — uma cientista do MIT ao resgate! A dra. Stephanie Seneff virou notícia em 2015 ao anunciar uma ligação entre o aumento do uso de glifosatos, um ingrediente ativo do herbicida Roundup, e o crescimento do número de casos de autismo. Isso mesmo, duas coisas aumentam — como piratas e o aquecimento global —, então deve haver alguma relação de causa, certo?

Alguém está pensando em *post hoc, ergo propter hoc*?

A dra. Seneff é uma cientista da computação sem nenhuma formação em agronomia, genética ou epidemiologia. Mas ela é uma *cientista* do venerável MIT, então muita gente presume, erroneamente, que o conhecimento dela vai além de sua formação. Ela também reveste seu argumento com a linguagem da ciência, dando um verdadeiro verniz de contraconhecimento pseudocientífico:[10]

1. O glifosato interrompe a via do xikimato nas plantas.
2. A via do xikimato permite que as plantas criem aminoácidos.
3. Quando a via é interrompida, as plantas morrem.

Seneff admite que as células humanas não têm vias de xikimato, mas continua:

4. Nós temos milhões de bactérias no aparelho digestivo ("flora intestinal").
5. Essas bactérias têm via do xikimato.
6. Quando o glifosato entra em nosso organismo, ele afeta a digestão e as funções imunológicas.
7. O glifosato em humanos também pode inibir a função hepática.

Se você está se perguntando o que isso tudo tem a ver com autismo, faz bem. Seneff argumenta (sem mencionar nenhum dado) que há um aumento da prevalência de problemas digestivos e distúrbios do sistema imunológico, mas isso não tem nada a ver com autismo.

Outras pessoas em busca de alguma explicação para o aumento dos casos de autismo apontaram para a vacina tríplice viral e o composto bactericida e fungicida timerosal (tiomersal) contido nela. O timerosal é derivado de mercúrio, e a quantidade contida nas vacinas normalmente é de um quarenta avos do que a Organização Mundial da Saúde (OMS) considera uma ingestão diária tolerável. Perceba que as diretrizes da OMS são expressas em termo de ingestão diária, e, na vacina, a pessoa recebe só uma vez.

Embora não houvesse nenhuma indicação de que o timerosal estava associado ao autismo, em 1992 ele foi removido das vacinas na Dinamarca e na Suécia, e a partir de 1999 nos Estados Unidos, como "precaução".[11] Os casos de autismo continuaram crescendo rapidamente mesmo após a retirada do agente. A correlação ilusória (assim como no caso dos piratas com o aquecimento global) é que a vacina tríplice viral costuma ser aplicada entre as idades de doze e quinze meses, e, se uma criança tem autismo, normalmente o diagnóstico é dado no mínimo entre dezoito meses e dois anos de idade. Os pais costumavam se concentrar só na célula superior esquerda da tabela – a quantidade de vezes que uma criança era vacinada e depois era diagnosticada com autismo – sem considerar a quantidade de crianças não vacinadas que também desenvolviam autismo ou os *milhões* de crianças vacinadas que não desenvolviam autismo.

Para piorar, Andrew Wakefield, um médico hoje desacreditado, publicou um artigo científico em 1998 afirmando haver essa ligação. O *British Medical Journal* declarou que a pesquisa dele foi fraudulenta, e, seis anos depois, o *Lancet*, o periódico que havia publicado o artigo, o retratou. A sua licença de médico foi revogada. Wakefield era cirurgião, não um especialista em epidemiologia, toxicologia, genética, neurologia ou qualquer outra área que lhe permitisse passar por entendido em autismo.

Post hoc, ergo propter hoc fez as pessoas acreditarem que a correlação sugeria causalidade. A correlação ilusória as fez observar apenas a coincidência de algumas pessoas com autismo que também tinham sido vacinadas. As declarações de uma cientista da computação e de um médico persuadiram as pessoas por associação. A perseverança de crença fez as pessoas que haviam acreditado na ligação se aferrarem à crença mesmo depois de os dados serem apontados como errôneos.

Até hoje há pais que culpam a vacina pelo autismo, e muitos pararam de vacinar seus filhos. Isso levou a diversos surtos de sarampo no mundo inteiro. Tudo por causa de uma associação espúria e da incapacidade de muita gente de distinguir entre correlação e causalidade, e de uma falha em formar crenças no que hoje é uma quantidade extraordinária de dados científicos.

Saiba o que você não sabe

... como sabemos, existem conhecimentos conhecidos; há coisas que sabemos que sabemos. Também sabemos que há desconhecidos conhecidos; ou seja, sabemos que há coisas que não sabemos. Mas existem também os desconhecimentos desconhecidos – as coisas que não sabemos que não sabemos.[1]
Donald Rumsfeld, secretário de Defesa dos Estados Unidos

Esta é nitidamente uma redação tortuosa, e o sentido da frase fica obscurecido por esse motivo. Não há razão para repetir constantemente as mesmas palavras, e o secretário talvez tivesse se expressado com mais clareza se tivesse dito: "Há coisas que sabemos, coisas que estamos cientes de que não sabemos, e algumas coisas que nem temos consciência de que não sabemos". Mas, obviamente, há uma quarta possibilidade – coisas que sabemos e que não estamos cientes de que sabemos. Você provavelmente já passou por isso – alguém faz uma pergunta e você responde automaticamente, e depois pensa: "Não faço ideia de como eu sabia disso".

De qualquer forma, a ideia básica é válida, sabe? O pior para você e que causa uma quantidade inconcebível de dano e inconveniência é tudo que você acha que sabe, mas não sabe (como na epígrafe de Mark Twain/Josh Billings no começo deste livro), e as coisas de que você nem tinha consciência e que são extremamente relevantes para a decisão que precisa tomar (os desconhecimentos desconhecidos). Para formular uma pergunta devidamente científica, é preciso levar em conta tudo que sabemos e o que não sabemos. Uma hipótese científica formulada adequadamente é *falsificável* – há passos que podemos dar, pelo menos em tese, para testar o estado verdadeiro do mundo, para determinar se nossa hipótese é verdadeira ou não. Na prática, isso significa prever explicações alternativas antes de realizar experimentos e conceber o experimento de modo que as alternativas sejam descartadas.

Se você está testando um remédio novo em dois grupos de pessoas, as condições do experimento precisam ser as mesmas para chegar à conclusão de que o remédio A é melhor que o remédio B. Se todas as pessoas do grupo A receberem o remédio dentro de uma sala com uma bela vista da janela e as do grupo B tiverem que tomar dentro de um laboratório em um porão fedido, teremos um fator de confusão que nos impede de concluir se a diferença (se houver alguma) se deve exclusivamente ao medicamento. O problema do porão fedido é um conhecimento conhecido. A dúvida se o remédio A é melhor que o remédio B é um desconhecimento conhecido (o motivo pelo qual estamos conduzindo o experimento). O desconhecimento desconhecido aqui seria algum outro fator de confusão em potencial. Talvez pessoas com pressão alta reajam melhor ao remédio A e pessoas com pressão baixa reajam melhor ao remédio B. Talvez o histórico familiar seja relevante. Quando identificamos um fator de confusão em potencial, ele pula diretamente da categoria de desconhecimentos desconhecidos e se torna um desconhecimento conhecido. Assim, podemos modificar o experimento ou realizar mais pesquisas para nos ajudar a entender.

O segredo para planejar um bom experimento – ou para avaliar experimentos já realizados – é ter a capacidade de gerar explicações alternativas. Pode-se dizer que descobrir desconhecimentos desconhecidos é o principal trabalho dos cientistas. Nós adoramos quando um experimento produz resultados surpreendentes, porque é uma oportunidade de aprender algo novo. Não conheço nenhum cientista que corresponda àquela caricatura de filmes B que se aferra com todas as forças a uma hipótese de estimação; cientistas de verdade sabem que só aprendem quando as coisas não acontecem do jeito que esperavam.

Resumindo:

1. Existem algumas coisas que sabemos, como a distância entre a Terra e o Sol. Pode ser que você não saiba a resposta sem precisar pesquisar, mas sabe que a resposta é conhecida. Isso é o *conhecimento conhecido* de Rummy.

2. Existem algumas coisas que não sabemos, como a ligação entre os disparos dos neurônios e a sensação de alegria. Estamos cientes de que não sabemos essa resposta. Isso é o *desconhecimento conhecido* de Rummy.

3. Existem algumas coisas que sabemos, mas não estamos cientes de que sabemos, ou que esquecemos que sabemos. Qual é o nome de solteira da sua avó? Quem se sentava ao seu lado no terceiro ano da escola? Se os lembretes certos ajudam você a recordar algo, você descobre que já sabia, embora não tivesse se dado conta antes. Embora Rumsfeld não mencione, isso é um *conhecimento desconhecido*.

4. Existem algumas coisas que não sabemos, e que nem temos consciência de que não sabemos. Se você comprou uma casa, provavelmente contratou diversos técnicos para examinar as condições do teto e das fundações e avaliar a presença de cupins ou outros organismos que destroem madeira. Se você nunca ouviu falar de radônio e seu corretor estava mais interessado em fechar a venda do que na saúde de sua família, você nem sonharia em fazer testes para isso. Mas muitas casas apresentam alto nível de radônio, uma substância cancerígena. Isso contaria como um *desconhecimento desconhecido* (se bem que, após ler este parágrafo, não é mais). Repare que estar ou não ciente de um desconhecimento depende de sua experiência e formação. Um fiscal de controle de pragas diria que só está examinando o que é visível — ele sabe que pode haver danos ocultos em sua casa, em partes que ele não pôde alcançar. Ele desconhece a natureza e a extensão desses danos, se é que existem, mas está ciente de que podem existir (um *desconhecimento conhecido*). Se você aceitar cegamente as conclusões dele e presumir que o trabalho foi completo, então não está ciente de que pode haver mais danos (um *desconhecimento desconhecido*).

Podemos esclarecer as quatro possibilidades do secretário Rumsfeld com uma tabela:[2]

O que sabemos que sabemos: ÓTIMO — PODE GUARDAR	O que sabemos que não sabemos: TUDO BEM, PODEMOS APRENDER
O que não sabemos que sabemos: UM BÔNUS	O que não sabemos que não sabemos: PERIGO — BANCO DE AREIA OCULTO

Os desconhecimentos desconhecidos são os maiores perigos. É possível apontá-los como raiz de alguns dos piores desastres provocados pela humanidade. Quando pontes caem, países perdem guerras ou hipotecas são executadas, muitas vezes isso acontece porque alguém não considerou a possibilidade de que não sabia tudo e avançou às cegas achando que todas as contingências tinham sido previstas. Um dos principais propósitos do treinamento para ph.Ds, advogados, médicos, administradores ou líderes militares é ensinar as pessoas a identificar e pensar de maneira sistemática em tudo que elas não sabem, para transformar desconhecimentos desconhecidos em desconhecimentos conhecidos.

Uma última classe que o secretário Rumsfeld também não mencionou é a dos conhecimentos incorretos — coisas que achamos que são verdade, mas não são. Essa categoria inclui acreditar em afirmações falsas. Uma das maiores causas para resultados ruins, e até fatais, é a crença em coisas que não são verídicas.

Raciocínio bayesiano na ciência e no tribunal

Lembre-se da ideia de probabilidade bayesiana da parte I, em que você pode modificar ou atualizar sua crença a respeito de algo com base em novos dados recém-obtidos, ou na probabilidade a priori de algo ser verdade — a probabilidade de você ter pneumonia *considerando* que apresente certos sintomas, ou a probabilidade de alguém votar em determinado partido *considerando* o lugar onde a pessoa mora.

Pelo método bayesiano, estabelecemos uma probabilidade subjetiva para a hipótese (a probabilidade a priori) e então modificamos essa probabilidade à luz dos dados coletados (a probabilidade a posteriori, pois é a que se obtém depois de conduzir o experimento). Se tivermos motivo para crer que a hipótese era verdadeira antes de testá-la, não precisaremos de muitos dados para confirmá-la. Se tivermos motivos para acreditar que a hipótese era improvável antes de testá-la, precisaremos de mais dados.

Portanto, afirmações improváveis, sob a perspectiva bayesiana, exigem provas mais fortes do que as prováveis. Digamos que sua amiga fale que viu algo voando do lado de fora da janela. Você pode conceber três hipóteses, *considerando* sua própria experiência recente com aquela janela: é um sabiá, um pardal ou um porco. Você pode estabelecer probabilidades para essas três hipóteses. Agora, sua amiga mostra a foto de um porco voando do lado de fora da janela. Sua crença prévia de que porcos voam é tão pequena que a probabilidade a posteriori ainda é muito pequena, mesmo com esse novo dado. Você provavelmente começa a conceber hipóteses de que a foto foi alterada, ou de que há alguma outra forma de embuste. Se isso faz você pensar nas tabelas quádruplas e na probabilidade de que alguém com câncer de mama receba um resultado positivo no exame, muito bem — as tabelas quádruplas são simplesmente o melhor método de cálculo bayesiano.

Os cientistas precisam adotar um critério mais rigoroso para dados que contrariem teorias ou modelos estabelecidos do que para dados condizentes com o que sabemos. Após a realização de milhares de testes bem-sucedidos de um novo medicamento retroviral em ratos e macacos, não nos surpreendemos quando ele funciona em humanos — estamos dispostos a aceitar os dados como prova diante de convenções estabelecidas. Pode ser que um único estudo com só algumas centenas de participantes baste para nos convencer. Mas, se alguém disser que a cura da aids é passar três dias sentado debaixo de uma pirâmide, canalizando o *qi* nos chacras do corpo, são necessários dados mais concretos do que os de um único experimento, porque é uma hipótese improvável, e não houve nada que demonstrasse qualquer coisa parecida antes. Nós precisaríamos que o resultado fosse replicado várias vezes e em diversas condições diferentes, e, por fim, uma meta-análise.

O método bayesiano não é a única forma com que os cientistas lidam com circunstâncias improváveis. Na busca pelo bóson de Higgs, os físicos estabeleceram um critério (por meio de testes convencionais, não bayesianos) 50 mil vezes mais rigoroso do que o normal — não porque a partícula era improvável (há décadas existem hipóteses sobre sua existência), mas porque o custo de um erro era muito alto (os experimentos são muito caros).

Talvez a melhor forma de ilustrar a aplicação da regra de Bayes seja com um exemplo da ciência forense. Um dos princípios fundamentais da ciência forense foi desenvolvido pelo médico e advogado francês Edmond Locard: todo contato deixa algum rastro.[1] Locard afirmou que ou o contraventor deixa sinais na cena do crime ou leva consigo — no próprio corpo, ou em suas roupas — indicações de onde esteve ou do que fez.

Digamos que um criminoso invada o estábulo para drogar um cavalo na noite anterior a uma corrida importante.[2] Sua presença vai deixar alguns rastros na cena do crime — pegadas, talvez pele, cabelo, fibras de roupa etc. Os traços se transferem do criminoso para a cena do crime. E ele também vai levar terra, pelo de cavalo, fibras de cobertor e coisas do tipo do estábulo, e dessa forma os traços se transferem da cena do crime para o criminoso.

Agora, digamos que alguém seja preso no dia seguinte. A polícia retira amostras das roupas, mãos e unhas do acusado e encontra semelhanças entre essas amostras e as que foram obtidas na cena do crime. O promotor de Justiça quer avaliar o peso desses traços. Pode ser que as semelhanças existam porque o suspeito é culpado. Ou talvez o suspeito seja inocente, mas teve contato com a pessoa culpada — tal contato também deixaria rastros. Ou talvez o suspeito tenha estado, em perfeita inocência, em outro celeiro, interagindo em perfeita inocência com outro cavalo, e por isso as semelhanças.

A regra de Bayes nos permite combinar probabilidades objetivas, como a de que o DNA do suspeito seja compatível com o DNA encontrado na cena do crime, com opiniões pessoais, subjetivas, como a credibilidade de uma testemunha, ou a honestidade e o histórico do perito responsável pela amostra de DNA. O suspeito é alguém que já fez isso antes, ou alguém que não entende nada de turfe, não tem ligação com ninguém associado à corrida, e tem um álibi muito bom? Esses fatores ajudam a determinar uma probabilidade a priori, subjetiva, da culpa do suspeito.

Se levarmos ao pé da letra a suposição de que, no sistema judicial americano, todos são inocentes até prova em contrário, então a probabilidade de culpa do suspeito é zero, e qualquer prova, por mais condenatória que seja, não vai gerar uma probabilidade a posteriori maior que zero, pois ela sempre seria multiplicada por zero.[3] Uma forma mais razoável de estabelecer a probabilidade a priori da inocência de um suspeito é considerar que qualquer indivíduo da população tem a mesma probabilidade de ser inocente. Assim, se o suspeito foi detido em uma cidade de 100 mil habitantes, e os investigadores têm motivo para acreditar que o autor do crime residia nessa cidade, a probabilidade a priori de culpa do suspeito é de 1 em 100 mil. É claro que as evidências podem delimitar a população – por exemplo, se não havia sinais de arrombamento, o suspeito teria que ser uma das cinquenta pessoas com acesso ao local.

Nossa hipótese a priori é de que há 0,02 (uma em cinquenta pessoas com acesso) de probabilidade de o suspeito ser culpado. Agora, digamos que o cavalo se debateu, e foi encontrado sangue humano no local. Nossa equipe forense diz que a probabilidade de o sangue do suspeito ser compatível com o sangue encontrado no local é de 0,85. Construímos uma tabela quádrupla, como antes. Começamos preenchendo a linha embaixo da tabela: o suspeito tem uma probabilidade em cinquenta de ser culpado (a coluna *Culpado: Sim*) e 49 em cinquenta de ser inocente. O laboratório nos disse que há 0,85 de chance de compatibilidade do sangue, então anotamos isso no canto superior esquerdo: a probabilidade de que o suspeito é culpado *e* a compatibilidade do sangue. Isso significa que a célula inferior esquerda tem que ser 0,15 (a soma das probabilidades tem que ser 1). A probabilidade de 0,85 também significa outra coisa: que há 0,15 de chance de alguma outra pessoa ter deixado o sangue, não nosso suspeito, o que o absolveria e comprovaria sua inocência. Há 0,15 de chance de que uma das pessoas na coluna da direita seja compatível, então multiplicamos 49 × 0,15 para chegar a 7,35 na célula superior direita. Subtraímos isso de 49 para determinar o valor da célula inferior direita.

		SUSPEITO É CULPADO		
		SIM	NÃO	
COMPATIBILIDADE DO SANGUE	SIM	0,85	7,35	8,2
	NÃO	0,15	41,65	41,8
		1	49	50

Agora, podemos calcular a informação que queremos que o juiz e o júri avaliem.

P(Culpado | Compatibilidade) = 0,85/8,2 = 0,10
P(Inocente | Compatibilidade) = 7,35/8,2 = 0,90

Considerando os dados, é cerca de nove vezes mais provável que o suspeito seja inocente do que culpado. Começamos com uma probabilidade de 0,02 de que ele fosse culpado, então as informações novas multiplicaram esse valor por cinco, mas ainda é mais provável que ele seja inocente.

Porém, digamos que novas provas sejam encontradas — pelo de cavalo no casaco do suspeito — e que a probabilidade de o pelo pertencer ao cavalo drogado é de 0,95 (só cinco chances em cem de que o pelo seja de outro cavalo). Podemos juntar nossas probabilidades bayesianas agora, preenchendo uma nova tabela. Na margem de baixo, anotamos os valores que acabamos de calcular: 0,10 e 0,90. (Os estatísticos às vezes dizem que o a posteriori de ontem é o a priori de hoje.) Se você preferir pensar nesses números em termos de "uma chance em dez" ou "nove chances em dez", fique à vontade para usar os números inteiros.

		SUSPEITO É CULPADO		
		SIM	NÃO	
COMPATIBILIDADE DO PELO	SIM	0,95	0,45	1,4
	NÃO	0,05	8,55	8,6
		1	9	10

A partir de nossa equipe forense, sabemos que a probabilidade de que os pelos sejam compatíveis é de 0,95. Se multiplicarmos isso por um, obtemos o valor da célula superior esquerda, e ao subtrairmos isso de um obtemos o valor da célula inferior esquerda. Se há 0,95 de chance de que a amostra seja compatível ao cavalo drogado, isso indica que há 0,05 de chance de que a amostra seja compatível a outro animal (o que inocentaria o suspeito), então a célula superior direita é o produto de 0,05 com o total de 9 na margem, ou 0,45. Agora, quando fizermos nossas contas, veremos que:

P(Culpado | Prova) = 0,68 P(Prova | Culpado) = 0,95
P(Inocente | Prova) = 0,32 P(Prova | Inocente)= 0,05

As novas evidências mostram que a probabilidade de culpa do suspeito é aproximadamente duas vezes maior do que a de sua inocência, considerando as informações. Muitos advogados e juízes não sabem organizar as provas dessa forma, mas é visivelmente muito útil. O problema de pensar, erroneamente, que P(Culpa | Prova) = P(Prova | Culpa) é tão comum que foi chamado de *falácia do promotor*.[4]

Se você preferir, pode aplicar a regra de Bayes matematicamente, em vez de usar a tabela quádrupla, e isso é descrito no apêndice.

Quatro estudos de caso

A ciência não nos oferece certezas, só probabilidades. Não sabemos com 100% de certeza se o sol vai nascer amanhã, ou se um ímã vai atrair aço, ou se há algo capaz de viajar mais rápido que a luz. Achamos isso tudo muito provável, mas a ciência só proporciona as melhores conclusões bayesianas a nosso alcance, considerando o que sabemos até agora.

O raciocínio bayesiano nos pede que consideremos as probabilidades à luz do que sabemos sobre o estado do mundo. Para isso, é crucial exercer o tipo de raciocínio crítico descrito neste livro. Raciocínio crítico é algo que pode ser ensinado, exercitado e aperfeiçoado. O estudo rigoroso de casos específicos é um método básico, pois nos permite praticar nosso aprendizado em contextos novos — o que os teóricos da aprendizagem chamam de *transferência distante*. Transferência distante é a maneira mais eficaz que temos para fazer o conhecimento vingar.

São infinitas as maneiras como o raciocínio falho e a desinformação podem nos surpreender. Nosso cérebro não foi feito para dominar isso. O ato de recuar e exercer um raciocínio cuidadoso e sistemático sempre fez parte da ciência. Estudos de caso são apresentados como histórias, com base em incidentes reais ou em combinações de incidentes reais, e, claro, nossa espécie adora histórias. Nós lembramos as histórias e o jeito interessante como elas remetem aos conceitos fundamentais. Pense nos exemplos a seguir como conjuntos de problemas que podemos explorar juntos.

SHADOW, O CÃO-MARAVILHA, TEM CÂNCER (SERÁ?)

Adotamos nosso cachorro Shadow, uma mistura de pastor--de-shetland e lulu-da-pomerânia, em um abrigo para animais quando ele tinha dois anos. Descobrimos que o nome dele, "sombra" em inglês, foi inspirado no fato de que ele passava o dia inteiro correndo atrás das pessoas em todos os cômodos e nunca ficava longe. Como é comum com animais de estimação, nossos ritmos entraram em sincronia — nós dormíamos e acordávamos na mesma hora, ficávamos com fome mais ou menos na mesma hora, sentíamos vontade de fazer exercício na mesma hora. Ele nos acompanhava com frequência em viagens de negócios para outras cidades e se acostumou com aviões, trens e carros.

Quando tinha treze anos, Shadow começou a ter dificuldade para urinar, e certa manhã encontramos sangue na urina dele. Nossa veterinária fez um exame de ultrassom e identificou uma massa na bexiga. A única maneira de saber se era um tumor maligno era fazendo dois procedimentos cirúrgicos recomendados pela oncologista: uma cistoscopia, em que uma câmera em miniatura seria introduzida pela uretra até a bexiga, e uma biópsia, para retirar uma amostra da massa e estudá-la no microscópio. O clínico geral nos advertiu de que, na idade de Shadow, a anestesia geral trazia riscos. Se o tumor fosse maligno, a oncologista pretendia fazer a cirurgia e começar a quimioterapia. Mesmo sem realizarem outros testes, os médicos tinham bastante certeza de que era câncer de bexiga, conhecido como carcinoma de células transicionais (CCT). Em média, cachorros vivem por apenas seis meses após o diagnóstico.

Quando eu e minha esposa olhamos nos olhos de Shadow, nos sentimos totalmente perdidos. Não sabíamos se ele estava sofrendo, nem se, caso estivesse, sofreria ainda mais, fosse pelo tratamento ou pela doença. A saúde dele estava completamente em nossas mãos, o que tornou a decisão particularmente emocional, mas isso não significava que jogaríamos a racionalidade pela janela. É possível raciocinar de forma crítica mesmo quando a decisão é emocional. Mesmo quando é seu cachorro.

Esta é uma situação médica típica para pessoas ou animais de estimação: dois médicos, duas opiniões diferentes, muitas perguntas. Quais são os riscos da cirurgia? Quais são os riscos da biópsia? Quanto tempo Shadow talvez ainda tenha de vida se fizermos a operação e quanto tempo ele talvez ainda tenha se não fizermos?

Em uma biópsia, usa-se uma agulha pequena para colher uma amostra de tecido, que então é enviada a um patologista, que determina a probabilidade de o tecido ser maligno ou benigno. (A patologia, como a maioria das ciências que já vimos, não lida com certezas, apenas com probabilidades e os indícios de a amostra conter câncer, o que então é aplicado ao risco de que partes do órgão não incluídas na amostra também contenham câncer; se você quer certeza, não adianta procurar na patologia.) Os pacientes e os donos de animais quase nunca perguntam sobre os riscos da biópsia. Para os humanos, a estatística é bastante conhecida, mas ela não é observada com tanto cuidado na medicina veterinária. Nossa veterinária estimava que havia 5% de risco de infecção perigosa e 10% de risco de algum material canceroso (se o tumor de fato fosse maligno) "cair" no abdome enquanto a agulha estivesse sendo retirada, disseminando a massa cancerosa. Havia o risco adicional de a biópsia deixar uma cicatriz que mais tarde poderia dificultar a cirurgia, caso decidíssemos pela operação. A anestesia necessária para o procedimento podia matar Shadow. Em suma, o processo do diagnóstico podia piorar o quadro dele.

Nossa veterinária nos apresentou seis opções:

1. Biópsia pela parede abdominal na esperança de obter um diagnóstico mais definitivo.
2. Diagnóstico por cateterismo (usar um cateter para traumatizar uma porção do tumor, a fim de que células possam esfoliar e então ser examinadas).
3. Biópsia com a mesma câmera cistoscópica que eles queriam usar para obter uma imagem melhor do tumor (pela uretra).
4. Cirurgia imediata para ter uma visão direta do tumor e removê-lo se possível. O problema com esta opção é que a maioria dos cânceres de bexiga volta depois de doze meses porque os cirurgiões não conseguem remover todas as células cancerosas, e as que sobram costumam continuar crescendo em ritmo acelerado.
5. Não fazer nada.
6. Sacrificar Shadow, reconhecendo o fato de que é muito provável que seja câncer de bexiga e que ele já não tenha muito mais tempo de vida.

Perguntamos a outros profissionais quais seriam as opções de tratamento caso se concluísse que era câncer, e quais seriam caso não fosse câncer. É extremamente comum que os pacientes se concentrem no procedimento iminente e ignorem quais podem ser os passos seguintes.

Se o tumor fosse maligno, o grande receio era que ele crescesse e acabasse por bloquear um dos canais que trazem urina dos rins para a bexiga ou que permitem que a urina saia da bexiga e vá parar em algum gramado ou hidrante. Se acontecesse esse bloqueio, Shadow poderia sentir muita dor e morrer em apenas um dia. Além disso, o inchaço poderia provocar bloqueios temporários. Devido à posição da bexiga no corpo, e ao ângulo do ultrassom, era difícil ver a distância entre o tumor e esses canais (o ureter e a uretra).

Então o que fazer com as seis opções acima — como escolher uma (ou nenhuma)? Descartamos duas: sacrificar Shadow e não fazer nada. Lembre-se de que a oncologista estava insistindo na cirurgia porque é o padrão-ouro desses especialistas, o protocolo para esse tipo de caso. Pedimos algumas estatísticas, e ela disse que teria que pesquisar um pouco e responderia depois. Mais tarde, ela disse que havia 20% de risco de que a cirurgia acabasse mal e Shadow morresse na mesa. Então descartamos a cirurgia porque ainda nem sabíamos com certeza se o tumor era maligno.

Pedimos estatísticas sobre a expectativa de vida nas outras opções. Infelizmente, a comunidade veterinária não documenta a maioria dessas estatísticas, e, de qualquer forma, as que são documentadas tendem para uma expectativa de vida curta porque muitos donos de animais optam pela eutanásia. Isto é, muitos donos preferem sacrificar seus animais antes que a doença avance movidos pela preocupação quanto à qualidade de vida dos bichos ou deles próprios: é comum que cães com CCT apresentem incontinência (nós já havíamos percebido que Shadow vinha deixando umas surpresinhas pela casa). Ainda não tínhamos um diagnóstico definitivo, mas, com base nas escassas estatísticas existentes, parecia que Shadow teria três meses de vida *com ou sem tratamento*. Três meses se não fizéssemos nada, três meses com quimioterapia, três meses com cirurgia. Como isso podia ser possível? Ficamos sabendo que, dez anos antes, os veterinários recomendavam eutanásia assim que o câncer era diagnosticado. E, ao primeiro sinal de incontinência crônica, os donos sacrificavam seus animais. Então a prática era os donos darem fim à vida de seus cães antes do próprio câncer, e por isso as estatísticas não eram confiáveis.

Pesquisamos um pouco por conta própria, usando os termos "carcinoma de células transicionais" e "cão *ou* canino". Vimos que havia 30% de chance de Shadow melhorar se fosse tratado simplesmente com um anti-inflamatório não esteroide chamado Piroxicam. Esse medicamento possui seus próprios efeitos colaterais, incluindo dor de barriga, vômitos, perda de apetite e problemas nos rins e no fígado. Perguntamos à veterinária, e ela concordou que fazia sentido começar o tratamento com Piroxicam independentemente do que mais resolvêssemos fazer com Shadow.

No site da Universidade Purdue – a Purdue abriga um dos principais centros de medicina veterinária –, encontramos as seguintes estatísticas de sobrevivência:

1. Mediana de sobrevivência com cirurgia = 109 dias
2. Mediana de sobrevivência com quimioterapia = 130 dias
3. Mediana de sobrevivência com Piroxicam = 195 dias

No entanto, a amplitude de tempos de sobrevivência em todos esses estudos variava muito de cachorro para cachorro. Alguns cães morriam em poucos dias, enquanto outros duravam mais de dois anos.

Decidimos que a escolha mais racional era começar a tratar Shadow com Piroxicam porque os efeitos colaterais eram relativamente brandos em comparação com as outras opções, e fazer a cistoscopia com biópsia, para que a médica pudesse ver melhor o tumor e tivéssemos mais informações. Shadow teria que receber uma anestesia leve, mas seria só por pouco tempo, e os médicos acreditavam que ele acordaria bem.

Duas semanas mais tarde, a cistoscopia mostrou que o tumor realmente estava muito perto dos ureteres e da uretra – tão perto que, se fosse maligno, a cirurgia não ajudaria porque seria impossível retirar a maior parte do tumor. O patologista não sabia dizer se o tecido era maligno porque o procedimento acabou não extraindo uma amostra grande o bastante. Então, depois de tudo isso, ainda assim não tínhamos um diagnóstico. Mas as estatísticas sugeriam que, se Shadow estivesse entre os 30% de cães em quem o Piroxicam funcionava, esse tratamento era o que lhe dava a maior expectativa de vida. Não teríamos que submetê-lo ao desconforto de uma cirurgia ou da quimioterapia e poderíamos aproveitar o tempo dele junto conosco em casa.

Em muitos casos, tanto com seres humanos quanto com animais de estimação, o tratamento não produz um aumento estatístico na expectativa de vida. Tomar estatinas sem pertencer a um grupo de risco ou remover a próstata para prevenir o câncer quando não se tem câncer de próstata de crescimento rápido são dois tratamentos que produzem um efeito insignificante na expectativa de vida. Parece estranho, mas é verdade: nem todos os tratamentos ajudam de fato. Estava claro que para Shadow seria melhor não fazer a cirurgia (para que pudéssemos evitar os 20% de risco de ele morrer na mesa), e a químio não lhe proporcionaria mais tempo em termos estatísticos.

Shadow reagiu bastante bem ao Piroxicam e, em três dias, voltou ao normal – cheio de energia, bem-humorado, feliz. Uma semana depois, já não tinha mais dificuldade para urinar. De vez em quando ainda víamos pequenas quantidades de sangue na urina, mas nos avisaram que era normal depois de uma biópsia. Então, 161 dias após a suspeita inicial (que nunca se confirmou) de CCT, os rins dele começaram a dar problema. Nós o internamos em uma clínica especializada em oncologia. Os médicos não sabiam se a falência do órgão tinha a ver com o CCT, nem por que estava acontecendo naquele momento. Receitaram medicamentos para tratar condições renais comuns e realizaram dezenas de exames, mas não fizeram nenhum progresso para descobrir o que estava acontecendo. Shadow sentia cada vez mais desconforto e parou de comer. Aplicamos um analgésico por via intravenosa e, dois dias depois, quando tiramos o remédio só por alguns minutos para ver como ele estava, a dor era nitidamente grande. Conversamos com os veterinários antigos e os médicos novos e descrevemos cuidadosamente a situação, a evolução do caso e a condição de Shadow. Todos concordaram que era hora de nos despedirmos. Tivemos a companhia de Shadow — e ele a nossa — por mais de um mês a mais em relação à média dos pacientes de quimioterapia, e, nesse mês, ele pôde ficar longe de hospitais, cateteres, acessos intravenosos e bisturis.

Fomos ao hospital oncológico — a equipe nos conhecia muito bem porque visitávamos Shadow todos os dias entre os exames e tratamentos — e tomamos as providências para sacrificá-lo. Ele estava sofrendo, e tivemos a sensação de que talvez tivéssemos adiado por um ou dois dias além da conta. Foi horrível ver aquela personalidade enorme se apagar aos poucos até desaparecer. O que nos consolou foi saber que havíamos considerado cada fase do tratamento e que ele teve a melhor vida possível pelo máximo de tempo possível. Talvez a emoção mais difícil depois que uma doença cobra uma vida é o arrependimento pelas decisões antes do fim. Nós tivemos a chance de nos despedir de Shadow sem lamentar as nossas decisões. Deixamos nosso raciocínio crítico, nosso pensamento bayesiano, nos orientar.

NEIL ARMSTRONG E BUZZ ALDRIN ERAM ATORES?

As pessoas que questionam o pouso na Lua apontam para algumas irregularidades e perguntas sem resposta. "O intervalo na comunicação entre a Terra e a Lua devia ter sido de pelo menos dois segundos por causa da distância." "A alta qualidade das fotografias é implausível." "As fotos não mostram nenhuma estrela no céu." "Como é que a bandeira americana está ondulando nas fotos, como se estivesse balançando ao vento, se a Lua não tem atmosfera?" A cereja do bolo é o relatório de Bill Kaysing, empregado do setor aeroespacial que declarou que a probabilidade de se fazer um pouso lunar bem-sucedido era de 0,0017% (repare na precisão da estimativa!). Existem muitas afirmações desse teor. Parte do que ajuda a manutenção do contraconhecimento é a imensa quantidade de perguntas sem resposta que vivem pipocando. Se você quer convencer as pessoas de que algo não é verdade, aparentemente é muito eficaz jogar uma pergunta atrás da outra e torcer para que todo mundo fique bastante impressionado — e confuso — a ponto de não tentar procurar explicações. Mas, como qualquer investigador sabe, nem mil perguntas sem resposta significam necessariamente que algo não aconteceu. Os sites dedicados a negar o pouso na Lua não citam as provas a favor nem publicam as contestações às suas teorias.

No caso do pouso lunar, é fácil refutar cada uma dessas afirmações (e das outras). *Havia* um intervalo de dois segundos nas comunicações entre a Terra e a Lua, e era fácil perceber nas gravações originais, mas documentários e reportagens cortaram o intervalo na edição para apresentar uma transmissão mais palatável. A qualidade das fotografias se deve ao fato de que os astronautas usaram uma câmera Hasselblad de alta resolução com filme de 70 milímetros também de alta resolução.[1] Não havia estrelas no céu lunar porque a maioria das imagens que vimos foi obtida durante o dia lunar (caso contrário, não teríamos conseguido enxergar os astronautas). A bandeira não está ondulando: ciente de que não havia atmosfera, a Nasa preparou a bandeira com uma barra horizontal para sustentar a parte de cima, e as "ondulações" são apenas rugas no tecido. Sem vento para soprar a bandeira, as rugas ficam paradas. Essa afirmação se baseia em fotos estáticas que parecem exibir um efeito de ondulação, mas filmes em movimento mostram que a bandeira não está tremulando, e sim imóvel.

Mas e o relatório do sujeito do setor aeroespacial declarando que o pouso lunar era extremamente improvável? Em primeiro lugar, o "sujeito do setor aeroespacial" não era engenheiro nem cientista; era um escritor formado em letras que por acaso trabalhava na Rocketdyne. Essa estimativa parece ter origem em um relatório da Rocketdyne dos anos 1950, quando a tecnologia espacial era incipiente. Embora ainda haja perguntas sem resposta (por exemplo, por que alguns registros de telemetria originais desapareceram?), o enorme peso das provas corrobora o pouso lunar. Não é uma certeza, apenas uma probabilidade muito, muito alta. Quem quiser usar estimativas enganosas para afirmar que fatos do passado não aconteceram também precisa concluir que os seres humanos não existem: houve quem dissesse que havia apenas uma chance em bilhões de que a vida se formasse na Terra.[2] Como muitos exemplos de contraconhecimento, esse usa a linguagem da ciência — neste caso, a probabilidade — de um jeito que deprecia completamente essa bela linguagem.

ESTATÍSTICAS NO PALCO (E EM UMA CAIXA)

David Blaine é um mágico e ilusionista famoso. Ele também afirma ter realizado grandes feitos de resistência física (pelo menos um foi reconhecido pelo *Guinness Book of World Records*). O que um pensador crítico precisa perguntar é: ele realmente demonstrou resistência física ou foi só uma ilusão inteligente? Com certeza, sendo um mágico habilidoso, ele teria facilidade para fingir um esforço de resistência.

Em um TED Talk com mais de 10 milhões de visualizações, ele afirma ter segurado a respiração por dezessete minutos embaixo d'água e conta como foi seu treinamento para conseguir isso.[3] Ele afirma também ter passado uma semana congelado em um bloco de gelo, ter jejuado por 44 dias dentro de uma caixa de vidro e ter ficado enterrado por uma semana em um caixão. Essas afirmações são verdadeiras? São sequer plausíveis? Existem explicações alternativas?

Em seus vídeos, Blaine se apresenta de forma direta; ele não fala rápido, não parece ser um vigarista. Ele é crível porque sua fala parece tão desajeitada que é difícil imaginar que ele tenha calculado exatamente o que dizer e como. Mas não esqueça: mágicos profissionais costumam calcular e planejar tudo que falam. Cada gesto, cada coçada de cabeça aparentemente espontânea, costumam ser ensaiados várias vezes. A ilusão que eles estão tentando criar — a magia — funciona porque o mágico é especialista em distrair sua atenção e subverter suas pressuposições sobre o que é espontâneo e o que não é.

Então como aplicamos o raciocínio crítico a seus feitos de resistência?

Se você estiver pensando em hierarquia de qualidade de fonte, vai se concentrar no fato de que ele tem um TED Talk, e que essas apresentações passam por um processo cuidadoso de curadoria e apuração. Mas passam mesmo? Bom, na verdade, existem mais de 5 mil eventos com a marca TED Talk, mas só dois são certificados — TED e TED-Global. O vídeo de Blaine saiu de uma apresentação feita no TEDMED, uma das mais de 4998 palestras que são realizadas por entusiastas e voluntários e que não são certificadas pela organização TED.[4] Isso não significa que não seja verdade, apenas que não podemos contar com a reputação e a autoridade da TED para determinar se é verdade. Pense no TMZ e na notícia da morte de Michael Jackson — eles vão acertar algumas vezes, e talvez até muitas vezes, mas não podemos confiar sempre.

Antes de examinarmos o tempo sem respirar debaixo d'água, vamos prestar mais atenção em algumas das outras afirmações de Blaine. Para começo de conversa, a rede de televisão Fox relatou que a demonstração de bloco de gelo dele foi um embuste.[5] O canal afirmou que um alçapão embaixo do aposento onde ele estava dava em um cômodo aquecido e confortável, enquanto um dublê de corpo tomava seu lugar no bloco de gelo. Como ele conseguiu fazer esse truque? Grande parte dos anos de treinamento dos mágicos é voltada para fazer o público aceitar coisas um pouco fora do comum. Existem algumas pistas de que nem tudo é o que parece. Em primeiro lugar, por que ele está usando uma máscara? (Pode-se imaginar que é porque faz parte do show, ou porque o faz parecer corajoso. O motivo de verdade talvez seja porque assim é mais fácil enganar as pessoas com um dublê.) Por que eles precisam espirrar água no gelo de tempos em tempos? (Blaine diz que é para o gelo não derreter; talvez seja para que ele possa trocar de lugar com o dublê durante o breve momento em que não dá para ver através do gelo.) E o equipamento de monitoração ligado ao corpo dele, registrando a frequência cardíaca e a temperatura do corpo? Aquilo tem que ser de verdade, não? (Quem disse que o equipamento está mesmo ligado ao corpo dele? Talvez aqueles dados estejam saindo de um computador, não dele.)

Se Blaine mentiu sobre o bloco de gelo – afirmando que era um feito de resistência, quando na realidade era só prestidigitação, um truque de mágica –, por que não mentir também sobre outros feitos de resistência? Sendo um artista com grande público, ele tentaria garantir que suas demonstrações sempre dessem certo. Ilusões e truques podem ser uma forma mais confiável de fazer isso, e segura, do que tentar forçar os limites da resistência. Mas, mesmo se fosse algum truque, talvez seja forte demais chamar de mentira – é tudo parte do show, não? Ninguém acredita realmente que os mágicos invocam forças invisíveis; todo mundo sabe que eles ensaiam para burro e trabalham com desorientação. Quem se importa? Bom, se alguém perguntar, a maioria dos mágicos de respeito vai abrir o jogo e admitir que está fazendo ilusões ensaiadas, não demonstrações de magia obscura. Glenn Falkenstein, por exemplo, realizou um dos atos de leitura da mente mais impressionantes de todos os tempos. Mas, no fim de cada espetáculo, ele deixava claro que nenhuma mente foi lida de fato. Por quê? Por ética.[6] Ele disse que o mundo está cheio de gente que acredita em coisas que não são verdade, e que acreditam em muitas coisas que são ridículas. Milhões de pessoas desprovidas de uma boa compreensão sobre causa e efeito desperdiçam dinheiro e energia em médiuns, astrólogos, apostas e terapias "alternativas" sem eficácia comprovada. Segundo ele, é importante ter franqueza quanto à forma como esse tipo de entretenimento é feito, para que as pessoas não sejam levadas a crer em algo que não é verdade.

Em outra apresentação, Blaine diz ter atravessado uma agulha na mão. Isso foi uma ilusão, ou ele fez isso mesmo? Nos vídeos, com certeza parece real, mas é claro que esse é o conceito por trás das mágicas. (Se você procurar no YouTube, vai achar vídeos que mostram como é possível fazer isso com um equipamento especializado.) E o jejum de 44 dias dentro de uma caixa de vidro? Houve até um artigo acadêmico no *New England Journal of Medicine* sobre isso, e, em termos de fonte de informação, não dá para ser muito melhor que isso.[7] Contudo, após uma observação mais criteriosa, os médicos autores do artigo só examinaram Blaine após o jejum, não antes ou durante, então não podem oferecer confirmação independente de que ele realmente jejuou. Essa pergunta chegou a ser levantada durante a análise do artigo? O atual editor do periódico consultou os arquivos, mas os documentos haviam sido destruídos, já que o artigo foi publicado uma década antes de minha pesquisa.[8] A autora principal do artigo me disse, por e-mail, que, com base nos hormônios medidos após o feito, ele de fato jejuou, mas também é possível que ele tenha comido algo sem ninguém ver; ela não tinha como comentar sobre isso.[9] Mas chegou a me indicar um artigo de um colega que saiu em outro periódico acadêmico e no qual um médico *monitorou* Blaine durante o jejum (o artigo não apareceu em minhas buscas no PubMed ou no Google Acadêmico porque o nome de David Blaine não aparecia no texto).[10] O relevante é o seguinte trecho do artigo, que saiu no periódico *Nutrition*:

> Imediatamente antes do início do jejum, DB parecia ter um físico condizente com o índice de massa corporal, as medidas de composição do corpo e a circunferência muscular de braço listados abaixo. Na noite de 6 de setembro de 2003, sábado, DB entrou em uma caixa de acrílico transparente com 2,1 x 2,1 x 0,9 m, que foi suspensa no ar durante 44 dias, perto da Ponte de Londres. Havia acesso a monitoramento constante e detalhado via vídeo a um dos investigadores (ME, no trabalho e em casa), que pôde

> acompanhar o estado clínico e a atividade física de DB. DB, trinta anos, havia consumido antes do feito uma dieta que teria, embora não tenha sido verificado, aumentado seu peso em até 6-7 kg. Ele também tomou suplementos multivitamínicos durante alguns dias antes do feito e parou ao entrar na caixa. Ele foi se sentindo mais fraco e letárgico no decorrer do feito. Após cerca de 2 semanas, ele apresentou alguma tontura e debilidade ao se levantar rápido e, em algumas ocasiões, problemas temporários de visão, como se "apagasse". Ele também sentiu dores súbitas agudas e transitórias nos membros e no tronco, desconforto abdominal, náusea e alguma irregularidade dos batimentos cardíacos [...]. Ocorreu um pequeno sangramento no nariz no quinto dia após a entrada na caixa, e houve recorrência posterior. Não houve nenhum outro sinal ou sintoma óbvio de tendência hemorrágica. Também não houve sinais de edema antes ou ao final do jejum. Ademais, não houve sinais clínicos de deficiência de tiamina. DB, que inicialmente era um homem de aparência musculosa, estava visivelmente mais magro ao sair da caixa. Sua pressão arterial medida imediatamente antes do início do feito foi 140/80 mmHg deitado e 130/80 mmHg em pé e, depois, de 109/74 mmHg deitado (89 batimentos por minuto) e 109/65 mmHg em pé (119 batimentos por minuto).

A partir desse artigo, de fato parece que ele jejuou. Um cético poderia dizer que os relatos de dor e náusea foram encenação, mas é difícil fingir batimentos cardíacos irregulares e perda de peso.

Mas o vídeo de Blaine no TEDMED se concentra no episódio da apneia, que foi exibido no programa de Oprah Winfrey. Nesse vídeo, Blaine usa muito jargão científico e médico para incrementar a narrativa de que a demonstração de resistência teve fundamento na ciência e não foi só um truque. Blaine descreve a pesquisa que ele fez:

"Eu me encontrei com um neurocirurgião importante e perguntei quanto tempo [...] mais de seis minutos e você corre um sério risco de sofrer dano cerebral por hipóxia [...] perfluorocarbono." Blaine menciona respiração líquida; uma barraca de hipóxia para aumentar a contagem de glóbulos vermelhos; oxigênio puro. Isso o fez chegar a quinze minutos. Ele então descreve um regime de treinamento em que estendeu esse tempo gradualmente até dezessete minutos. Ele despeja termos como "derivação sanguínea" e "isquemia". Blaine realmente fez o que descreveu? Esse jargão médico que ele usou era verdadeiro ou só um monte de besteira pseudocientífica para confundir, para nos fazer *achar* que ele sabia do que estava falando?

Como sempre, começamos com um teste de plausibilidade. Se você já tentou prender a respiração alguma vez, provavelmente só aguentou meio minuto – talvez até um minuto inteiro. Uma pesquisa rápida revela que caçadores de pérola profissionais conseguem prender a respiração de forma rotineira por sete minutos. O recorde mundial *antes* do de Blaine foi de pouco menos de dezessete minutos. Conforme for lendo sobre o assunto, você vai descobrir que existem dois tipos de competição para prender a respiração: o bom e velho modo tradicional, como o que você e seu irmão mais velho faziam na piscina quando eram pequenos, e o modo *assistido*, em que os competidores podem fazer coisas como inalar oxigênio 100% puro por meia hora antes da competição. Está começando a soar mais plausível, mas até que ponto dá para chegar com o método assistido? Será que ele permite pular de meia dúzia de minutos para dezessete? A esta altura, talvez seja bom ver o que os especialistas dizem – pneumologistas (que entendem de capacidade pulmonar e do reflexo respiratório) e neurologistas (que sabem quanto tempo o cérebro resiste sem um influxo de oxigênio). Os dois pneumologistas que consultei descreveram um regime de treinamento muito semelhante ao que Blaine mencionou no vídeo; os dois consideraram que, com esses "truques" ou recursos especiais, seria possível ficar dezessete minutos sem respirar. Realmente, o recorde de Blaine foi quebrado em 2012 por Stig Severinsen, que prendeu a respiração por 21 minutos e dez segundos (depois de inalar oxigênio puro, claro), e que um mês depois quebrou o próprio recorde ao alcançar 22 minutos.[11] O dr. David Eidelman, especialista em pulmão e diretor da McGill Medical School, disse: "Concordo que realmente parece difícil de acreditar. [...] Porém, com a inalação de oxigênio antes, jejum e técnicas de ioga para reduzir o metabolismo enquanto se prende a respiração debaixo d'água, parece ser possível. Então, embora eu mantenha certo grau de ceticismo, acho que não sou capaz de provar que é impossível".

O dr. Charles Fuller, especialista em pulmão da Universidade da Califórnia em Davis, acrescenta: "Há material suficiente para indicar que Blaine está falando a verdade, visto que isso é fisiologicamente factível. Considerando a ressalva de que Blaine é um mágico e que pode ter havido outros fatores que contribuíram para o tempo de dezessete minutos sem respirar, também há um bom volume de provas fisiológicas de que esse feito pode ter sido realizado. Na comunidade dos mergulhadores em apneia, há um subgrupo de pessoas que perseguem um recorde conhecido oficialmente como 'apneia estática pré-oxigenada'. Nesse caso, é amparado pelo Guinness World Records, visto que mergulhadores esportivos consideram que o método é trapaça. O tempo sem respirar é medido após um período de hiperventilação (expirar dióxido de carbono) por trinta minutos enquanto se respira oxigênio 100% puro. Além do mais, o evento costuma ser realizado em uma piscina aquecida (o que reduz a demanda metabólica de oxigênio), com a cabeça ligeiramente abaixo da superfície, o que induz o reflexo de mergulho (reduzindo ainda mais a demanda metabólica de oxigênio). Em outras palavras, todos os 'truques' que estendem a capacidade humana de prender a respiração conscientemente. O mais importante é que, antes de Blaine, o recorde era de pouco menos de dezessete minutos [por um atleta que *não* era mágico], e há outros indivíduos que já alcançaram marcas registradas superiores a vinte minutos. Portanto, existem amplas provas de que o feito pode ter sido realizado tal como descrito".

Até aqui, a história de Blaine parece plausível, e a apresentação dele toca em todos os pontos certos. Mas e a questão do dano cerebral? O próprio Blaine mencionou que isso era um problema. Você já deve ter ouvido falar que, se o cérebro for privado de oxigênio por meros três minutos, pode ocorrer dano irreparável e até morte cerebral. Se você ficar dezessete minutos sem respirar, como evita a morte cerebral? Uma boa pergunta para um neurologista.

O dr. Scott Grafton afirma que: "O oxigênio não fica solto no sangue. Pense em óleo e água. Ele vai se dispersar rapidamente do sangue líquido – precisa se ligar a algo. O sangue transporta glóbulos vermelhos. Cada glóbulo vermelho é cheio de moléculas de hemoglobina (Hgb). Essas moléculas de hemoglobina podem se ligar a até quatro moléculas de oxigênio. Cada vez que um glóbulo vermelho passa pelos pulmões, a quantidade de moléculas Hgb com oxigênio aumenta. Quanto maior a concentração de oxigênio no ar, mais moléculas Hgb vão se ligar a ele. Então se abasteça! Respire 100% de oxigênio por trinta minutos para que a saturação das moléculas seja o mais perto possível de 100%.

"Cada vez que o glóbulo vermelho passa pelo cérebro, o oxigênio vai ter uma probabilidade de se desligar da molécula, atravessando as membranas das células para entrar no tecido cerebral, onde ele se liga a outras moléculas que o usam no metabolismo oxidativo. A probabilidade de que determinada molécula de oxigênio se desligue da hemoglobina e se espalhe é uma função da diferença relativa de concentração de oxigênio de cada lado das membranas."

Em outras palavras, quanto mais oxigênio o cérebro precisa, mais provável é que ele o sugue da hemoglobina. Ao respirar oxigênio puro por trinta minutos, o competidor maximiza a quantidade de oxigênio no cérebro *e* no sangue. Então, quando o evento começar, os níveis de oxigênio no cérebro vão diminuir normalmente com o tempo, e o competidor vai retirar com bastante eficiência o oxigênio que restar na hemoglobina para oxigenar o cérebro.

Grafton acrescenta: "Nem todas as moléculas de hemoglobina são saturadas de oxigênio a cada passada pelos pulmões, e nem todas se descarregam a cada passada pelos órgãos. São necessárias várias passadas para descarregar tudo. Quando dizemos que a morte cerebral acontece rápido devido à falta de oxigênio, normalmente é no contexto de falta de circulação (ataque cardíaco), quando o coração não envia mais sangue para o cérebro. Se o bombeamento para, não vai ter nenhum glóbulo vermelho para oferecer oxigênio, e o tecido cerebral morrerá rapidamente. Em uma pessoa submersa, há uma competição entre dano cerebral e falha de bombeamento.

"Um truque fundamental: os músculos precisam estar em repouso. Músculos são carregados de mioglobina, que se liga ao oxigênio com quatro vezes mais força do que a hemoglobina dos glóbulos vermelhos. Se você usar os músculos, vai acelerar a perda geral de oxigênio. Mantenha a demanda muscular baixa." Essa é a parte *estática* da apneia estática mencionada pelo dr. Fuller.

Então, pelo ponto de vista da medicina, a afirmação de David Blaine parece plausível. A história podia acabar aí, não fosse o seguinte. Uma matéria no *Dallas Observer* afirma que o feito de prender a respiração foi um truque, e que Blaine — um mestre do ilusionismo — usou um tubo escondido para respirar.[12] Não há nada sobre isso em outros veículos da grande mídia, o que não significa que o *Observer* esteja errado, claro, mas por que esse jornal foi o único a falar a respeito? Talvez um mágico que faça um truque e diga que não foi truque não seja uma grande notícia.

O repórter John Tierney viajou até a ilha Grand Cayman para escrever sobre a preparação de Blaine em uma matéria do *New York Times*,[13] e depois escreveu em seu blog sobre a participação no *Oprah* uma semana mais tarde.[14] Tierney fala bastante da frequência cardíaca de Blaine, indicada em um monitor ao lado do tanque dele no programa de Winfrey, mas, assim como na demonstração no bloco de gelo, não há prova alguma de que o aparelho estava de fato conectado a Blaine, e talvez tivesse sido mais para exibir perícia — levando o público a acreditar que as condições eram realmente difíceis (uma prática rotineira entre os mágicos). Nem Tierney nem o médico envolvido no treinamento dizem até que ponto eles monitoraram Blaine durante as sessões de treino nas ilhas Cayman – é possível que tenham acreditado na palavra de Blaine de que não havia nenhuma artimanha. Talvez o verdadeiro motivo para esse treinamento fosse Blaine ver se *eles* cairiam no truque, e dessa forma os telespectadores também cairiam. "Eu estava lá na piscina junto com alguns mergulhadores especializados em apneia estática (prender a respiração e permanecer imóvel)", escreveu Tierney.[15] "O dr. Ralph Potkin, um pneumologista que estuda o esporte e é o médico principal da equipe de mergulho livre dos Estados Unidos, prendeu eletrodos no corpo de Blaine durante a sessão e monitorou o coração, o sangue e a respiração dele enquanto a cabeça ficou submersa na água por dezesseis minutos.

"Eu sempre tive um pé atrás com golpes — fiz uma longa matéria sobre James Randi algum tempo atrás e estava com ele em Detroit quando ele desmascarou um evangelista chamado Peter Popoff —, mas não vi motivo para duvidar do feito de Blaine. Ele prendeu a respiração na minha frente em água cristalina, na parte rasa da piscina comum do nosso hotel, enquanto especialistas em apneia observavam de perto. O nariz e a boca dele estavam nitidamente debaixo d'água – mas só alguns centímetros, então permaneceram visíveis o tempo todo. Não faço ideia de como ele enfiaria um tubo para respirar ali de modo que ninguém percebesse nem visse alguma bolha. Os mágicos enganam as pessoas com distrações como agitação e sacudidelas, mas a ideia da apneia estática é justamente permanecer imóvel para conservar oxigênio, e foi o que Blaine fez. (É impressionante a diferença que isso faz — os treinadores que trabalhavam com Blaine fizeram uma sessão curta comigo e com meu fotógrafo. Antes fizemos respiração com ar, em vez de oxigênio, mas ficamos impressionados com o tempo que conseguimos – eu cheguei a três minutos e 41 segundos, e o fotógrafo aguentou mais ainda.)"

Então agora o *Dallas Observer* diz que foi encenado, e um repórter do *New York Times* parece ter certeza de que não foi. Qual é a opinião dos mágicos profissionais? Falei com quatro. Um respondeu: "Deve ser um truque. Várias demonstrações dele são conhecidas, pelo menos na comunidade de mágicos, por usar truques de câmera e [um] jogo de cena muito elaborado. Seria muito fácil para ele usar um tubo para inspirar oxigênio e exalar dióxido de carbono sem fazer bolhas na água. E, com treino, ele nem precisaria fazer com tanta frequência – poderia prender a respiração por um ou dois minutos entre as respirações pelo tubo. E pode haver outros truques de câmera – ele talvez nem esteja na água! Com projeção ou *chroma-key* daria para fazer parecer que ele estava".

O segundo mágico, que havia trabalhado com Blaine dez anos antes, acrescentou: "O ídolo dele é Houdini, que ficou famoso pelas façanhas. Houdini ganhou reputação em parte por fazer coisas que as pessoas faziam nos anos 1920 – sentar em mastros etc. Para algumas realmente é preciso ter resistência, e outras são ligeiramente encenadas; algumas não são tão difíceis quanto parecem, mas a maioria das pessoas nunca chega a tentar. Não vejo motivo para Blaine fingir o truque do bloco de gelo – esse é simples, por causa do efeito iglu... não é tão frio lá dentro. Apenas *parece* impressionante. Se ele estivesse dentro de um freezer, seria outra história.

"Mas prender a respiração por dezessete minutos? Se ele puder saturar o sangue de oxigênio, já ajuda. Eu sei que ele treina e faz algumas coisas impressionantes. Mas tenho certeza de que o truque da apneia é em parte assistido. Acho que ele prende mesmo a respiração, mas não o tempo inteiro. É bem fácil fingir. Ele provavelmente usa [um] tubo ou algum outro aparato para respirar.

"Lembre-se de que muitas mágicas dele são feitas na TV, e que a imagem é editada em momentos importantes. Presumimos que a informação é verdadeira e que estamos vendo tudo porque é assim que nosso cérebro constrói a realidade. Mas, como mágico, eu vejo as edições e me pergunto o que estava acontecendo nas cenas cortadas."

Um terceiro mágico disse ainda: "Por que você se daria ao trabalho de treinar se, como ilusionista, pode fazer tudo com equipamentos? O uso de equipamentos cria uma apresentação mais confiável e replicável, que pode ser feita repetidamente. Aí, você só precisa fazer cara de dor, tontura, desorientação, fingir que obrigou o corpo a extrapolar todos os limites do razoável. Como artista, você não quer correr nenhum risco – há muito a perder".

O fato de que ninguém afirma ter visto David Blaine usar um tubo para respirar não é prova de que ele não usou, porque é justamente o *trabalho* dos ilusionistas mexer com o que você vê e o que você acha que vê. E a ilusão é ainda mais poderosa quando acontece com você. Já vi o mágico Glenn Falkenstein ler o número de série nas notas dentro de minha carteira enquanto estava do outro lado da sala de olhos vendados. Já vi o mágico Tom Nixon colocar o sete de ouros em minha mão, e alguns minutos depois era uma carta completamente diferente e não senti ele encostar em mim ou na carta. Eu sei que ele muda a carta em algum momento, mas, mesmo depois de vê-lo fazer o truque comigo cinco vezes, e de vê-lo fazer muitas vezes com outras pessoas, ainda não sei quando a troca acontece. Isso faz parte da genialidade do mágico, e faz parte do espetáculo. Tenho plena certeza de que Falkenstein e Nixon não possuem poderes ocultos. Eu sei que é entretenimento, e é assim que eles vendem.

O quarto mágico que consultei foi James Randi, o cético do ramo que eu (e John Tierney) mencionei acima, e que reproduz fenômenos supostamente mediúnicos por meio do uso astuto de ilusões e truques de mágica. Eis o que ele me escreveu por e-mail:

> Recordo-me de que, quando David Blaine apareceu na televisão pela primeira vez com suas façanhas, tomei a iniciativa de entrar em contato para dar um aviso amigável de que ele estava — na minha opinião de ilusionista — se arriscando a sofrer danos físicos. Trocamos mensagens cordiais sobre o assunto, até que fui informado abruptamente de que a agência recém-contratada dele havia trocado seu endereço de e-mail e que ele fora instruído a não se corresponder mais comigo. É claro que acatei sua decisão, e ao mesmo tempo torci para que o sr. Blaine levasse minhas sugestões bem-intencionadas em consideração.
>
> Não tive mais contato com David Blaine desde então. Fiquei preocupado quando vi as declarações insensatas dele no vídeo do TED e respeitei o viés um tanto leviano — na minha opinião — que a agência dele decidiu atribuir às suas afirmações, mas respeitei sua privacidade.
>
> Ele deixou a agência interromper seu contato comigo, talvez porque eu tenha tentado mantê-lo honesto. Não dá para exagerar nessa qualidade, claro.

O peso de nossa apuração dos fatos sugere que os dezessete minutos sem respirar são muito plausíveis. Isso não é garantia de que Blaine não tenha usado um tubo para respirar. Você é que tem que decidir se acredita que Blaine realizou a façanha de forma legítima ou não — a escolha cabe a cada um de nós. Assim como com qualquer mágico, não temos como saber com certeza o que é verdade e o que não é — e é esse mundo de ambiguidade que os mágicos passam a vida profissional inteira tentando criar. No raciocínio crítico, nós procuramos o relato mais simples, mas em alguns casos, como neste, é difícil ou impossível escolher uma das explicações possíveis ou determinar qual é mais simples. Será que faz diferença? Bom, sim. Como disse Falkenstein, pessoas que não compreendem o conceito de causa e efeito, ou que não entendem bem o que é acaso e aleatoriedade, são enganadas com facilidade por afirmações como essas, o que faz com que elas aceitem outras muito rápido. Sem falar nos vários amadores que podem tentar reproduzir esses espetáculos, apesar do aviso constante para "não tentar em casa". Os ignorantes são alvos fáceis. A diferença entre fazer isso com treinamento e fazer com ilusões é a diferença entre cair no golpe e não cair.

ESTATÍSTICAS NO UNIVERSO

Em que você pensa quando ouve termos como hidrogênio, oxigênio, boro, estanho e ouro? São elementos químicos da tabela periódica, e normalmente os aprendemos no ensino fundamental ou médio. Os cientistas os chamaram de elementos porque se acreditava que eram unidades fundamentais e indivisíveis da matéria (do latim *elementum*, matéria em sua forma mais básica). O cientista russo Dmitri Mendeleiev percebeu um padrão nas propriedades dos elementos e os organizou em uma tabela para que fosse mais fácil visualizá-los. No processo, conseguiu identificar lacunas na tabela para elementos ainda não descobertos. Com o tempo, todos os elementos entre os números 1 e 118 foram descobertos na natureza ou sintetizados em laboratório, corroborando a teoria por trás da organização da tabela.[16]

Mais tarde, os cientistas descobriram que, na verdade, os elementos químicos não eram indivisíveis; eram feitos de algo que os cientistas chamaram de átomos, da palavra grega *átomos*, ou "indivisível". Mas eles também se enganaram quanto à indivisibilidade desses – depois se descobriu que os átomos são feitos de partículas subatômicas: prótons, nêutrons e elétrons. A princípio, também se achou que esses eram indivisíveis, mas aí – você acertou – descobriu-se que não eram. O chamado Modelo Padrão da Física de Partículas foi formulado nos anos 1950 e 1960 e propunha que os elétrons são indivisíveis, mas que prótons e nêutrons são compostos de partículas subatômicas menores. O modelo foi confirmado com a descoberta dos *quarks* nos anos 1970. Para complicar ainda mais a terminologia, prótons, nêutrons e elétrons são um tipo de *férmion*, e fótons são um tipo de *bóson*. As categorias diferentes são necessárias porque os dois tipos de partícula diferentes são regidos por leis diferentes. Os férmions e bósons receberam o nome de *partículas elementares* porque se acredita que sejam realmente indivisíveis (só o tempo dirá).

De acordo com o Modelo Padrão, existem dezessete tipos diferentes de partículas elementares – doze tipos de férmions e cinco de bósons. O bóson de Higgs, que recebeu muita atenção da imprensa em 2012 e 2013, é o último pedaço do Modelo Padrão que falta ser provado – os outros dezesseis já foram descobertos. Se ele existir, isso ajudará a explicar como a matéria adquire massa e preencherá uma lacuna crucial na teoria usada para explicar a natureza do universo, uma lacuna que existe há mais de cinquenta anos.

Como vamos saber se o encontrarmos? Quando as partículas colidem a grandes... ah, deixe para lá. Vou pedir a um físico que explique. O professor Harrison Prosper descreve este gráfico e o pequeno "pulo" perto da flecha, que corresponde a 125 gigaelétron-volts (GeV) no eixo horizontal:[17]

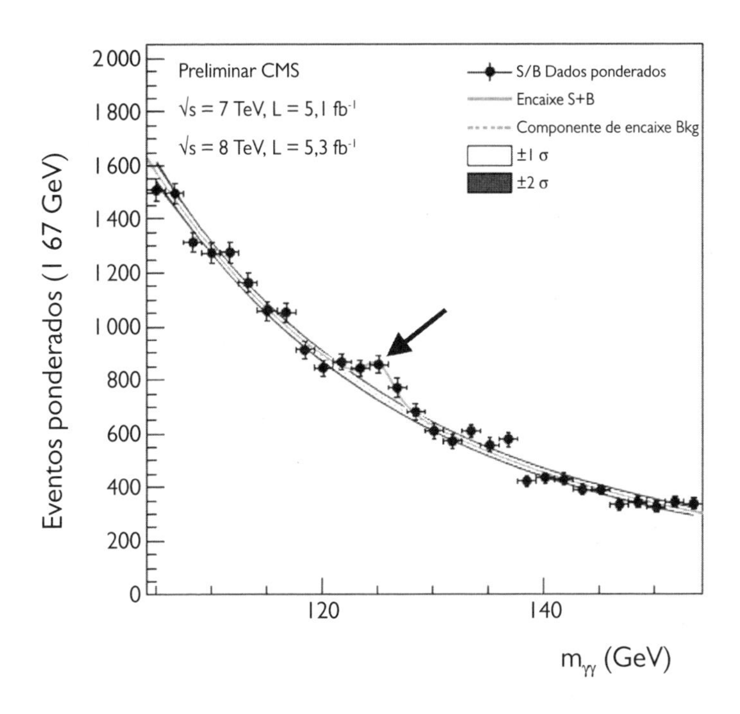

O gráfico mostra "um espectro que emerge de colisões entre prótons que resultaram na criação de um par de fótons (gamas, no jargão da alta energia)", diz Prosper. "O Modelo Padrão prevê que o bóson de Higgs deve decair (isto é, se decompor) em um par de fótons. (Há outras formas previstas de o Higgs decair, como um par de bósons Z.) A lombada no gráfico perto de 125 GeV é indicativa da existência de alguma partícula de massa definida que decai em um par de prótons. Esse algo, até onde pudemos determinar, provavelmente é o bóson de Higgs."

Nem todos os físicos concordam que os experimentos sejam conclusivos. Louis Lyons explica: "O Higgs [...] pode decair em conjuntos diferentes de partículas, e esses índices são definidos pelo M. P. [Modelo Padrão]. Nós medimos essas proporções, mas com muitas incertezas com os dados atuais. Eles condizem com as previsões do M. P., mas poderia ser muito mais convincente se tivéssemos mais dados. Daí a cautela quanto a dizer que descobrimos o Higgs do M. P.".[18]

Em outras palavras, os experimentos são tão caros e difíceis que os físicos querem evitar um alarme falso — eles já se enganaram antes. Embora representantes do CERN tenham anunciado em 2012 que haviam encontrado a partícula, muitos físicos acreditam que a amostra era pequena demais.[19] Há tanto em jogo que os físicos determinaram um padrão de prova, um limiar estatístico, muito mais rigoroso do que o 1 em 20 usado em outras áreas — 1 em 3,5 milhões. Qual a necessidade de um requisito de prova tão extremo? Prosper explicou: "Considerando que a busca pelo Higgs levou uns 45 anos, dezenas de milhares de cientistas e engenheiros, bilhões de dólares, sem falar em vários divórcios, uma quantidade absurda de sono perdido, dezenas de milhares de refeições ruins em aviões etc. etc., queremos ter tanta certeza quanto for humanamente possível de que é verdade".[20]

O físico Mads Toudal Frandsen acrescenta: "Em geral, os dados do CERN são considerados prova de que a partícula é o bóson de Higgs. É verdade que a partícula de Higgs pode explicar os dados, mas pode haver outras explicações; nós também obteríamos esses dados com outras partículas. Os dados atuais não são precisos o bastante para determinar exatamente o que a partícula é. Ela pode ser várias outras partículas conhecidas".[21] Lembre-se da discussão que já tivemos neste livro sobre explicações alternativas. Os físicos estão de olho nisso.

Se o gráfico mostra sinais de um tipo diferente de partícula, de algo que *não* é o Higgs, isso pode mudar consideravelmente nosso entendimento de como o universo foi criado. E, se for de fato assim, alguns físicos, como Stephen Hawking, receiam que possa prenunciar o fim do universo como conhecemos. O receio é de que a flutuação quântica possa criar uma bolha de vácuo que se expanda rapidamente sem parar, até eliminar o universo inteiro. E, se você acha que os físicos não têm senso de humor, o físico Joseph Lykken, diretor do Fermi National Accelerator Laboratory, em Illinois, observou que vai demorar muito, muito tempo até isso acontecer – daqui a 10^{100} anos –, "então provavelmente é melhor você não vender sua casa e continuar pagando os impostos".[22]

Nem todo mundo ficou feliz com a descoberta, e não é porque possa prenunciar o fim do mundo – é porque descobrir algo que as teorias estabelecidas preveem não abre caminho para novas investigações. Um resultado anômalo sem explicação é mais interessante para os cientistas porque significa que o modelo e a compreensão deles estão, na melhor das hipóteses, incompletos e, na pior, completamente errados – o que proporciona uma oportunidade excelente para novos aprendizados. Em uma das muitas interseções de arte e ciência, o maestro Benjamin Zander diz que, quando um músico comete um erro, em vez de xingar ou falar "ops" ou "foi mal", ele devia dizer: "Ora, que *interessante*!". Interessante porque representa uma oportunidade de aprendizado. Pode ser que a descoberta do bóson de Higgs responda a todas as nossas perguntas. Ou, como disse Signe Brewster, repórter da *Wired*: "Pode levar a um princípio subjacente que os físicos só perceberam agora. O objetivo, como sempre, é encontrar um fio que, ao ser puxado, toque um sino que atraia a atenção dos físicos para algo novo".[23] Einstein teria dito que, se você já sabe qual será o resultado, não é ciência, é engenharia.

Os cientistas são pessoas curiosas que passam a vida inteira aprendendo, ansiosos para encontrar o desafio seguinte. Alguns têm medo de que a descoberta do Higgs possa explicar tanto que acabe sendo o fim do passeio. Outros estão tão fascinados pelas complexidades da vida e do universo que têm certeza de que jamais vamos descobrir tudo. Eu me incluo nestes últimos.

Enquanto escrevo isto, o CERN revelou indícios instigantes de uma nova partícula que talvez seja um gráviton, ou uma versão mais pesada do bóson de Higgs. Mas a explicação mais provável para essas lombadas novas e surpreendentes nos conjuntos de dados é que se trata de uma coincidência — as descobertas têm 1 probabilidade em 93 de ser alarme falso, muito mais do que a probabilidade de 1 em 3,5 milhões do bóson de Higgs. Mas há considerações qualitativas. "O legal é que não é um sinal particularmente maluco, em um canal perfeitamente limpo", disse o físico Nima Arkani-Hamed ao *New York Times*.[24] "Então, embora não estejamos nem perto de sequer pensar em colocar o champanhe no gelo, é intrigante." Ninguém sabe ainda o que é, e para Lykken e muitos outros que adoram a emoção da caçada isso é ótimo.

A ciência, a história e o noticiário estão cheios de coisas que sabemos, ou que achávamos que sabíamos, até descobrirmos que estávamos enganados. Um componente essencial do raciocínio crítico é conhecer o que não sabemos. Um princípio de orientação, então, é simplesmente que sabemos o que sabemos até o momento em que não sabemos mais. O propósito deste livro foi ajudar você a raciocinar sobre as coisas a fundo e lhe dar mais confiança tanto no que você acha que sabe quanto no que você acha que não sabe, para que — espero — você possa distinguir entre um e outro.

Conclusão

Tire a sua

Em *1984*, de George Orwell, o Ministério da Verdade era a agência oficial de propaganda do país, encarregada de falsificar arquivos históricos e outros documentos de acordo com os interesses do governo. Para atender a seus objetivos, o ministério também produzia contraconhecimento, como 2 + 2 = 5.

O livro foi publicado em 1949, meio século antes de a internet se tornar nossa fonte de informações por excelência. Hoje, como em *1984*, os sites podem ser alterados de modo que pessoas comuns não saibam; todo fragmento de informação antiga pode ser reescrito ou (no caso de Paul McCartney e Dick Clark) mantidos fora de alcance. Hoje, pode ser muito difícil para o usuário-padrão de internet saber se um site está disponibilizando conteúdo genuíno ou contraconhecimento. Infelizmente, muitas vezes os sites que anunciam propagar a verdade são os que não propagam. Em vários casos, a palavra "verdade" foi apropriada por pessoas que propagam contraconhecimento ou pontos de vista atípicos que contrariam tudo que se costuma aceitar como verdade. Até o nome dos sites pode ser enganador.

Podemos confiar em especialistas? Depende. Expertise tende

a ser restrita. Um economista do mais alto escalão do governo pode não ter nenhum conhecimento especial a respeito de quais programas sociais serão úteis no combate ao crime. E às vezes os especialistas são apropriados por interesses particulares, e, claro, podem cometer erros.

Uma tendência anticientífica se infiltrou no discurso público e na internet. Muitas questões que deviam ser problemas científicos ou técnicos — como o lugar onde instalar uma usina elétrica ou quanto ela deve custar — são políticas.[1] Quando isso acontece, o processo decisório é subvertido, e os fatos relevantes acabam não sendo avaliados. Dizemos que queremos curar uma doença humana incurável, mas ao mesmo tempo zombamos dos primeiros passos quando são necessários estudos sobre pulgões que vão consumir dezenas de milhões de dólares. A realidade é que a ciência avança a partir da compreensão sobre as bases da fisiologia celular. Sob o ponto de vista errado, a pesquisa parece banal; sob o certo, seu verdadeiro potencial como força transformadora pode ser reconhecido. O dinheiro aplicado em testes clínicos com seres humanos pode acabar ajudando a tratar os sintomas de centenas de milhares de pessoas. O mesmo dinheiro aplicado em pesquisa científica de base tem potencial para descobrir a cura de *dezenas* de doenças e ajudar *milhões* de pessoas porque lida com mecanismos comuns a vários tipos diferentes de bactérias e vírus. O método científico é o solo de onde brota o melhor do raciocínio crítico.

Além da tendência anticientífica, existe uma tendência anticeticismo no que diz respeito à internet. Muitas pessoas pensam: "Se encontrei isso na internet, deve ser verdade". Sem uma autoridade central responsável por monitorar e regular sites e outros materiais disponíveis na internet, a responsabilidade de verificar informações recai sobre todos nós. Felizmente, surgiram alguns sites que podem ajudar. Snopes.com e outras páginas semelhantes são dedicadas a desmascarar lendas urbanas e afirmações falsas. Empresas como a Consumer Reports mantêm laboratórios independentes para fornecer uma análise imparcial de diversos produtos, quaisquer que sejam as promessas dos fabricantes. A Consumer Reports existe há décadas, mas não é nenhum exagero imaginar que outros empreendimentos de raciocínio crítico florescerão no século XXI. Vamos torcer. No entanto, quaisquer que sejam os canais úteis à nossa disposição, todos nós ainda temos que ser criteriosos.

A promessa da internet é de que ela é uma grande força democratizante, que permite que todos expressem sua opinião e tenham acesso imediato a todas as informações do mundo. Se combinarmos as duas coisas, como a internet e as mídias sociais, teremos um mundo virtual de informação e desinformação convivendo lado a lado, olhando para nós como gêmeas idênticas, e uma vai nos ajudar, enquanto as outras vão nos prejudicar. Cabe a todos nós descobrir qual escolher, e para isso é preciso um raciocínio cuidadoso e algo que muitos acreditamos que esteja em falta: tempo. O raciocínio crítico não é algo que você faz uma vez e depois deixe de lado. É um processo ativo e constante. Exige que todos pensemos de forma bayesiana e atualizemos nosso conhecimento à medida que obtemos novas informações.

O tempo gasto com avaliação de afirmações não só é um bom investimento, como devia ser considerado parte de um acordo implícito que todos nós fizemos. O processo de coleta e pesquisa de informações, que antigamente levava de horas a semanas, agora leva meros segundos. Fomos poupados de uma quantidade incalculável de horas de idas a bibliotecas e arquivos distantes, vasculhando livros grossos por aquele trecho específico que pudesse responder às nossas dúvidas. O acordo implícito que todos temos que tornar explícito é que só uma *parte* desse tempo poupado com a aquisição de informações é usada em um esforço de verificação adequada dessas informações. Assim como é difícil confiar em alguém que mentiu para nós, é difícil confiar em nosso próprio conhecimento se metade dele na realidade for contraconhecimento. O fato é que, hoje, o contraconhecimento vigora no Facebook, no Twitter e em blogs... em todas as plataformas semiorganizadas.

É muito melhor saber uma quantidade modesta de coisas com certeza do que uma grande quantidade de coisas que talvez não sejam verdade. Contraconhecimento e desinformação podem sair caro, em termos de vidas e felicidade e em termos de tempo gasto tentando refazer resultados que não saíram do jeito que nós esperávamos. O conhecimento verdadeiro simplifica nossa vida, nos ajuda a fazer escolhas que aumentam nossa felicidade e poupam nosso tempo. Se seguirmos os passos deste livro para avaliar as infinitas afirmações que encontramos, podemos permanecer dois passos à frente dos milhões de mentiras que circulam pela web, e dois passos à frente dos mentirosos e dos incompetentes que as perpetuam.

Agradecimentos

A inspiração para este livro veio de *Como mentir com estatísticas*, de Darrell Huff, um livro que já li várias vezes e que aprecio mais e mais a cada leitura. Também sou um grande fã de *Damned Lies and Statistics*, de Joel Best, e *Estatística: O que é, para que serve e como funciona*, de Charles Wheelan. Tenho uma enorme dívida para com esses três autores pelo humor, pela sabedoria e pelas ideias e espero que este livro se junte aos deles na biblioteca de qualquer um que deseje compreender mais sobre raciocínio crítico.

Minha agente, Sarah Chalfant, na Wylie Agency, é um sonho: simpática, atenciosa, acolhedora e infatigável. É um privilégio trabalhar com ela e suas colegas da TWA: Rebecca Nagel, Stephanie Derbyshire, Alba Ziegler-Bailey e Celia Kokoris.

Sou grato a todos na Dutton/Penguin Random House. Stephen Morrow foi meu editor em quatro livros e deixou todos eles incalculavelmente melhores ($P < 0{,}01$). Sua orientação e apoio foram preciosos. Obrigado a Adam O'Brien, LeeAnn Pemberton e Susan Schwartz. Tiro meu chapéu para Ben Sevier, Amanda Walker e Christine Ball pela grande quantidade de coisas que eles fazem para ajudar os livros a alcançar os leitores que querem lê-los. Becky Maines foi uma preparadora maravilhosa, e apreciei muito a amplitude e profundidade de seu conhecimento e seus acréscimos esclarecedores.

Agradeço às seguintes pessoas pelas conversas e sugestões úteis durante os rascunhos deste livro: Joe Austerweil, Heather Bortfeld, Lew Goldberg e Jeffrey Mogil. Pela ajuda em trechos específicos, estou em dívida com David Eidelman, Charles Fuller, Charles Gale, Scott Grafton, Prabhat Jha, Jeffrey Kimball, Howie Klein, Joseph Lawrence, Gretchen Lieb, Mike McGuire, Regina Nuzzo, Jim O'Donnell, James Randi, Jasper Rine, John Tierney e muitos colegas da Associação Americana de Estatística, que me ajudaram a revisar o livro e conferir os exemplos, especialmente Timothy Armistead, Edward K. Cheng, Gregg Gascon, Edward Gracely, Crystal S. Langlais, Stan Lazic, Dominic Lusinchi, Wendy Miervaldis, David P. Nichols, Morris Olitsky e Carla Zijlemaker. Meus alunos do seminário livre de pesquisa independente na McGill ajudaram a proporcionar alguns dos exemplos e esclareceram meu raciocínio. Karle-Philip Zamor, em todos os meus quatro livros, foi de enorme ajuda para preparar cálculos e resolver todo tipo de problema técnico, sempre com bom humor e grande habilidade. Lindsay Fleming, minha assistente, me ajudou a organizar meu tempo e manter a concentração, e auxiliou com as notas de fim, o índice remissivo, as revisões, a apuração de fatos e muitos outros detalhes do livro (Eliot, Grace, Lua e Kennis Fleming: obrigado por compartilharem o tempo dela comigo).

Apêndice

Aplicação da regra de Bayes

A regra de Bayes pode ser expressa da seguinte forma:

$$P(A|B) = \frac{(P(B|A) \times P(A))}{(P(B))}$$

Para o problema atual, vamos usar a notação de que G se refere à probabilidade a priori de que o suspeito é culpado (antes de sabermos qualquer coisa sobre as conclusões do laboratório) e E se refere à prova de sangue compatível. Queremos saber P(G | E). Para usarmos a fórmula acima, vamos substituir A por G e B por E para obter:

$$P(G|E) = \frac{(P(E|G) \times P(G))}{(P(E))}$$

Para computarmos a regra de Bayes[1] e resolver P(G | E), talvez ajude se usarmos uma tabela. Os valores aqui são os mesmos dos usados na tabela quádrupla da página 246.

Computação da regra de Bayes

HIPÓTESE (H) (1)	PROBABILIDADE A PRIORI P(G) (2)	PROBABILIDADE DA PROVA P(E | G) (3)	PRODUTO (4) = (2)(3)	PROBABILIDADES A POSTERIORI P(G | E) (6) = (4)/SOMA
Culpado	0,02	0,85	0,017	0,104
Inocente	0,98	0,15	0,147	0,896
			Soma = 0,164 = P(D)	

Dessa forma, arredondando, P(Culpado | Prova) = 0,10
P(Inocente | Prova) = 0,90

Glossário

Esta lista de definições não é extensa; é apenas uma seleção pessoal inspirada em minha experiência durante a escrita deste livro. Evidentemente, você talvez prefira aplicar seu próprio raciocínio independente aqui e identificar algumas das definições que merecem ser contestadas.

ABDUÇÃO. Uma forma de raciocínio, popularizada por Sherlock Holmes, que usa palpites astutos para gerar uma teoria que explique os fatos observados.

AFIRMAÇÃO DA ANTECEDENTE. O mesmo que *modus ponens* (ver verbete adiante).

AMALGAMAR. Combinar observações ou resultados de dois ou mais grupos em um só grupo. Se os grupos são similares em uma dimensão importante – homogêneos –, essa costuma ser a medida certa. Se não são, pode levar a distorções dos dados.

CONTRAPOSITIVO. Um tipo válido de dedução na forma:

Se A, então B

Não B

Portanto, não A

CORRELAÇÃO. Uma medida estatística do grau em que duas variáveis estão relacionadas entre si. Pode ter qualquer valor entre -1 e 1. Uma correlação perfeita existe (correlação = 1) quando uma variável muda perfeitamente em proporção a outra. Uma correlação negativa perfeita existe quando uma variável muda perfeitamente em proporção inversa a outra (correlação = -1). Uma correlação de 0 existe quando duas variáveis são completamente independentes.

Uma correlação mostra apenas que duas (ou mais) variáveis estão associadas, não que uma causa a outra. Correlação não implica causalidade.

Outra utilidade da correlação é proporcionar uma estimativa de quanto da variabilidade das observações é causado pelas duas variáveis observadas. Por exemplo, uma correlação de 0,78 entre altura e peso indica que 78% das diferenças de peso entre os indivíduos são associadas a diferenças de altura. A estatística não informa a que se referem os 22% restantes da variabilidade — seria necessário realizar mais experimentos, mas pode-se imaginar que esses 22% incluam fatores como dieta, genética, atividade física etc.

CUM HOC, ERGO PROPTER HOC (COM ISSO, PORTANTO POR CAUSA DISSO). Uma falácia de lógica que resulta de se acreditar que, só porque duas coisas ocorrem ao mesmo tempo, uma deve ter causado a outra. Correlação não implica causalidade.

DEDUÇÃO. Uma forma de raciocínio em que se parte de uma informação geral para chegar a uma previsão específica.

DIAGRAMA DE DISPERSÃO. Um tipo de gráfico que representa todos os pontos individualmente. Por exemplo, a seguir você verá um diagrama de dispersão com os dados apresentados na página 58.

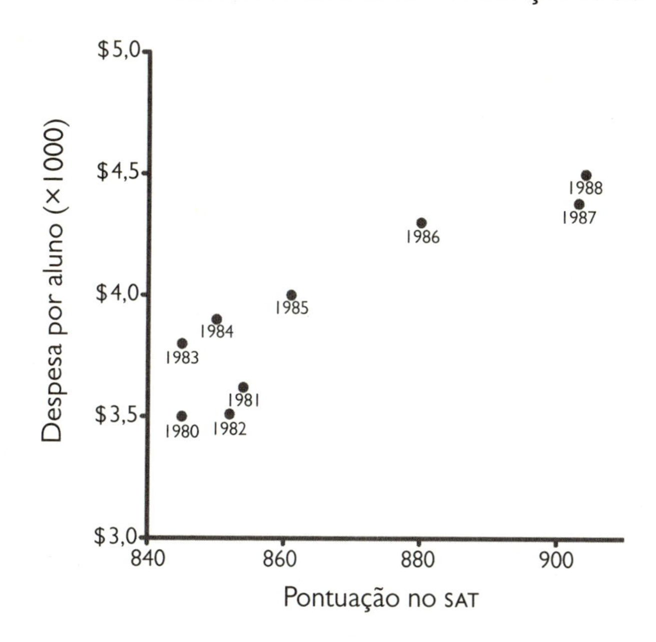

DISTRIBUIÇÃO BIMODAL. Um conjunto de observações em que dois valores ocorrem com mais frequência do que os outros. Um gráfico da frequência versus os valores deles exibe dois picos, ou corcovas, na distribuição.

EIXO TRUNCADO. Um eixo x ou y que comece com um valor diferente do mais baixo possível. Isso às vezes ajuda ao permitir que um leitor veja com mais clareza a região do gráfico em que as observações acontecem. Mas pode ser manipulado para distorcer a realidade. O gráfico exibido neste glossário no verbete "diagrama de dispersão" usa dois eixos truncados com eficácia e não passa uma impressão falsa dos dados. O gráfico exibido na página 48 produzido pela Fox News passa uma impressão falsa dos dados, como demonstrado na versão refeita da página 49.

EIXO Y DUPLO. Uma técnica de produção de gráficos que inclui dois conjuntos de observações no mesmo gráfico, de forma que os valores de cada conjunto são representados em dois eixos diferentes (normalmente, com escalas diferentes). Ela só é adequada quando os dois conjuntos de observações medem quantidades distintas, como no gráfico da página 60. Gráficos de eixo y duplo podem ser enganosos porque o autor do gráfico pode ajustar a escala dos eixos para atender a algum objetivo específico. O exemplo usado no livro foi um gráfico enganoso feito para representar práticas da organização Planned Parenthood.

ENQUADRAMENTO. A maneira como se apresenta a estatística — por exemplo, o contexto oferecido ou o grupo de comparação ou amálgama utilizado — pode influenciar a interpretação que se dá à estatística. Comparar a quantidade total de acidentes de avião em 2016 com a de 1936 pode ser enganoso porque houve muito mais voos em 2016 do que em 1936 — diversas medições ajustadas, como acidentes por 100 mil voos ou acidentes por 100 mil quilômetros voados, fornecem um resumo mais exato. É preciso esforço para encontrar o enquadramento verdadeiro de uma estatística, o que seja o mais adequado e informativo. Calcular proporções em vez de usar números brutos muitas vezes ajuda a fornecer o enquadramento real.

ERRO CONVERSO. Um modo inválido de raciocínio por dedução na forma:

Se A, então B
B
Portanto, A

ERRO INVERSO. Um tipo inválido de raciocínio por dedução na forma:

Se A, então B
Não A
Portanto, não B

EXATIDÃO. A proximidade de um número em relação à quantidade verdadeira que está sendo medida. Não confundir com precisão.

EXTRAPOLAÇÃO. O processo de formular um palpite ou uma inferência a respeito de que valor(es) pode haver para além de um conjunto de valores observados.

FALÁCIA DA AFIRMAÇÃO DA CONSEQUENTE. Ver *Erro converso*.

FALÁCIA DA EXCEÇÃO. Um erro de raciocínio que ocorre quando se fazem inferências sobre um grupo com base no conhecimento de alguns indivíduos excepcionais.

FALÁCIA ECOLÓGICA. Um erro de raciocínio que ocorre quando se fazem inferências acerca de um indivíduo com base em dados agregados (como uma média de grupo).

GRÁFICO ACUMULADO. Um gráfico em que a quantidade medida, como vendas ou filiações em um partido político, é representada pelo valor total até o momento em vez da quantidade de observações novas ao longo de um período. Isso foi ilustrado com as vendas acumuladas do iPhone (página 68).

INCIDÊNCIA. A quantidade de casos novos (por exemplo, de uma doença) relatados em um período específico.

INDUÇÃO. Uma forma de raciocínio por inferências em que um conjunto de observações específicas leva a uma conclusão geral.

INTERPOLAÇÃO. O processo de estimar qual é o valor intermediário entre dois valores observados.

MÉDIA. Esta é uma estatística sumária, usada para caracterizar um conjunto de observações. Este sentido não é técnico, e o termo costuma se referir à média aritmética, mas também pode se referir à *mediana* ou à *moda*. Também é uma das três medidas da tendência central de um conjunto de observações. É calculada tomando-se o somatório de todas as observações e dividindo-o pela quantidade de observações. É a isso que as pessoas costumam se referir quando dizem apenas "média". As outras duas medidas são mediana e moda. Por exemplo, em {1, 1, 2, 4, 5, 5}, a média é (1 + 1 + 2 + 4 + 5 + 5) ÷ 6 = 3. Repare que, ao contrário da moda, a média não é necessariamente um dos valores da distribuição original.

MEDIANA. Uma das três medidas da tendência central de um conjunto de observações. É o valor situado no meio entre as observações mais altas e as observações mais baixas. Quando há uma quantidade par de observações, os estatísticos costumam calcular a média das duas observações do meio. Por exemplo, em {10, 12, 16, 17, 20, 28, 32}, a mediana é 17. Em {10, 12, 16, 20, 28, 32}, a mediana seria 18 (a *média* dos dois valores do meio, 16 e 20).

MODA. Uma das três medidas da tendência central de um conjunto de observações. É o valor que ocorre com maior frequência em uma distribuição. Por exemplo, em {100,

112, 112, 112, 119, 131, 142, 156, 199}, a moda é 112. Algumas distribuições são bimodais ou multimodais, o que significa que há dois ou mais valores que ocorrem em uma quantidade igual de vezes.

MODUS PONENS. Um tipo válido de argumento por dedução na forma:

Se A, então B
A
Portanto, B

POST HOC, ERGO PROPTER HOC (DEPOIS DISSO, PORTANTO POR CAUSA DISSO). Uma falácia de lógica que resulta de se achar que, só porque uma coisa (Y) ocorre depois de outra (X), X *causou* Y. Pode haver uma correlação entre X e Y, mas isso não significa que haja uma relação de causa.

PRECISÃO. Medida do nível de resolução de um número. O número 909 é preciso no nível de zero casa decimal e só tem uma resolução do número inteiro mais próximo. O número 909,35 é preciso no nível de duas casas decimais e tem uma resolução de 1/100 de unidade. Precisão não é o mesmo que exatidão — o segundo número é mais preciso, mas, se o valor verdadeiro for 909,00, o primeiro número é mais exato.

PREVALÊNCIA. A quantidade de casos existentes (por exemplo, de uma doença).

PROBABILIDADE CONDICIONAL. A probabilidade de que um evento ocorra *considerando* que outro evento ocorra ou tenha ocorrido. Por exemplo, a probabilidade de que chova hoje *considerando* que tenha chovido ontem. A palavra "considerando" é representada por uma linha vertical como esta: |.

SILOGISMO. Um tipo de enunciado lógico em que a conclusão precisa necessariamente derivar das premissas.

SUBDIVISÃO. Divisão de um conjunto de observações em grupos menores. É aceitável quando os dados são heterogêneos e o grupo maior é composto de entidades que variam ao longo de uma dimensão importante. Mas a subdivisão pode ser usada de forma enganosa para criar uma grande quantidade de grupos pequenos que não apresentem diferenças significativas ao longo de uma variável relevante.

Notas

INTRODUÇÃO: PENSANDO, CRITICAMENTE [pp. 9-19]

1. Disponível em: <www.yalsa.ala.org/thehub/2012/04/16/so-how-much--are-kids-really-reading/>. Acesso em: 2 maio 2019.

2. Disponível em: <nces.ed.gov/pubs93/93275.pdf>. Acesso em: 2 maio 2019.

3. Disponível em: <www.bls.gov/oes/current/oes_stru.htm>. Acesso em: 2 maio 2019.

4. Disponível em: <www.asne.org/content.asp?contentid=415>. Acesso em: 2 maio 2019.

5. Alexander Smith e Vladimir Banic, "Fake News: How a Partying Macedonian Teen Earns Thousands Publishig Lies", NBC News, 9 dez. 2016. Disponível em: <www.nbcnews.com/news/world/fake-news-how-parying-macedonian-teen-earns--thousands-publishing-lies-n692451>. Acesso em: 2 maio 2019.

6. Abraão fornece informações falsas sobre a identidade de sua esposa, Sarah, ao rei Abimeleque para se proteger. O cavalo de Troia foi um tipo de informação errônea, parecendo ser um presente mas contendo soldados.

7. Baseado em Darrell Huff, *How to Lie with Statistics*. Nova York: W. W. Norton, 1993. [Ed. bras.: *Como mentir com estatística*. Rio de Janeiro: Intrínseca, 2016.] E, como você vai ler depois, ele provavelmente estava ecoando Mark Twain, ou Josh Billings, ou Will Rogers, ou sabe-se lá mais quem.

PLAUSIBILIDADE [pp. 23-30]

1. Esta frase é uma citação quase literal de Joel Best, "Lies, Calculations and Constructions: Beyond *How to Lie with Statistics*". *Statistical Science*, v. 20, n. 3, pp. 210-4, 2005.

2. Yue Wang, "More People Have Cell Phones than Toilets, U.N. Shows". 25 mar. 2013. Disponível em: <newsfeed.time.com/2013/03/25/more-people-have--cell-phones-than-toilets-u-n-study-shows>. Acesso em: 15 jan. 2018.

3. Gloria Steinem, *Revolution from Within*. Nova York: Little, Brown, 1992.; Naomi. Wolf, *O mito da beleza*. Rio de Janeiro: Rocco, 1992.

4. Encontrei este exemplo em: Joel Best, op. cit., pp. 210-4. As estatísticas estão disponíveis em: <www.cdc.gov>. Acesso em: 15 jan. 2018.

5. Digamos que você trabalhe no departamento de contas a pagar de uma grande empresa. Um funcionário pediu reembolso da gasolina depois de ter usado o próprio carro para a empresa, 5 mil dólares no mês de abril. Comece com um pouco de conhecimento de mundo: hoje em dia, a maioria dos carros rende pelo menos oito quilômetros por litro (alguns rendem muito mais). Você também sabe que a maior velocidade razoável possível é 110 quilômetros por hora e que, se alguém dirigisse dez horas por dia, sempre em estradas, seriam 1100 quilômetros por dia. Com essas estimativas aproximadas, é comum usar números arredondados para facilitar as contas, então digamos que um mês útil-padrão tenha vinte dias, e assim chegamos a 22 mil quilômetros. Divida esse valor pelo rendimento de oito quilômetros por litro e, em uma estimativa aproximada, seu funcionário precisou de 2750 litros de gasolina. Você consulta a média nacional do preço do litro de gasolina nos Estados Unidos durante o mês de abril e vê que foi de 0,76 dólar. Vamos considerar 0,80 dólar (arredondando de novo, e dando o benefício da dúvida ao funcionário, que talvez não tenha conseguido gasolina barata em todos os postos). 0,80 dólar/litro vezes 2750 litros = 2200 dólares. Os 5 mil dólares da prestação de contas ficaram muito menos plausíveis agora. O valor não seria tão alto nem se o funcionário tivesse dirigido vinte horas por dia. Disponível em: <www.fueleconomy.gov/feg/best/bestworstNF.shtml>. Acesso em: 1 maio 2019. Disponível em: <www.fuelgaugereport.com>. Acesso em: 15 jan. 2018.

6. L. Pollack e H. Weiss, "Communication Satellites: Countdown for Intelsat VI". *Science*, v. 223, n. 4636, p. 553, 1984.

7. Acho que seria possível bolar uma história em que isso fosse verdade. Talvez o dispositivo custasse um dólar antes, e agora, em uma grande promoção, a empresa não só está disposta a dar o dispositivo de graça, mas também oferece *pagar* 11 999 dólares (uma redução de 12 000%) para você levar. Isso acontece

no mercado imobiliário e com aquisições corporativas. Talvez uma casa velha e danificada precise ser demolida para que se possa construir outra; o proprietário talvez esteja pagando muito imposto, o custo da demolição é possivelmente alto, e assim ele está disposto a pagar a alguém para se livrar do problema. No final da década de 1990, algumas gravadoras grandes e endividadas estavam "à venda" por 0 dólar, desde que o dono novo assumisse as dívidas.

8. Catherine Bailey e Martin. Clarke, "Aligning Business Leadership Development with Business Needs: The Value of Discrimination". *Journal of Management Development*, v. 27, n. 9, pp. 912-34, 2008.

Outros exemplos de redução de 200%: B. S. Rajashekar e V. P. Kalappa, "Effects of Planting Seasons on Seed Yield & Quality of Tomato Varieties Resistant to Leaf Curl Virus". *Seed Research*, v. 34, n. 2, pp. 223-5, 2006. Disponível em: <www.researchgate.net/publication/215869992_Effects_of_planting_seasons_on_seed_yield_quality_of_tomato_varieties_resistant_to_leaf_curl_virus>. Acesso em: 12 jul. 2018.

9. Ilustração © 2016 por Dan Piraro, com base em exemplo de Darrell Huff, op. cit.

10. Agradeço ao advogado James P. Scanlan, de Washington, DC, que respondeu à minha pergunta à American Statistical Association e forneceu esse exemplo de uso errôneo.

11. Este exemplo vem de: Louise Spirer, Herbert F. Spirer e Abram J. Jaffe, *Misused Statistics*. Nova York: Marcel Dekker, 1987, p. 194; Julie Miller, "High Costs Are Blamed for the Loss of a Mill". *The New York Times*, seção Connecticut, 29 dez. 1996. E "Correction", *The New York Times*, seção Connecticut, 12 jan. 1997.

12. Kimberly J. McLarin, "New Jersey Welfare's Give and Take; Mothers Get College Aid, But No Extra Cash for Newborns", *The New York Times*. 5 dez. 1993.

Ver também: Melinda Henneberger, "Rethinking Welfare: Deterring New Births — A Special Report; State Aid Is Capped, But to What Effect?", *The New York Times*. 1 abr. 1995.

13. Ibid.

14. Ibid.

DIVERSÃO COM MÉDIAS [pp. 31-44]

1. Jonathan J. Koehler, "The Psychology of Numbers in the Courtroom: How to Make DNA-Match Statistics Seem Impressive or Insufficient". *Southern California Law Review*, v. 74, pp. 1275-305, 2001; Jonathan J. Koehler, "When Are People

Persuaded by DNA Match Statistics?". *Law and Human Behavior*, v. 25, n. 5, pp. 493-513, 2001.

2. Atribuído ao professor de matemática Desmond MacHale, da University College, Cork, Irlanda.

3. Disponível em: <en.wikipedia.org/wiki/Death_Valley>. Acesso em: 16 jan. 2018.

4. Por exemplo, digamos que seis adultos gastem {$12, $10, $10, $12, $11, $11} para almoçar, e que seis crianças gastem {$4, $3,85, $4,15, $3,50, $4,50, $4}. A mediana (para uma quantidade par de observações, a mediana às vezes é calculada como a média entre os dois valores intermediários, ou, neste caso, entre 4,5 e 10) é 7,25 dólares. A média e a mediana são quantias que ninguém gasta de fato.

5. Ver Andrew Gelman, *Red State, Blue State, Rich State, Poor State*. Princeton: Princeton University Press, 2008.

6. Esses números valem para pessoas brancas. Os dados para pessoas de cor em 1850 não são facilmente obtidos. Disponível em: <www.infoplease.com/ipa/A0005140.html>. Acesso em: 16 jan. 2018. É importante notar também que os números para 1850 nos Estados Unidos se referem apenas ao estado de Massachusetts, segundo o Censo dos Estados Unidos.

7. O título desta seção, e a discussão, se relaciona com a obra de: James J. Jenkins, e J. Terrel Tuten, "Why Isn't the Average Child from the Average Family? And Similar Puzzles". *American Journal of Psychology*, v. 105, n. 4, pp. 517-26, 1991.

8. As crianças de palitinho foram retiradas do site da Etsy. Casa grande e pequena desenhadas pelo autor; casa média disponível em: <www.clipartbest.com/clipart-9TRgq8pac>. Acesso em: 16 jan. 2018.

9. Uma simulação, ver: Alex Tabarrok, "Average Stock Market Returns Aren't Average". 11 jul. 2014. Disponível em: <marginalrevolution.com/marginalrevolution/2014/07/average-stock-market-returns-arent-average.html>. Acesso em: 14 out. 2014.

MALANDRAGEM COM EIXOS [pp. 45-62]

1. Laura M. Tully; Sarah H. Lincoln; Christine I. Hooker (2013), "Neural Mechanisms Supporting the Cognitive Control of Emotional Information in Schizophrenia". Pôster apresentado no 25º Congresso Anual da Sociedade de Pesquisas em Psicopatologia. Disponível em: <www.researchgate.net/publication/266159520_Neural_mechanisms_supporting_the_cognitive_control_of_emotional_information_in_schizophrenia>. Acesso em: 16 jan. 2018. Encontrei

este exemplo pela primeira vez disponível em <www.betterposters.blogspot.com>. Acesso em: 16 jan. 2018.

2. Disponível em: <pelgranepress.com/index.php/tag/biz/> Acesso em: 13 jul. 2018.

3. Refiz este gráfico em nome da clareza. O original está disponível em: <cloudfront.mediamatters.org/static/images/item/fbn-cavuto-20120731-bushexpire.jpg>. Acesso em: 13 jul. 2018.

4. Louise Spirer; Herbert F. Spirer; Abram Jaffe, op. cit., pp. 82-4.

5. Ibid, p. 78.

6. Ibid.

7. Estes dados foram obtidos em: Prabhat Jha et al. "21st-Century Hazards of Smoking and Benefits of Cessation in the United States". *New England Journal of Medicine*, v. 368, n. 4, pp. 341-50, 2013. Figura 2A para mulheres. As probabilidades de sobrevivência foram adaptadas a partir da pesquisa National Health Interview Survey para os índices de mortes por todas as causas nessas faixas etárias em 2004 nos Estados Unidos, com ajustes para diferenças de idade, consumo de álcool e adiposidade (índice de massa corporal). Agradeço a Prabhat Jha por se corresponder comigo sobre a forma de interpretar isso.

Esta apresentação se baseia na de Howard Wainer. *Visual Revelations: Graphical Tales of Fate and Deception from Napoleon Bonaparte to Ross Perot*. Nova York: Copernicus/Springer-Verlag, 1997.

8. Este exemplo é de Howard Wainer, op. cit., p. 93. O original apareceu na *Forbes*, 14 maio 1990.

É claro que há outras variáveis. Os aumentos de gasto descritos são em valores atualizados ou da época? O período 1980-8 foi escolhido para favorecer o argumento, e um período diferente apresentaria outro resultado?

9. Existe certa controvérsia quanto ao uso de r ou r *ao quadrado*. A favor de r, veja: R. D'Andrade e J. Dart, "The Interpretation of r Versus r^2 or Why Percent of Variance Accounted for is a Poor Measure of Size of Effect". *Journal of Quantitative Anthropology*, v. 2, pp. 47-59, 1990.

Daniel J. Ozer. "Correlation and the Coefficient of Determination". *Psychological Bulletin*, v. 97, n. 2, pp. 307-15, 1985.

10. Zachary Roth, "Congressman Uses Misleading Graph to Smear Planned Parenthood". 29 set. 2015.

O Politifact explorou esse caso mais a fundo, examinando os dados entre as extremidades e proporcionando maior contexto para acompanhar a crítica habitual concentrada no gráfico. Disponível em: <perma.cc/P8NY-YP49>. Acesso em: 12 jul. 2018.

CONFUSÃO NA COMUNICAÇÃO DE NÚMEROS [pp. 63-95]

1. Disponível em: ‹qz.com/122921/the-chart-tim-cook-doesnt-want-you-to--see/›; ‹www.tekrevue.com/TIM-cook-trying-prove-meaningless-chart/›. Acessos em: 1 maio 2019.

2. Disponível em: ‹www.tylervigen.com/spurious-correlations›. Acesso em: 13 jul. 2018.

3. *xkcd: a webcomic of romance, sarcasm, math and language*. Disponível em: ‹https://xkcd.com/552/›. Acesso em: 13 jul. 2018.

4. Este exemplo se baseia em um de Darrell Huff, op. cit.

5. Esta é uma citação quase literal de: Richard D. de Veaux e David J. Hand, "How to Lie With Big Data". *Statistical Science*, n. 20, v. 3, pp. 231-8, p. 232, 2005.

6. Agradeço à minha aluna Vivian Gu por este exemplo.

David Derbyshire "Colgate Gets the Brush Off for 'Misleading' Ads". *The Telegraph*. 17 jan. 2007. Disponível em: ‹www.telegraph.co.uk/news/uknews/1539715/Colgate-gets-the-brush-off-for-misleading-ads.html›. Acesso em: 13 jul. 2018.

7. C-SPAN: Our Story. Disponível em: ‹www.c-span.org/about/history/›. Acesso em: 13 jul. 2018.

8. Segundo a Nielsen, os americanos recebem, em média, 189 canais, mas assistem a apenas dezessete. Disponível em: ‹www.nielsen.com/us/en/insights/news/2014/changing-channels-americans-view-just-17-channels-despite-record--number-to-choose-from.html›. Acesso em: 13 jul. 2018.

9. Betina Boxall, "Rancho Santa Fe Ranked as State's Largest Residential Water Hog". *Los Angeles Times*. 2 dez. 2014. Disponível em: ‹www.latimes.com/local/california/la-me-water-rancho-20141202-story.html›. Acesso em: 13 jul. 2018.

Ian Lovett, "Where Grass is Greener, a Push to Share Drought's Burden". *The New York Times*. 29 nov. 2014. Disponível em: ‹nytimes.com/2014/11/30/us/where-grass-is-greener-a-push-to-share-droughts-burden.html›. Acesso em: 13 jul. 2018.

10. Disponível em: www.flightsafety.org›; Kelli B. Grant "Deadly Year for Flying — but Safer than Ever". 30 dez. 2014. Disponível em: ‹www.cnbc.com/id/102301598›. Acesso: em 13 jul. 2018.

11. Para uma temperatura inicial de 155 graus Fahrenheit (cerca de 65 graus Celsius), a fórmula é:

$f(t) = 80e^{-0,08t} + 75$

12. Paul Bedard. "Brian Lamb: C-SPAN Now Reaches 100 Million Homes". *U.S. News & World Report*. 22 jun. 2010. Disponível em: ‹www.usnews.com/news/blogs/Washington-whispers/2010/06/22/Brian-lamb-c-span-now-reaches-100--million-homes›. Acesso em: 22 nov. 2010.

13. Com base em Darrell Huff, op. cit., p. 48.

14. "How CBO Produces Fair Value Estimates of the Cost of Federal Credit Programs: A Primer". Disponível em: <www.cbo.gov/sites/default/Files/113th-congress-2013-2014/workingpaper/49837-Casualties_WorkingPaper-2014-08.pdf>. Acesso em: 13 jul. 2018.

15. Disponível em: <www.census.gov/compendia/statab/2012/tables/12s0511.pdf>. Acesso em: 1 maio 2019.

16. Disponível em: <www.cdc.gov/nchs/fastats/deaths.htm>. Acesso em: 13 jul. 2018.

17. Com base em um exemplo de Darrell Huff, op. cit., p. 83.

18. Agradeço a minha aluna Alexandra Ghelerter por este exemplo. Arnold Barnett "How Numbers Are Tricking You". 1994. Disponível em: <www.sandiego.edu/statpage/barnett.htm>. Acesso em: 13 jul. 2018.

19. Esse termo vem de Joel Best.

20. Adam Davidson, "The Economy's Missing Metrics". *The New York Times Magazine*. 1 jul. 2015.

21. A. Shell, "Wall Street Weighs Fed's Next Move After Jobs Data". *USA Today Money*. 2 jul. 2015. Disponível em: <americasmarkets.usatoday.com/2015/07/02/wall-street-gets-what-it-wants-in-june-jobs-count/>. Acesso em: 1 maio 2019.

22. Nelson D. Schwartz, "U.S. Economy Adds 223,000 Jobs; Unemployment at 5.3%". *The New York Times*, B1, 2 jul. 2015.

23. Estatísticas disponíveis em: <mlb.mlb.com/stats/sortable.jsp#elem=[object+Object]&tab_level=child&click_text=Sortable+Player+hitting&game_type=%27R%27&season=2015&season_type=ANY&league_code=%27MLB%27§ionType=sp&statType=hitting&page=1&ts=1457286793822&playerType=QUALIFIER&timeframe=>. Acesso em: 13 jul. 2018.

24. Disponível em: <www.cdc.gov/nchs/fastats/leading-causes-of-death.htm>. Acesso em: 13 jul. 2018.

COMO COLETAR NÚMEROS [pp. 96-118]

1. Isto é completamente hipotético.

2. Isto vem de Darrell Huff, op. cit., p. 22.

3. Ibid.

4. Muitos anos atrás, o colunista Mike Royko, de Chicago, incentivou seus leitores a mentir nas pesquisas de boca de urna no dia da eleição na esperança de que os dados incorretos e o constrangimento pusessem fim à prática de comenta-

ristas de TV preverem o resultado antes do fim da contagem de votos. Não tenho informações sobre a quantidade de pessoas que mentiram nas pesquisas de boca de urna por causa da coluna de Royko, mas o fato de que pesquisas de boca de urna ainda existem sugere que não foi suficiente.

5. Disponível em: <https://www.aapor.org/>. Acesso em: 1 maio 2019.

6. Esta é uma boa regra geral, mas, em alguns casos, este método rápido não será correto. Ver Nathaniel Schenker; Jane F. Gentleman, "On Judging the Significance of Differences by Examining the Overlap Between Confidence Intervals". *American Statistician*, v. 55, n. 3, pp. 182-6, 2001.

7. Aqui, propositalmente não faço distinção entre estimativas de probabilidade frequencistas e bayesianas. Essa distinção virá na parte II.

8. Imagem retirada da Wikipédia.

9. Para populações grandes, o intervalo de confiança de 95% pode ser estimado da seguinte forma: $\pm 1{,}96 \times \sqrt{[p(1-p)/n]}$. Para obter um intervalo de confiança de 99%, multiplique por 2,58, em vez de 1,96. Sim, o intervalo é *maior* quando se tem mais confiança (o que deve fazer sentido; se você quiser ter mais certeza de que a amplitude que você citar inclui o valor verdadeiro, você precisa de uma amplitude maior). Para populações menores, primeiro é preciso computar o erro-padrão:

$$\sqrt{[\{(\text{Proporção observada}) \times [1 - (\text{Proporção observada})\}/\text{tamanho da amostra}]}$$

Portanto, a largura do intervalo de confiança de 95% é $\pm 2 \times$ erro-padrão.

Por exemplo, se sua amostra é composta de cinquenta viadutos em uma cidade grande, pode ser que você tenha constatado que 20% deles precisam de manutenção. O cálculo do erro-padrão é o seguinte:

$$\sqrt{[(0{,}2 \times 0{,}8)/50]} = \sqrt{(0{,}16/50)} = 0{,}057.$$

Portanto, a largura de seu intervalo de confiança de 95% é $\pm 2 \times 0{,}057 = \pm 0{,}11$, ou ±11%. Assim, o intervalo de confiança de 95% é que 20% dos viadutos da cidade precisam de manutenção, mais ou menos 11%. No jornal, um repórter poderia dizer que a pesquisa demonstrou que 20% dos viadutos precisam de manutenção, com margem de erro de 11%. Para aumentar a precisão da sua estimativa, você precisa de uma amostra maior. Se você for a duzentos viadutos (considerando que tenha obtido o mesmo valor de 20%), sua margem de erro cai para cerca de 6%.

10. Dominic Lusinchi, "'President' Landon and the 1936 *Literary Digest* Poll: Were Automobile and Telephone Owners to Blame?". *Social Science History*, v. 36, n 1, pp. 23-54, 2012.

11. Scott Clement, "Gallup Explains What Went Wrong in 2012". *The Washington Post*. 4 jun. 2013. Disponível em: <www.washingtonpost.com/news/the-fix/wp/2013/06/04/Gallup-explains-what-went-wrong-in-2012/>. Acesso em: 13 jul. 2018.

"Gallup 2012 Presidential Election Polling Review". Disponível em: <www.gallup.com/poll/162887/Gallup-2012-presidential-election-polling-review.aspx>. Acesso em: 13 jul. 2018.

12. Informação disponível em: <www.ropercenter.uconn.edu/support/polling-fundamentals-total-survey-error/>. Acesso em: 13 jul. 2018.

13. Elaborado a partir de exemplo de Darrell Huff, op. cit., p. 16.

14. Esta definição foi retirada ipsis litteris do National Cancer Institute. Disponível em: <http://www.cancer.gov/publications/dictionaries/cancer-terms?cdrid=45696>. Acesso em: 20 mar. 2016.

15. Frank Jordans, "CERN Researchers Find Flaw in Faster-Than-Light Measurement". *Christian Science Monitor*. 23 fev. 2012. Disponível em: <www.csmonitor.com/Science/2012/0223/CERN-researchers-find-flaw-in-faster-than-light-measurement>. Acesso em: 13 jul. 2018.

16. Isto vem de Richard D. De Veaux e David J. Hand, op. cit., pp. 231-8, p. 232. Os autores citam William Kruskal, "Statistics in Society: Problems Unsolved and Unformulated". *Journal of the American Statistical Association*, v. 76, n. 375, pp 505-15, 1981, e Ansley J. Coale e Frederick F. Stephan. "The Case of the Indians and the Teen-Age Widows". *Journal of the American Statistical Association*, v. 57, n. 298, pp. 338-47, 1962.

17. John Kryk, "Patriots Strike Back with Compelling Explanations to Refute Deflate-Gate Chargers". *Ottawa Sun*, 14 maio 2015. Disponível em: <www.ottawasun.com/2015/05/14/patriots-strike-back-with-compelling-explanations-to-refute-deflate-gate-chargers>. Acesso em: 16 jul. 2018.

18. Este exemplo é de Herbert F. Spirer; Louise Spirer; Abram J. Jaffe. *Misused Statistics*, 2. ed. Nova York: Marcel Dekker, 1998, p. 16.

19. Este exemplo se baseia em um de Darrell Huff, op. cit., p. 80.

20. De Joel Best, op.cit.

PROBABILIDADES [pp. 119-42]

1. Este exemplo vem de Joel Best (2012) e de Kevin, meu amigo de infância.

2. O princípio de simetria pode ser formulado vagamente incluindo exemplos de resultados que não têm a mesma probabilidade de acontecer, mas ainda são

listados como uma moeda falsa com peso maior para fazer dar cara em dois terços das jogadas, ou uma roleta em que algumas das casas são mais largas.

3. Também podemos conduzir o experimento muitas vezes com uma pequena quantidade de pessoas, e, nesse caso, deveríamos esperar números diferentes. Dessa forma, a probabilidade verdadeira de o medicamento funcionar será um valor próximo da média dos valores obtidos em todos os experimentos, mas um axioma da estatística diz que amostras maiores produzem resultados mais corretos.

4. A probabilidade clássica pode ser considerada de duas formas: empírica e teórica. Se você quiser jogar uma moeda ou puxar cartas de um maço embaralhado, a cada vez que fizer isso, será como um teste em um experimento que pode ter duração indeterminada. Em tese, você poderia pedir a milhares de pessoas que jogassem moedas e pegassem cartas durante alguns anos e tabular os resultados para obter a proporção de tempo em que diversos resultados acontecem, como "sair cara" ou "sair cara três vezes seguidas". Isso é uma probabilidade *derivada empiricamente*. Se você acredita que a moeda é honesta (isto é, que não há defeito de fabricação que a faça cair mais vezes de um lado do que do outro), não precisa fazer o experimento, pois deve sair cara em metade das vezes (probabilidade = 0,5) no longo prazo e chegamos a isso, *teoricamente*, com base na compreensão de que há dois resultados igualmente prováveis. Poderíamos conduzir um experimento parecido com cartas e determinar empírica e teoricamente que há uma chance em quatro de puxar uma carta de copas (probabilidade = 0,25) e uma chance em 52 de puxar o quatro de paus (probabilidade $\cong$ 0,02).

5. Colin G. G. Aitken e Franco Taroni, *Statistics and the Evaluation of Evidence for Forensic Scientists*. 2. ed. Chicester, Reino Unido: John Wiley & Sons, 2004.

6. Amos Tversky e Daniel Kahneman, "Judgment Under Uncertainty: Heuristics and Biases". *Science*, v. 185, n. 4157, pp. 1124-31, 1974.

7. Para mais informações, e um tratamento mais formal, ver Gudmund R. Iversen, *Bayesian Statistical Inference*. Thousand Oaks: Sage, 1984, e referências citadas na obra.

8. Agradeço a minha aluna Alexandra Ghelerter por este exemplo. Ver também Richard Nobles e David Schiff, "Misleading Statistics Within Criminal Trials". *Medicine, Science and the Law*, v. 47, n. 1, pp. 7–10, 2007.

9. Disponível em: <www.nytimes.com/health/guides/disease/pneumonia/prognosis.html>. Acesso em: 2 maio 2019.

10. A regra de Bayes é:

$P(A \mid B) = [P(B \mid A) \times P(A)]/P(B)$

11. Este parágrafo e esta discussão citam quase textualmente Walter Krämer e Gerd Gigerenzer, "How to Confuse With Statistics or: The Use and Misuse of Conditional Probabilities". *Statistical Science*, v. 20, n. 3, pp. 223-30, 2005.

12. Como saber que número escolher? Às vezes é preciso fazer por tentativa e erro. Mas também é possível adivinhar. Como a probabilidade é de 0,8%, ou oito pessoas em mil, se você decidisse construir uma tabela para mil mulheres, acabaria com oito em um dos quadrados, e tudo bem, mas depois vamos multiplicar isso por 90%, o que nos dá um valor decimal. Não há nada de errado nisso; a maioria das pessoas só acha menos conveniente lidar com decimais. Multiplicar nossa população por cem nos dá números inteiros, mas aí veríamos valores maiores do que o necessário. Não faz tanta diferença, porque só vamos examinar probabilidades e de qualquer forma vamos dividir um número pelo outro para saber o resultado.

13. Ainda achou confuso? Se houvesse oito vezes mais carros na rua às sete da noite do que às sete da manhã, a quantidade *bruta* de acidentes poderia ser maior às sete da noite, mas isso não quer dizer necessariamente que a *proporção* de acidentes em relação à quantidade de carros é maior. E *esta* é a estatística relevante: quantos acidentes acontecem por mil carros na rua, não quantos acontecem às sete da noite. Essa última formulação quantifica o risco. Este exemplo foi modificado a partir de um em Huff, op. cit., p. 78, e abordado por Krämer; Gigerenzer (2005).

14. Citado em Herbet Spirer, Louise Spirer e A. Jaffe, op. cit., p. 197: William C. Thompson e Edward L. Schumann, "Interpretation of Statistical Evidence in Criminal Trials". *Law and Human Behavior*, v. 11, n. 167, 1987.

15. Herbert Spirer, Louise Spirer e A. Jaffe, op. cit., relatado originalmente em: Robin Hastie e Reid M. Dawes, *Rational Choice in an Uncertain World*. Nova York: Harcourt Brace Jovanovich, 1988.

O relato original sobre a obra do cirurgião apareceu em G. McGee. "Breast Surgery Before Cancer". *Ann Arbor News*, p. B1, 6 fev. 1979 (reimpresso do *Bay City News*).

16. Joel Best, op. cit., p. 184.

COMO PODEMOS SABER? [pp. 145-50]

1. Jon Swaine, "Steve Jobs 'regretted trying to beat cancer with alternative medicine for so long'". 21 out. 2011. Disponível em: <www.telegraph.co.uk/technology/apple/8841347/Steve-Jobs-regretted-trying-to-beat-cancer-withalternative-medicine-for-so-long.html>. Acesso em: 17 jul. 2018.

2. Nigel Rees, "Policing Word Abuse". *Forbes*. 13 ago. 2009. Disponível em: <www.forbes.com/2009/08/12/nigel-rees-misquotes-opinions-rees.html>. Acesso em: 2 maio 2019.

3. Suzy Platt, (Org.). *Respectfully Quoted*. Washington: Library of Congress, 1989. À venda em Supt. Of Docs., USGPO.

4. Josh Billings, *Everybody's Friend, or Josh Billing's Encyclopedia and Proverbial Philosophy of Wit and Humor*. Hartford: American Publishing Company, 1874.

IDENTIFICAR ESPECIALISTAS [pp. 151-75]

1. Stanley M. Gartler, "The Chromosome Number in Humans: A Brief History". *Nature Reviews Genetics*, v. 7, pp. 655-60, 2006. Disponível em: <www.nature.com/scitable/content/The-chromosome-number-in-humans-a-brief-15575>. Acesso em: 17 jul. 2018. Bentley Glass, *Theophilus Schickel Painter*. Washington: National Academy of Sciences. Disponível em: <www.nasonline.org/publications/biographical-memoirs/memoir-pdfs/painter-theophilus-shickel.pdf>. Acesso em: 6 nov. 2015.

2. Paul Simon, Stevie Wonder e Joni Mitchell podem ser considerados especialistas em composição musical. Embora não exerçam cargos universitários, eles já foram tema de livros e artigos escritos por pesquisadores universitários, e o sr. Simon e o sr. Wonder foram agraciados com o prêmio Kennedy Center Honors, entregue pelo presidente dos Estados Unidos a indivíduos que tenham realizado grandes contribuições às artes. A srta. Mitchell recebeu um doutorado honorário em música e venceu o prêmio Polaris.

3. Noam Chomsky, "The *New York Times* Is Pure Propaganda". *Salon*, 25 maio 2015. Disponível em: <www.salon.com/2015/05/25/noam_chomsky_the_new_york_times_is_pure_proganda_partner/>. Acesso em: 17 jul. 2018.

Mark Achbar, Adam Symansky e Peter Wintonick (produtores) e Mark Achbar e Peter Wintonick, (diretores). *Manufacturing Consent: Noam Chomsky and the Media*. Filme. Estados Unidos: BuyIndies.com Inc./Zeitgeist Films, 1992. Disponível em: <www.youtube.com/watch?v=BsiBl2CaDFg>. Acesso em: 17 jul. 2018.

4. Eleazar D. Melendez, "Twitter Stock Market Hoax Draws Attention of Regulators". 1 fev. 2013. Disponível em: <www.huffingtonpost.com/2013/02/01/twitter-stock-market-hoax_n_2601753.html>. Acesso em: 17 jul. 2018.

5. Maureen Farrell, "Twitter Shares Hit by Takeover Hoax". *Wall Street Journal*, 4 jul. 2015. Disponível em: <www.wsj.com/articles/twitter-shares-hit-by-takeover-hoax-1436918683>. Acesso em: 14 jul. 2015.

6. "*Washington Post* Writer Falls for Fake Congressman Twitter Account". *Huffington Post*. 7 set. 2010. Disponível em: <www.huffingtonpost.com/2010/09/07/washington-post-writer-fa_n_707132.html>. Acesso em: 17 jul. 2018; Jonathan Capehart, "Obama, Deficits and 'the Ditch". Disponível em:

‹voices.washingtonpost.com/postpartisan/2010/09/obama_deficits_and_the_ditch.html›. Acesso em: 17 jul. 2018.

7. Isto foi retirado ipsis litteris de: Daniel J. Levitin, *The Organized Mind: Thinking Straight in the Age of Information Overload.* Nova York: Dutton, 2014. [Ed. bras.: *A mente organizada: Como pensar com clareza na era da sobrecarga de informação*. Rio de Janeiro: Objetiva, 2016.]

8. Alex Leary, "Misleading GOP Website Took Donation Meant for Alex Sink". *Tampa Bay Times*. 4 fev. 2014. Disponível em: ‹www.tampabay.com/news/politics/stateroundup/misleading-gop-website-took-donation-meant-for-alex-sink/2164138›. Acesso em: 17 jul. 2018.

9. D. Pink, "Deceiving Domain Names Not Allowed". Wickwire Holm, 2013. Disponível em: ‹www.wickwireholm.com/deceiving-domain-names-not-allowed/›; Sepal Bonni, "The Torto F Domain Name Passing Off". *Charity Law Bulletin*, v. 342, Carters Professional Corporation, 24 jun. 2014. Disponível em: ‹www.carters.ca/pub/bulletin/charity/2014/chylb342.htm›. Acesso em: 17 jul. 2018.

10. Disponível em: ‹www.getcanadadrugs.com/›. Acesso em: 2 maio 2019.; Marcel Naud, "Registered Trade-Mark canadadrugs.com found deceptively misdescriptive". ROBIC. 2007. Disponível em: ‹www.robic.ca/admin/pdf/682/293.045E-MNA2007.pdf›. Acesso em: 17 jul. 2018.

11. A frase provocativa do site foi retirada do livro *Pillar of Fire*, de Taylor Branch, mas o autor observa que não ouviu as gravações pessoalmente e que recebeu o relato de três agentes do FBI.

12. Entre as fontes que identificam o Stormfront como o "primeiro site de ódio" da internet estão:

Brian Levin, "Cyberhate: A Legal and Historical Analysis of Extremists' Use of Computer Networks in America". In: Barbara Perry, *Hate and Bias Crime: A Reader*. Nova York: Routledge, 2003. p. 363.

Nick Ryan, *Into a World of Hate: A Journey Among the Extreme Right*. Nova York: Routledge, 2004. p. 80.

Shimon Samuels, "Is the Holocaust Unique?". In: Alan S. Rosenbaum, *Is the Holocaust Unique?: Perspectives on Comparative Genocide*. Boulder: Westview Press, 1997. p. 218.

Guido Bolaffi, et al. (Orgs.). *Dictionary of Race, Ethnicity and Culture*. Thousand Oaks: Sage Publications, 2002. p. 254.

13. Lara O'Reilly, "Red Bull Will Pay $10 to Customers Disappointed the Drink Didn't Actually Give Them 'Wings'". 8 out. 2014. Disponível em: ‹www.businessinsider.com/red-bull-settles-false-advertising-lawsuit-for-13-million-2014-10›. Acesso em: 17 jul. 2018.

14. Associated Press, "Target Agrees to Pay $3.9 million in False-Advertising Lawsuit". 1 fev. 2015. Disponível em: <journalrecord.com/2015/02/11/target-agrees--to-pay-3-9-million-in-false-advertising-lawsuit-law/>. Acesso em: 17 jul. 2018.

15. Federal Trade Commission, "Kellogg Settles FTC Charges that Ads for Frosted Mini-Wheats Were False". Comunicado de imprensa, 20 abr. 2009. Disponível em: <www.ftc.gov/news-events/press-releases/2009/04/kellogg--settles-ftc-charges-ads-frosted-mini-wheats-were-false>. Acesso em: 17 jul. 2018.

16. Fact Checker. Disponível em: <www.washingtonpost.com/news/fact--checker/>. Acesso em: 17 jul. 2018.

17. Lauren Carroll, "Fact-checking Trump's claim that thousands in New Jersey cheered when World Trade Center tumbled". 22 nov. 2015. Disponível em: <www.politifact.com/truth-o-meter/statements/2015/nov/22/donald-trump/fact-checking-trumps-claim-thousands-new-jersey-ch/>. Acesso em: 17 jul. 2018.

18. Katie Sanders, "In Iowa, Hillary Clinton Claims 'All My Grandparents' Came to the U.S. From Foreign Countries". 16 abr. 2015. Disponível em: <www.politifact.com/truth-o-meter/statements/2015/apr/16/hillary-clinton/hillary--clinton-flubs-familys-immigration-history-/>. Acesso em: 17 jul. 2018.

19. A população dos Estados Unidos, no momento da escrita deste livro retirado de "U.S. and World Population Clock". Disponível em: <www.census.gov/popclock/>. Acesso em: 17 jul. 2018.

20. American Heart Association, "AHA Statistical Update", *Circulation*, v. 131, pp. 434-41, 2015. Agradeço a Robin Canuel e a Genevieve Gore, bibliotecários da Universidade McGill, por sua ajuda para encontrar estas estatísticas.

EXPLICAÇÕES ALTERNATIVAS IGNORADAS E SUBVALORIZADAS [pp. 176-92]

1. Will Durant e Ariel Durant, *The Lessons of History*. Nova York: Simon & Schuster, 1968.

2. Federal Bureau of Investigation, "FBI Testimony on Microscopic Hair Analysis Contained Errors in at least 90 percent of Cases in Ongoing Review". Comunicado de imprensa, 20 abr. 2015. Disponível em: <www.fbi.gov/news/pressrel/press-releases/fbi-testimony-on-microscopic-hair-analysis-contained-errors-in--at-least-90-percent-of-cases-in-ongoing-review>. Acesso em: 18 jul. 2018.

3. Colin G. G. Aitken e Franco Taroni, op. cit., p. 95, citando Richard D. Friedman, "Assessing Evidence". *Michigan Law Review*, v. 94 n. 6, pp. 1810-38, 1996.

4. R v. Dennis John Adams, 1996, 2 Cr. App. R. 467.

Colin G. G. Aitken, "Statistical Techniques and their role in Evidence Interpretation". In: Jason Payne-James, Anthony Busuttil, William Smock (Orgs.). *Forensic Medicine: Clinical and Pathological Aspects*. Cambridge: Cambridge University Press, 2003.

5. Ralph Blumenthal, "Built by the Ancients, Seen from Space". *The New York Times*, 3 nov. 2015. p. D2.

6. Agradeço a Stephen Kosslyn por me oferecer uma versão deste exemplo.

7. William Grimes, "Jack Yufe, a Jew Whose Twin Was a Nazi, dies at 82". *The New York Times*, 13 nov. 2015. p. B8.

8. Grande parte disto foi retirada diretamente de William Grimes, op. cit.

9. Dr. Jeffrey Mogil, comunicação pessoal.

10. A fórmula é $1 - (1 - 1/2^5)^{100}$.

11. Agradeço a Ron Mann por esta observação.

12. Repare que, em uma amostra grande, é mais provável encontrar uma observação anômala (atípica) do que em uma amostra pequena, mas, quando se olham as *médias*, é muito mais provável que a média da amostra grande reflita o estado verdadeiro do mundo (porque há muito mais observações capazes de sobrepujar a anomalia).

13. Walter Krämer e Gerd Gigerenzer, op. cit., pp. 223-30. Ver também Centers for Disease Control and Prevention. "Preterm Birth". Disponível em: < www.cdc.gov/reproductivehealth/maternalinfanthealth/pretermbirth.htm>. Acesso em: 18 jul. 2018.

14. Walter Krämer e Gerd Gigerenzer, op. cit. Os autores observam que, tecnicamente, esta é uma enumeração incorreta de acontecimentos simples em um experimento laplaciano na subpopulação composta das possibilidades restantes.

15. Ibid.

CONTRACONHECIMENTO [pp. 193-203]

1. Damian Thompson, *Counterknowledge: How We Surrendered to Conspiracy Theories, Quack Medicine, Bogus Science, and Fake History*. Nova York: Penguin, 2008. p. 1.

2. Ibid.

3. Richard B. Trask, *Photographic Memory: The Kennedy Assassination, November 22, 1963*, Dallas: Sixth Floor Museum, 1996. p. 5.

4. Agradeço a Michael Shermer por isto.

5. Esta é uma citação direta de Damian Thompson, op. cit.

6. Ibid., p. 17. As duas frases anteriores são das páginas 16 e 17.

7. National Cancer Institute. Estatística e planilhas informativas: câncer de estômago. Disponível em: <seer.cancer.gov/statfacts/html/stomach.html>. Acesso em: 1 maio 2019.

8. Centers for Disease Control and Prevention. "Unintentional Drowning: Get the Facts". Disponível em: <www.cdc.gov/HomeandRecreationalSafety/Water-Safety/waterinjuries-factsheet.html>. Acesso em: 19 jul 2018.

9. Chris Smyth, "Half of all Britons Will Get Cancer During their Lifetime". *Times of London*, 4 fev. 2015. Disponível em: <www.thetimes.co.uk/tto/health/news/article4343681.ece>. Acesso em: 19 jul. 2018.

10. Sarah Boseley, "Half of people in Britain Born after 1960 will get cancer, study shows". *The Guardian*, 3 fev. 2015.

11. Clare Griffiths e Anita Brock, "Twentieth Century Mortality Trends in England and Wales". *Health Statistics Quarterly*, v. 18, n. 2, pp. 5-17, 2003.

12. Andrew Postman,"The Truth About Tap". 5 jul. 2016. Disponível em: <www.nrdc.org/water/drinking/qbw.asp>. Acesso em: 19 jul. 2018; Katherine Zeratsky, "Is Tap Water as Safe as Bottled Water?", 29 nov. 2017. Disponível em: <www.mayoclinic.org/healthy-lifestyle/nutrition-and-healthy-eating/expert-answers/tap-vs-bottled-water/faq-20058017>. Acesso em: 19 jul. 2018; Consumer Reports News. "Is Tap Water Safer Than Bottled?" Disponível em: <www.consumerreports.org/cro/news/2009/07/is-tap-water-safer-than-bottled/index.htm>. Acesso em: 19 jul. 2018; Solvie Karlstrom e Christinne Dell'Amore, "Why Tap Water is Better Than Bottled Water". 13 mar. 2010. Disponível em: <news.nationalgeographic.com/news/2010/03/100310/why-tap-water-is-better/>. Acesso em: 19 jul. 2018; Mark Baumgartner, "Study: Bottled Water No Safer Than Tap Water". Disponível em: <abcnews.go.com/Business/study-bottled-water-safer-tap-water/story?id=87558>. Acesso em: 19 jul. 2018. Telegraph Reporters, "Bottled Water 'Not As Safe As Tap Variety'". 2 jan. 2013. Disponível em: <www.telegraph.co.uk/news/health/news/9775158/Bottled-water-not-as-safe-as-tap-variety.html>. Acesso em: 19 jul. 2018.

13. Nick Stockton, "Here's How Hard It Will Be to Unpoison Flint's Water". *Wired*, 29 jan. 2016. Disponível em: <www.wired.com/2016/01/heres-how-hard-it-will-be-to-unpoison-flints-water/>. Acesso em: 19 jul. 2018.

PARTE III: AVALIE O MUNDO [p. 205]

1. Richard P. Feynman, *QED: The Strange Theory of Light and Matter*. Princeton: Princeton University Press, 1985.

COMO A CIÊNCIA FUNCIONA [pp. 207-22]

1. Sara Reardon, "US Vaccine Researcher Sentenced to Prison for Fraud". *Nature*, v. 523, p. 138. 2015. Disponível em: <www.nature.com/news/us-vaccine-researcher--sentenced-to-prison-for-fraud-1.17660>. Acesso em: 19 jul. 2018.

2. Andrew J. Wakefield et al. RETRATADO, "Ileal-ymphoid-nodular hyperplasia, Non-specific Colitis, and Pervasive Developmental Disorder in Children". *Lancet*, v. 351, n. 9103, pp. 637-41, 28 fev. 1998. Disponível em: <www.thelancet.com/journals/lancet/article/PIIS0140673697110960/fulltext>. Acesso em: 19 jul. 2018.

John F. Burns, "British Medical Council Bars Doctor Who Linked Vaccine With Autism". *The New York Times*, p. A4 25 maio 2010. Disponível em: <www.nytimes.com/2010/05/25/health/policy/25autism.html>. Acesso em: 19 jul. 2018.

Associated Press, "Study Linking Vaccine to Autism Is Called Fraud". *The New York Times*, 6 jan. 2011. Disponível em: <query.nytimes.com/gst/fullpage.html?res=9C02E7DC1E3BF935A35752C0A9679D8B63>. Acesso em: 19 jul. 2018.

S. Sathyanarayana Rao e Chittaranjan Andrade, "The MMR Vaccine and Autism: Sensation, Refutation, Retraction, and Fraud". *Indian Journal of Psychiatry*, v. 53, n. 2, pp. 95-6, 2011.

3. De Stephen Thompson. "The Blind Banker". *Sherlock* (série de TV, exibida pela primeira vez em 31 out. 2010).

4. Vi esta história pela primeira vez em Carl G. Hempel, *Philosophy of Natural Science*. Englewood Cliffs: Prentice-Hall, 1966. [Ed. bras.: *Filosofia da ciência natural*. Rio de Janeiro: Zahar, 1970.]

FALÁCIAS LÓGICAS [pp. 223-36]

1. Estou considerando a semana de 168 horas (7 dias × 24 horas por dia) para contabilizar os pensamentos ocorridos durante os sonhos e as pessoas que ligam e nos acordam de um sono profundo. Claro, poderíamos também subtrair oito horas de sono por noite (ou o que quer que seja) e então usar apenas as 112 horas de vigília para calcular uma probabilidade diferente, mas isso não muda a conclusão.

2. Em retrospecto, a mudança foi uma insensatez na época, mas talvez fosse a decisão mais racional. Quatro aviões dominados ao mesmo tempo por terroristas suicidas eram algo sem precedentes na história da aviação. Quando somos confrontados por uma grande transformação no mundo, geralmente o melhor a fazer é pensar de modo bayesiano: atualizar nosso entendimento, parar de contar com estatísticas antigas e buscar alternativas.

3. Baseado em Darrell Huff, op. cit., p. 79.

4. Ver, por exemplo: Casey Iolan, Thom Patterson e Alicia Johnson, "Is 2014 the Deadliest Year For Flights? Not Even Close". CNN, 28 jul. 2014. Disponível em: ‹www.cnn.com/interactive/2014/07/travel/aviation-data/›. Acesso em: 19 jul. 2018. E: Nick Evershed, "Aircraft Accident Rates at Historic Low Despite High-profile Plane Crashes". *The Guardian*, 24 mar. 2015. Disponível em: ‹www.theguardian.com/world/datablog/2014/dec/29/aircraft-accident-rates-at-historic-low-despite-high-profile-plane-crashes›. Acesso em: 19 jul. 2018.

5. Disponível em: ‹ucr.fbi.gov/crime-in-the-u.s/2011/crime-in-the-u.s.-2011/clearances›. Acesso em: 19 jul. 2018.

6. Richard E. Nisbett e Stuart Valins, "Perceiving the Causes of One's Own Behavior". In: David E. Kanouse et al. (Orgs.). *Attribution: Perceiving the causes of behavior*. Morristown: General Learning Press, 1972. pp. 63-78.

Stuart Valins, "Persistent Effects of Information About Internal Reactions: Ineffectiveness of Debriefing". In: Harvey London e Richard E. Nisbett (Orgs.). *Thought and Feeling: The Cognitive Alteration of Feeling States*. Chicago: Aldine Transaction, 2007.

7. Autism Speaks, "What is Causing the Increase in Autism Prevalence". *Autism Speaks Official Blog*, 22 out. 2010. Disponível em: ‹autismspeaksblog.wordpress.com/tag/prevalence/page/2/›. Acesso em: 19 jul. 2018.

8. Ibid.

9. Arvind Suresh, "Autism Increase Mystery Solved: No, It's Not Vaccines, GMOs, Glyphosate — Or Organic Foods". Genetic Literacy Project, 13 out. 2015. Disponível em: ‹www.geneticliteracyproject.org/2015/10/13/autism-increase-mystery-solved-no-its-not-vaccines-gmos-glyphosate-or-organic-foods/›. Acesso em: 19 jul. 2018.

10. Aaron Kase, "MIT Scientist Uncovers Link Between Glyphosate, GMOs and the Autism Epidemic". *Reset.me*, 11 maio 2015. Disponível em: ‹reset.me/story/mit-scientist-uncovers-link-between-glyphosate-gmos-and-the-autism-epidemic/›. Acesso em: 19 jul. 2018.

11. Hideo Honda, Yasuo Shimizu e Michael Rutter, "No Effect of MMR Withdrawal on the Incidence of Autism: A Total Population Study". *Journal of Child Psychology and Psychiatry*, v. 46, n. 6, pp. 572-9, 2005. Disponível em: ‹1796kotok.com/pdfs/MMR_withdrawal.pdf›. Acesso em: 19 jul. 2018.

Sara Reardon, op. cit., p. 138.

SAIBA O QUE VOCÊ NÃO SABE [pp. 237-41]

1. Press Operation, "Defense.gov News Transcript: DoD News Briefing—Secretary Rumsfeld and Gen. Myers", Departamento de Defesa dos Estados Unidos. 12 fev. 2002. Disponível em: ‹archive.defense.gov/Transcripts/Transcript.aspx?TranscriptID=2636›. Acesso em: 19 jul. 2018.

2. Agradeço a Morris Olitsky por isto.

RACIOCÍNIO BAYESIANO NA CIÊNCIA E NO TRIBUNAL [pp. 242-8]

1. Keith Inman e Norah Rudin, "The Origin of Evidence". *Forensic Science International*, v. 126, n. 1, pp. 11-6, 2002.

Keith Inman e Norah Rudin, *Principles and Practice of Criminalistics: The profession of forensic science*. Boca Raton: CR Press, 2000.

2. Estou baseando esta parte na discussão incluída em: Colin G. G. Aitken e Franco Taroni, op. cit,, pp. 1-2, 2004, e reproduzo o cenário e a terminologia usados lá.

3. Ibid.

4. William C. Thompson e Edward L. Shumann, "Interpretation of Statistical Evidence in Criminal Trials: The Prosecutor's Fallacy and the Defense Attorney's fallacy". *Law and Human Behavior* v. 2, n. 3, pp. 167-87, 1987.

QUATRO ESTUDOS DE CASO [pp. 249-78]

1. Phill Parker, "Apollo-11 Hasselblad Cameras", Apollo Lunar Surface Journal. Disponível em: ‹www.hq.nasa.gov/alsj/a11/a11-hass.html›. Acesso em: 19 jul. 2018; Adam Mann "The Best Space Images Ever Were Taken by Apollo Astronauts With Hasselblad Cameras", *Wired*, 20 set. 2013. Disponível em: ‹www.wired.com/2013/07/apollo-hasselblad/›. Acesso em: 19 jul. 2018.

2. Uma das estimativas é de 1×10^{390}. Richard Peacock, "The Probability of Life", Evolution. Disponível em: ‹evolutionfaq.com/articles/probability-life›. Acesso em: 20 jul. 2018. Ver também: David Dreamer, "Calculating the Odds that Life Could Begin by Chance". *Science 2.0*, 30 abr. 2009. Disponível em: ‹www.science20.com/stars_planets_life/calculating_odds_life_could_begin_chance›. Acesso em: 20 jul. 2018.

3. David Blaine, "How I Held My Breath for 17 Minutes" TEDMED. 2009. Disponível em: ‹www.ted.com/talks/david_blaine_how_i_held_my_breath_for_17_min?language=en#t-17189›. Acesso em: 20 jul. 2018.

4. Bruno Guissani, Curador do TEDGlobal Conference, comunicação pessoal, 28 set. 2015.

5. David Blaine, "Frozen Alive for 7 Days". Fox Reality. Disponível em: ‹www.youtube.com/watch?v=U6Em2OhvEJY›. Acesso em: 20 jul. 2018.

6. Glenn Falkenstein, comunicação pessoal, 25 out. 2007.

7. Marta Korbonits, et al. "Refeeding David Blaine—Studies After a 44-Day Fast". *New England Journal of Medicine*, v. 353, n 21, pp. 2306-7, 2005.

8. Dr. J. Drazen, comunicação por e-mail, 2 dez. 2015.

9. Dra. Marta Korbonits, comunicação por e-mail, 25 dez. 2015.

10. J. M. Jackson et al., "Macro- And Micronutrient Losses and Nutritional Status Resulting From 44 Days of Total Fasting in a Non-Obese Nan". *Nutrition*, v. 22, n. 9, pp. 889-97, 2006.

11. Disponível em: ‹www.guinnessworldrecords.com/world-records/24135--longest-time-breath-held-voluntarily-male›. Acesso em: 2 maio 2019; Ryan Grenoble, "Breath-Holding World Record: Stig Severinsen Stays Under Water for 22 Minutes (Video)". *Huffington Post*, 16 nov. 2012. Disponível em: ‹www.huffingtonpost.com/2012/11/16/breath-world-record-stig-severinsen_n_2144734.html›. Acesso em: 20 jul. 2018.

12. Elaine Liner, "Want to know how David Blaine does that stuff? (Don't you're your breath)". *Dallas Observer*, 13 jan. 2012. Disponível em: ‹ http://www.dallasobserver.com/arts/want-to-know-how-david-blaine-does-that-stuff-dont--hold-your-breath-7083351›. Acesso em: 20 jul. 2018.

13. John Tierney,"This Time, He'll Be Left Breathless". *The New York Times*, p. F1, 22 abr. 2008.

14. Id., "David Blaine Sets Breath-Holding Record", Tierneylab, 30 abril 2008. Disponível em: ‹tierneylab.blogs.nytimes.com/2008/04/30/david-blaine-sets--breath-holding-record›. Acesso em: 20 jul. 2018.

15. Id., correspondência por e-mail, 13 e 18 jan. 2016.

16. Deborah Netburn, "It's Official: Four Super-Heavy Elements to be Added to the Periodic Table". *Los Angeles Times*, 4 jan. 2016. Disponível em: ‹www.latimes.com/science/sciencenow/la-sci-sn-new-elements-20160104-story.html›. Acesso em: 20 jul. 2018.

17. Harrison B. Prosper, International Society for Bayesian Analysis. 10 jul. 2012.

18. L. Lyons, 11 jul. 2012.

19. Em textos sobre o bóson de Higgs, você talvez veja referências ao padrão de prova cinco-sigma. Cinco-sigma se refere ao nível de probabilidade que os cientistas estabeleceram antes de conduzir os experimentos — a probabilidade de haver uma interpretação equivocada dos experimentos precisava ter um intervalo

de confiança de até cinco desvios-padrão (cinco-sigma), ou 0,0000005 (lembre-se de que antes já falamos de intervalos de confiança de 95% e 99% — este é um intervalo de confiança de 99,99995%). "5 Sigma What's That?" Disponível em: ‹blogs.scientificamerican.com/observations/five-sigmawhats-that/›. Acesso em: 20 jul. 2018.

20. Harrison B. Prosper, 10 jul. 2012.

21. "Maybe It Wasn't the Higgs Particle After All". 7 nov. 2014. Disponível em: ‹phys.org/news/2014-11-wasnt-higgs-particle.html›. Acesso em: 2 maio 2019.

22. Ibid.

23. "Physicists Are Desesperate to be Wrong About the Higgs Boson", *Wired*, 24 nov. 2015. Disponível em: ‹www.wired.com/2015/11/physicists-are-desperate-to-be-wrong-about-the-higgs-boson/›. Acesso em: 2 maio 2019.

24. Dennis Overbye "Physicists in Europe Find Tantalizing Hints of a Mysterious New Particle". *The New York Times*, 16 dez. 2015. p. A16.

CONCLUSÃO: TIRE A SUA [pp. 279-82]

1. Estas ideias e a formulação foram retiradas de: David Frum, Palestra apresentada no congresso Colleges Ontario Higher Education Summit, 16 nov. 2015, Toronto.

APÊNDICE: APLICAÇÃO DA REGRA DE BAYES [pp. 285-6]

1. Gudmund R. Iversen, *Bayesian Statistical Inference. Series: Quantitative Applications in the Social Sciences, Vol. 43*. Thousand Oaks: Sage, 1984.

Índice remissivo

As páginas em itálico referem-se aos gráficos e ilustrações.

ESTA OBRA FOI COMPOSTA PELA ABREU'S SYSTEM EM INES LIGHT
E IMPRESSA EM OFSETE PELA LIS GRÁFICA SOBRE PAPEL PÓLEN SOFT DA
SUZANO PAPEL E CELULOSE PARA A EDITORA SCHWARCZ EM JULHO DE 2019

A marca FSC® é a garantia de que a madeira utilizada na fabricação do papel deste livro provém de florestas que foram gerenciadas de maneira ambientalmente correta, socialmente justa e economicamente viável, além de outras fontes de origem controlada.